만드는 과정까지 사랑스러운 니팅돌 창작 디자인 20선

로빈의 손뜨개 인형

만드는 과정까지 사랑스러운 니팅돌 창작 디자인 20선

로빈의 손뜨개 인형

지은이 정혜정
펴낸이 정규도
펴낸곳 황금시간

초판 1쇄 발행 2019년 12월 30일
초판 3쇄 발행 2020년 11월 30일

편집 신소연 권명희
디자인 nice age 강상희
사진 이현구
도안 일러스트 정영경

황금시간 Golden Time
주소 경기도 파주시 문발로 211
전화 (02)736-2031(내선 362, 364)
팩스 (02)738-1713
인스타그램 @goldentimebook

출판등록 제406-2007-00002호
공급처 (주)다락원
구입문의 전화: (02)736-2031(내선 250~252)
팩스: (02)732-2037

값 18,000원
ISBN 979-11-87100-82-9 13590

만드는 과정까지 사랑스러운
니팅돌 창작 디자인 20선

로빈의 손뜨개 인형

정혜정 지음

황금시간

PROLOGUE

손뜨개 인형을 보자마자 첫눈에 반해 뜨개질을 시작했습니다. 책을 보거나 클래스를 들으며 만드는 것도 즐거웠지만, 세상에 하나밖에 없는 인형을 디자인해 만들었을 때는 말로 할 수 없을 정도로 기뻤습니다. 만들고픈 인형을 머릿속으로 상상한 후, 적당한 실을 골라 한 땀 한 땀 편물을 뜨고, 꿰매고 다듬다 보면 마법같이 인형이 완성되었어요. 완성될 인형의 모습을 상상하며 설레는 마음으로 밤을 새워 작업하는 날이 많았지만, 피곤함이 느껴지지 않을 정도로 행복했습니다.

손뜨개 인형 클래스를 진행하면서 예쁘기만 한 인형이 아닌 만드는 과정도 아름다운 인형에 대해 고민하였습니다. 손뜨개 인형을 처음 접하는 분도 쉽게 만들 수 있도록 구조나 기법은 간단하지만, 전문가들도 뜨고 싶은 마음이 드는 귀엽고 사랑스러운 인형을 만들기 위해 시작한 것이 이 책에 실린 동물 인형들입니다.

대바늘 손뜨개 인형을 처음 만들어 보거나, 서툴러도 괜찮습니다. 설명을 보고 한 땀 한 땀 차분히 따라 하면 어느새 나만의 색깔이 담긴 인형이 완성될 거예요.

이 책으로 손뜨개 인형이 가진 따뜻한 매력을 느껴보세요.

바늘 잡는 것도 어색했던 왕초보 시절에 만나 7년 동안 함께한 '니터즈' 멤버들이 없었으면 이렇게 오랜 시간 동안 즐겁게 뜨개를 하지 못했을 거예요. 비록 만나서 뜨개질하는 날보다, 이야기만 나누는 날이 훨씬 많았지만요. 책 출간 소식에 내 일처럼 기뻐하고 응원해 주신 여러분 정말 감사합니다. 그리고 많은 도움을 주고 이끌어 준 신소연 편집자님 감사드립니다.
항상 격려를 아끼지 않는 아버지와 언니, 책 쓰는 동안 자발적 뜨노(뜨개 노예)였던 동생에게 고맙다는 말을 전합니다. 마지막으로 누구보다 기뻐하셨을 어머니에게 이 책을 바칩니다.

정혜정

CONTENTS

PART 1

손뜨개 인형 만들기

13

14

15

16

17

18

19

20

KNITTING DOLL

PART 1

손뜨개 인형 만들기

01 코끼리 엘리

×××××

엘리는 숲속 최고의 재주꾼입니다.
코를 손처럼 쓸 수 있는 엘리는 공 저글링도 코로 한답니다.
사과를 좋아하지만, 나무에 올라가지 못하는 친구들을 위해
높이 달려 있는 사과를 코로 따주는 다정한 친구랍니다.

준비물

완성 크기: 15cm

☑ 코끼리

실: 킹콜 베이비 알파카 DK(King cole Baby Alpaca DK) 하늘색

바늘: 2.5mm 대바늘

게이지: 메리야스뜨기 31코×39단(10×10cm)

☑ 케이프

실: 슈퍼 앙고라(Super Angora) 아이보리색

바늘: 3mm 대바늘

게이지: 2코 고무뜨기 26코×36단(10×10cm)

기타: 6mm 단추 눈, 돗바늘, 솜, 자수실(진갈색), 안전핀, 표시링, 기화성펜(또는 수성펜), 패브릭 색연필(또는 패브릭 잉크), 케이프에 달 단추(6mm), 시침핀, 겸자

도구와 기법: 188~216쪽 참조

패턴 도안 보는 방법

- 기법 용어 중에서 코를 늘리고, 만들고, 줄이는 과정에서 '겉뜨기'는 따로 표시하지 않고, '안뜨기'만 표시했습니다.
- 같은 단에서 동일한 뜨기가 반복될 경우 '[ ] ㅇ회'로 표시했어요.
- 배색이 들어가는 부분에서는 글자에 실과 비슷한 색을 넣어 표시했어요.

모눈 도안 보는 방법

- 모눈 도안은 겉으로 보이는 무늬를 기호로 표기하기 때문에, 겉쪽 면에서는 도안의 기호대로, 안쪽 면에서는 기호의 반대대로 떠야 합니다.
- 도안의 양옆에 있는 화살표는 뜨는 방향, 숫자는 단수와 콧수를 의미합니다.
- 표시링으로 체크해야 하는 부분은 패턴 도안을 참조하세요.

패턴 PATTERN × × × × ×

오른쪽 다리

＊하늘색 실로 12코를 만든다.

1단 안뜨기. (12코)

2단 겉뜨기 1코, 늘리기 10회, 겉뜨기 1코. (22코)

3~5단 메리야스뜨기 3단. (22코)

• 5단을 뜨고 나서 첫 번째 코와 두 번째 코 사이, 21번째 코와 그 22번째 코 사이를 표시링 또는 다른 색 실로 표시한다. ＊＊

• 실을 자르고 코를 안전핀이나 다른 바늘로 옮긴다.

왼쪽 다리

• 오른쪽 다리의 ＊부터 ＊＊까지 똑같이 뜬다.

• 코를 바늘에 그대로 두고 실을 자르지 않는다.

몸통

• 다리 연결하기: 왼쪽 다리와 오른쪽 다리를 이어서 뜬다.

6단 바늘에 있는 22코를 겉뜨기 20코, 오른코 줄이기를 하고, 안전핀이나 다른 바늘로 옮겨 두었던 오른쪽 다리를 그대로 이어서 뜬다. 왼코 줄이기, 겉뜨기 20코. (42코)

7단 안뜨기 1단. (42코)

8단 겉뜨기 1코, [겉뜨기 3코, 늘리기] 10회, 겉뜨기 1코. (52코)

9~23단 메리야스뜨기 15단. (52코)

24단 겉뜨기 12코, 오른코 줄이기, 왼코 줄이기, 겉뜨기 20코, 오른코 줄이기, 왼코 줄이기, 겉뜨기 12코. (48코)

25~27단 메리야스뜨기 3단 (48코)

28단:겉뜨기 11코, 오른코 줄이기, 왼코 줄이기, 겉뜨기 18코, 오른코 줄이기, 왼코 줄이기, 겉뜨기 11코. (44코)

29~31단 메리야스뜨기 3단. (44코)

32단 [겉뜨기 2코, 왼코 줄이기] 2회, 겉뜨기 2코, 오른코 줄이기, 왼코 줄이기, 겉뜨기 3코, 왼코 줄이기, [겉뜨기 2코, 왼코 줄이기] 2회, 겉뜨기 3코, 오른코 줄이기, 왼코 줄이기, [겉뜨기 2코, 왼코 줄이기] 2회, 겉뜨기 2코. (33코)

33단 안뜨기 1단. (33코)

얼굴

34단 겉뜨기 1코, [늘리기] 31회 , 겉뜨기 1코. (64코)

35~38단 메리야스뜨기 4단. (64코)

• 38단을 뜨고 나서 센터(32코와 33코 사이)에 단수링을 건다. : 코의 위치 (64코)

39~49단 메리야스뜨기 11단. (64코)

50단 겉뜨기 15코, 오른코 줄이기, 왼코 줄이기, 겉뜨기 26코, 오른코 줄이기, 왼코 줄이기, 겉뜨기 15코. (60코)

• 50단을 뜨고 나서 16코와 17코 사이, 44코와 45코 사이에 표시링을 건다.

51~53단 메리야스뜨기 3단. (60코)

54단 겉뜨기 14코, 오른코 줄이기, 왼코 줄이기, 겉뜨기 24코, 오른코 줄이기, 왼코 줄이기, 겉뜨기 14코. (56코)

55~57단 메리야스뜨기 3단. (56코)

58단 겉뜨기 1코, [겉뜨기 4코, 왼코 줄이기] 9회, 겉뜨기 1코. (47코)

59단 안뜨기 1단. (47코)

60단 겉뜨기 1코, [겉뜨기 3코, 왼코 줄이기] 9회, 겉뜨기 1코. (38코)

61단 안뜨기 1단. (38코)

62단 겉뜨기 1코, [겉뜨기 2코, 왼코 줄이기] 9회, 겉뜨기 1코. (29코)

63단 안뜨기 1단. (29코)

64단 겉뜨기 1코, [겉뜨기 1코, 왼코 줄이기] 9회, 겉뜨기 1코. (20코)

65단 안뜨기 1단. (20코)

66단 겉뜨기 1코, [왼코 줄이기] 9회, 겉뜨기 1코. (11코)

• 돗바늘로 마무리한다.

귀(4개)

• 하늘색 실로 12코를 만든다.

1단 안뜨기 1단. (12코)

2단 [겉뜨기 1코, 늘리기, 겉뜨기 1코] 4회. (16코)

3~7단 메리야스뜨기 5단. (16코)

8단 겉뜨기 1코, 왼코 줄이기, 겉뜨기 10코, 오른코 줄이기, 겉뜨기 1코. (14코)

9단 안뜨기 1단. (14코)

10단 겉뜨기 1코, [왼코 줄이기, 겉뜨기 3코] 2회, 오른코 줄이기, 겉뜨기 1코. (11코)

• 안뜨기로 코막음한다.

팔(2개)

• 하늘색 실로 8코를 만든다.

1단 안뜨기 1단. (8코)

2단 겉뜨기 1코, 오른코 만들기, 겉뜨기 6코, 왼코 만들기, 겉뜨기 1코. (10코)

3단 안뜨기 1단. (10코)

4단 겉뜨기 1코, 오른코 만들기, 겉뜨기 8코, 왼코 만들기, 겉뜨기 1코. (12코)

5단 안뜨기 1단. (12코)

6단 [겉뜨기 1코, 오른코 만들기] 2회, 겉뜨기 8코, [왼코 만들기, 겉뜨기 1코] 2회. (16코)

• 6단을 뜨고 나서 첫 번째 코와 두 번째 코 사이, 마지막 코와 그 전 코 사이에 표시링 또는 다른 색 실로 표시한다.

7~17단 메리야스뜨기 11단. (16코)

18단 겉뜨기 1코, [왼코 줄이기] 7회, 겉뜨기 1코. (9코)

• 돗바늘로 마무리한다.

코

• 하늘색 실로 17코를 만든다.

1~3단 안뜨기로 시작하는 메리야스뜨기 3단. (17코)

4단 겉뜨기 1코, [겉뜨기 1코, 왼코 줄이기] 5회, 겉뜨기 1코. (12코)

5~13단 메리야스뜨기 9단. (12코)

14단 겉뜨기 2코, [왼코 줄이기, 겉뜨기 1코] 3회, 겉뜨기 1코. (9코)

• 돗바늘로 마무리한다.

꼬리

• 하늘색 실로 7코를 만든다.

1~8단 안뜨기로 시작하는 메리야스뜨기 8단.

• 안뜨기로 코막음한다.

케이프

• 3mm 대바늘과 아이보리색 실로 78코를 만든다.

1단 [안뜨기 2코, 겉뜨기 2코] 19회, 안뜨기 2코. (78코)

2단 [겉뜨기 2코, 안뜨기 2코] 19회, 안뜨기 2코. (78코)

3단 안뜨기 1코, 바늘비우기, 왼코 줄이기, 겉뜨기 1코, [안뜨기 2코, 겉뜨기 2코] 18회, 안뜨기 2코. (78코)

• 왼코 줄이기하면서 코막음한다.

모눈 도안 × × × × ×

다리&몸통&얼굴

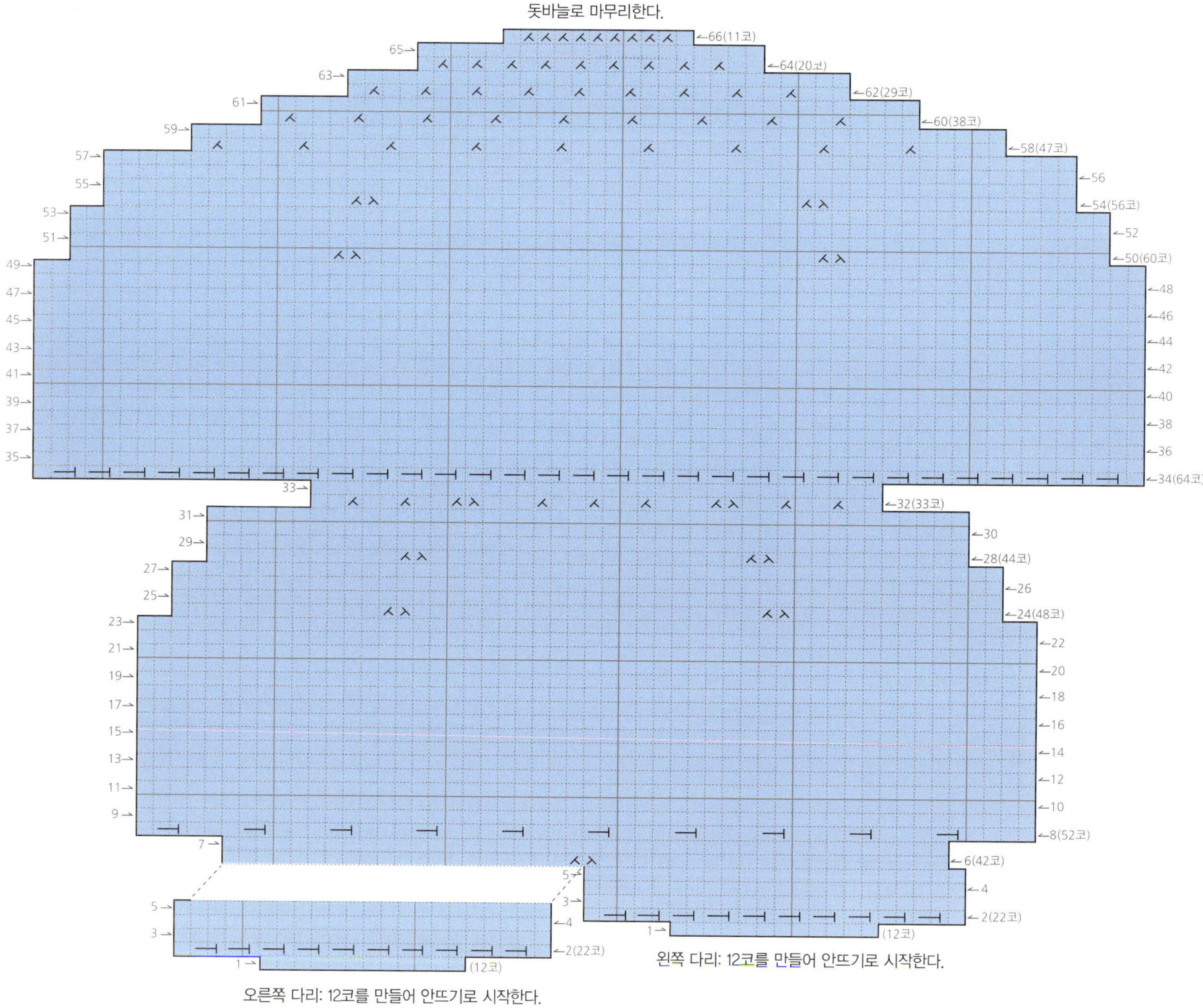

돗바늘로 마무리한다.
66(11코)
64(20코)
62(29코)
60(38코)
58(47코)
54(56코)
50(60코)
34(64코)
32(33코)
28(44코)
24(48코)
8(52코)
6(42코)
2(22코)
(12코)
왼쪽 다리: 12코를 만들어 안뜨기로 시작한다.
오른쪽 다리: 12코를 만들어 안뜨기로 시작한다.

꼬리

안뜨기로 코막음한다.

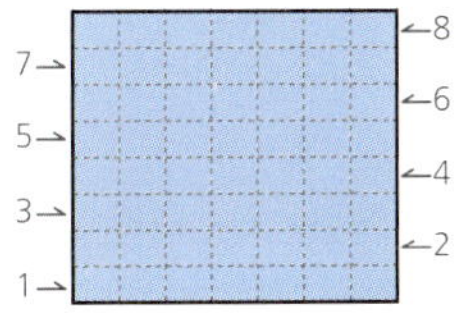

7코 만들어 안뜨기로 시작한다.

귀(4개)

안뜨기로 코막음한다.

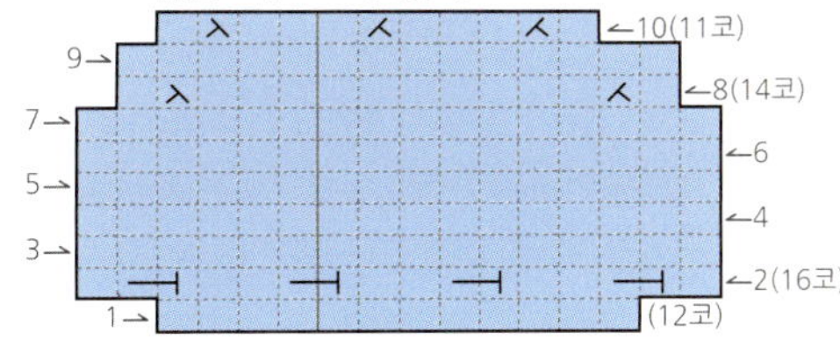

12코 만들어 안뜨기로 시작한다.

코

돗바늘로 마무리한다.

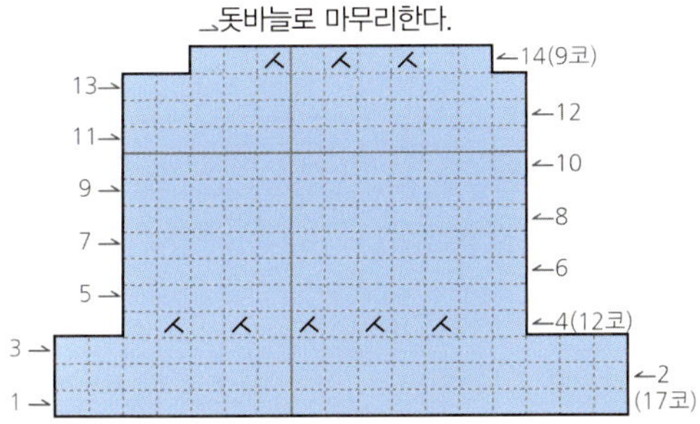

17코 만들어 안뜨기로 시작한다.

팔(2개)

돗바늘로 마무리한다.

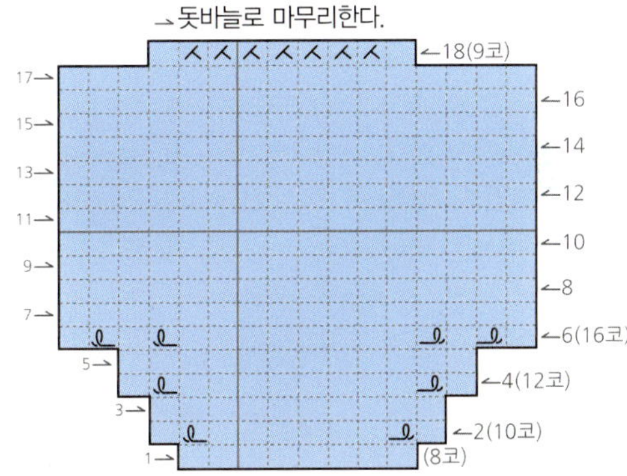

8코 만들어 안뜨기로 시작한다.

케이프

왼코 줄이기를 하면서 코막음한다.

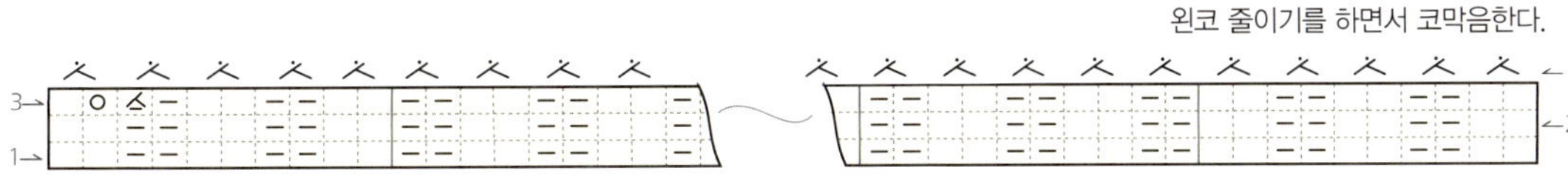

78코 만들어 2코 고무뜨기로 뜬다.

- | = □ 겉뜨기(K)
- − 안뜨기(P)
- 겉뜨기로 늘리기(kfb)
- 안뜨기로 늘리기(pfb)
- 겉뜨기로 왼코 만들기(M1L)
- 겉뜨기로 오른코 만들기(M1R)
- 겉뜨기로 왼코 줄이기(k2tog)
- 겉뜨기로 오른코 줄이기(skpo)
- • 코막음(cast off, Bind off)
- ○ 바늘비우기(Yo)

다리 뜨는 방법과 연결하는 법

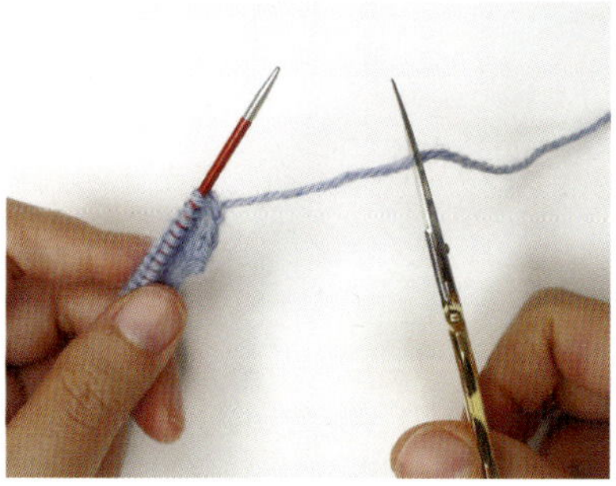

1. 오른쪽 다리를 뜬 후, 실을 자른다.

2. 5단을 뜨고 나서 첫 번째 코와 두 번째 코 사이, 21번째 코와 그 22번째 코 사이에 표시링 또는 다른 색 실로 표시한다.

3. 오른쪽 다리를 안전핀이나 다른 바늘로 옮긴 후, 왼쪽 다리를 뜬다.

4. 왼쪽 다리 22코를 뜬 후에 안전핀이나 다른 바늘로 옮겨 두었던 오른쪽 다리를 그대로 이어서 뜬다.

돗바늘 마무리하기

5. 도안대로 편물을 뜬 후, 실을 바느질할 만큼 여유를 주어 길게 자른다.

6. 자른 실을 돗바늘에 꿴 후, 바늘에 걸려 있는 코를 한 코 한 코 돗바늘로 옮긴다.

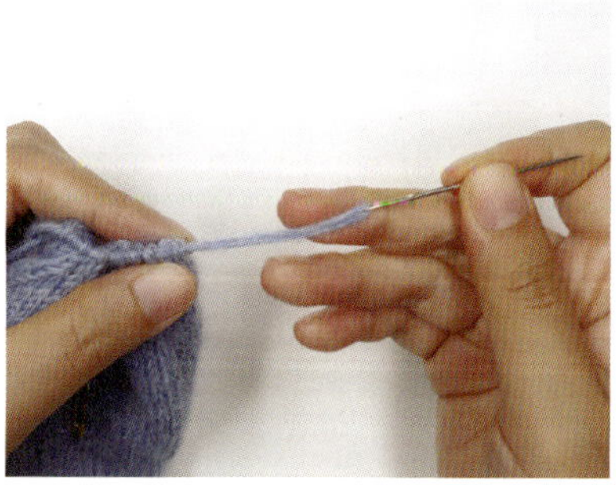

7. 코를 돗바늘로 옮긴 후, 실을 잡아당긴다.

8. 코를 조이며 마무리한다.

몸통 바느질하기

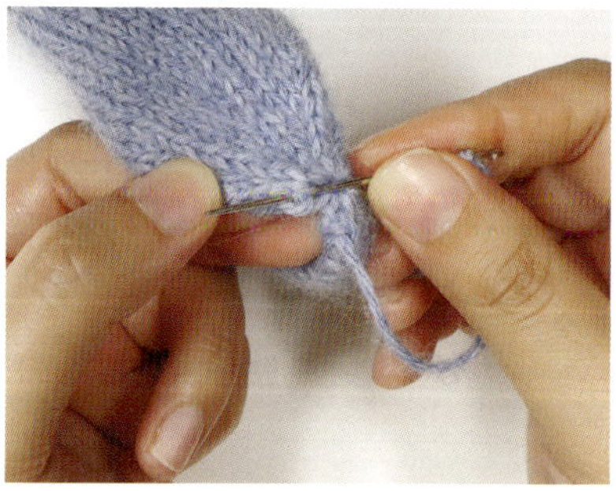

9. 돗바늘 마무리한 곳부터 메리야스 잇기를 한다.

10. 얼굴의 코늘림(34단) 단에서 3~4단 내려온 부분까지 잇는다.

11. 각각의 다리를 메리야스 잇기로 잇는다.

12. 각각의 다리에 다른 색 실(또는 표시링)로 표시해 두었던 곳까지 연결한다.

13. 다리 두 개를 각각 바느질하고 나서 그 윗단부터 창구멍이 2~3cm 남을 때까지 꿰맨다.

14. 손이나 겸자를 이용하여 솜을 넣는데, 중간 중간 손으로 모양을 잡으며 넣는다.
이때, 솜이 울퉁불퉁 뭉치지 않도록 주의한다.

15. 남겨 두었던 창구멍을 마저 막는다.

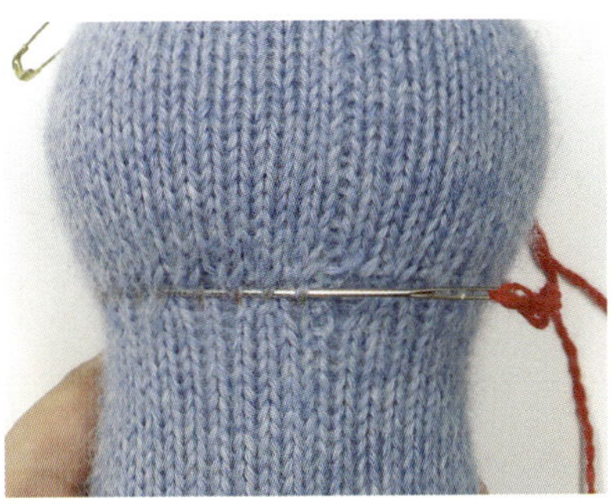

16. 얼굴이 시작되는 코늘림 단(34단)의 전 단을 반 코씩 홈질한다.
※ 이해를 돕기 위해 빨간색 실을 사용한다.

17. 최대한 잡아당겨 묶는다.

18. 매듭진 자리에 바늘을 넣어 다른 곳으로 바늘을 멀리 보내 빼낸다. 실을 잡아당겨 매듭을 인형 속으로 쏙 숨긴다.

19. 실을 바짝 잡아당겨 가위로 자른다.

20. 다리와 다리 사이의 구멍을 막기 위해 사진처럼 가장자리 반 코들에 실을 통과시킨다.

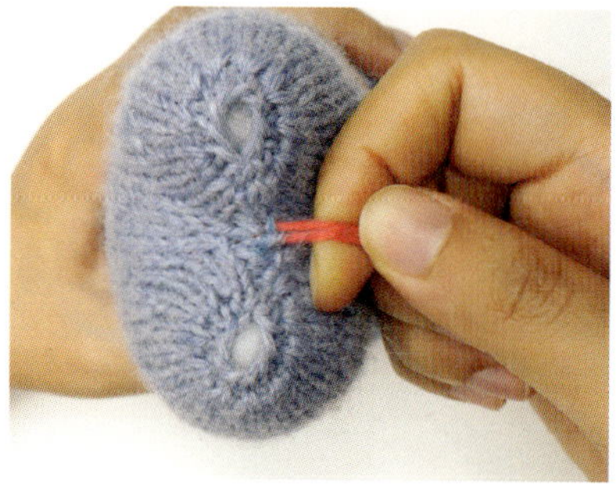

21. 실을 잡아당겨 조인 후, 여러 번 묶어 매듭을 짓고, 매듭진 자리에 바늘을 넣어 다른 곳으로 바늘을 멀리 보내 빼낸다. 실을 잡아당겨 매듭을 인형 속으로 쏙 숨긴다.

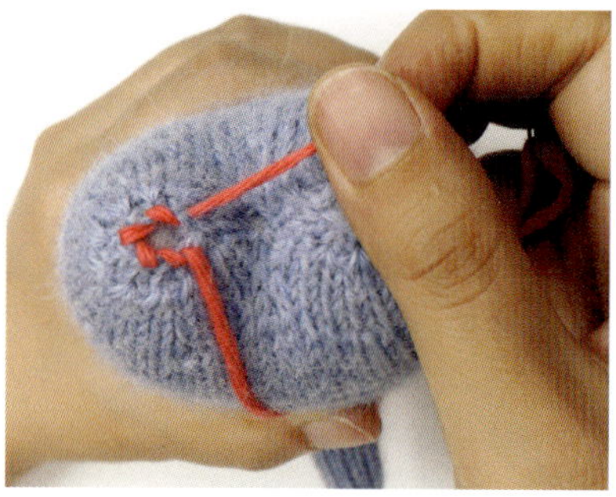

22. 다리 아랫부분은 돗바늘로 시작단의 반 코들을 안에서 밖으로(또는 밖에서 안으로, 한 방향으로 꿰맬 것) 하나씩 걸러서 바느질하여 바짝 잡아당긴다.

23. 여러 번 묶어 매듭을 짓고, 매듭진 자리에 바늘을 넣어 다른 곳으로 바늘을 멀리 보내 빼낸다. 실을 잡아당겨 매듭을 인형 속으로 쏙 숨긴다.

24. 몸통 완성.

팔 조립하기

25. 돗바늘로 마무리한 곳부터 표시링으로 체크한 6단까지 메리야스 잇기를 한다.

26. 겸자로 솜을 넣는다.

27. 목과 얼굴을 분리한 라인에 귀와 팔이 일직선이 되도록 팔을 올린 후, 시침핀으로 고정한다. 모양을 따라 수성펜으로 바느질 선을 그린다.

28. 팔과 귀가 수직이 되도록 한다.

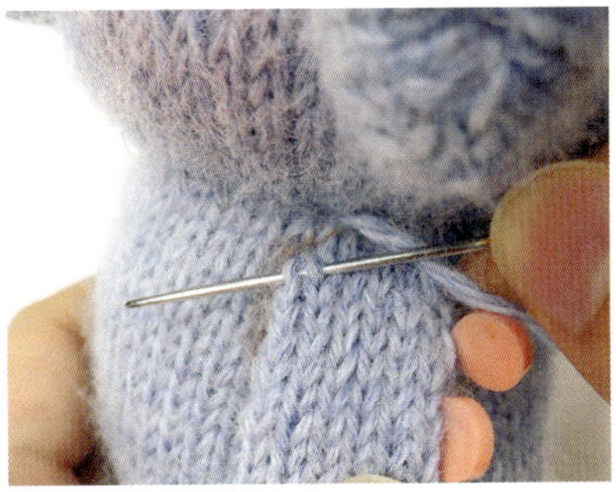

29. 팔을 얼굴에 꿰매 붙인다.

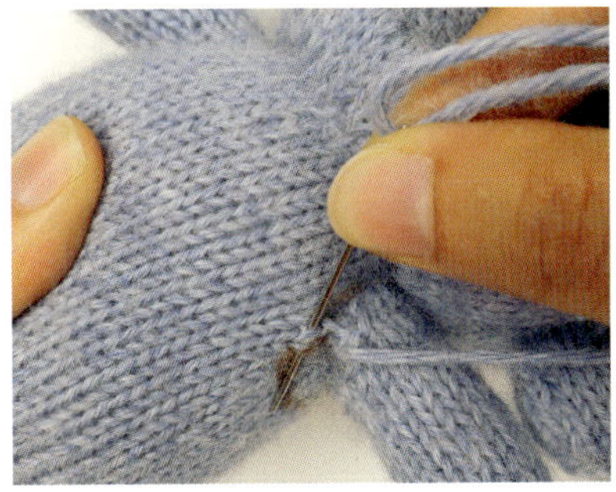

30. 팔의 가장 아랫단 코를 한 코씩 차례대로 메리야스 잇기를 하고, 몸 쪽은 수성펜으로 그린 선을 따라 바느질한다. 이때, 실이 보이지 않도록 바짝 당기면서 꿰맨다.

코 조립하기

31. 돗바늘로 마무리한 곳부터 시작단까지 메리야스 잇기를 한다. 이때, 반드시 돗바늘 마무리한 곳에서부터 시작한다.

32. 실을 코가 휘도록 잡아당긴다.

33. 38단에 달아놓은 표시링을 아래쪽을 센터로하여 위에 코를 올리고 수성펜으로 모양을 따라 바느질 선을 그린다. (약 2cm 지름의 원)

34. 가장 아랫단 코를 한 코씩 차례대로 메리야스 잇기를 하고, 얼굴 쪽은 수성펜으로 그린 선을 따라 꿰맨다. 이때, 바느질하는 실이 보이지 않도록 바짝 당기면서 꿰맨다.

35. 바늘에 실을 여러 번 감아 매듭짓는다.

36. 매듭진 자리에 바늘을 넣어 다른 곳으로 멀리 보내 빼낸다. 실을 잡아당겨 매듭을 인형 속으로 쏙 숨긴다.

귀 조립하기

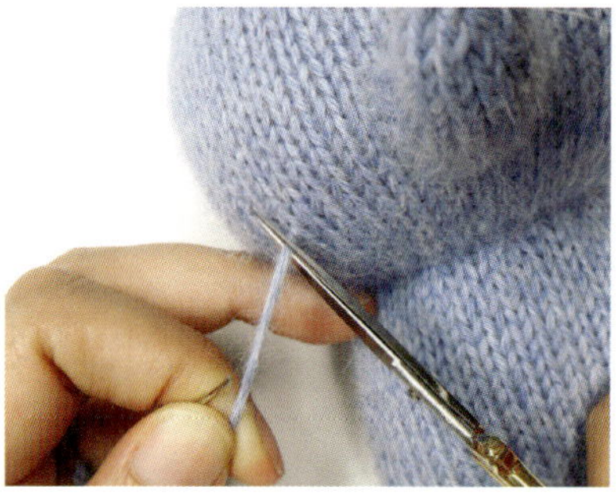

37. 실을 바짝 잡아당긴 후, 가위로 자른다.

38. 귀 두 장을 안쪽 면끼리 마주보도록 포갠 후, 코 잡은 단에서 시작하여 코 막은 단으로 올라가며 옆선을 메리야스 잇기로 연결한다.

39. 귀 윗면끼리 메리야스 잇기를 한다. 이때, 바느질하면서 새로운 한 단을 만드는 것이므로 너무 잡아당기지 않도록 주의한다.

40. 귀 완성.

41. 50단에 걸어둔 표시링 위에 귀의 윗 중심을 맞추고 시침핀으로 고정한다.

42. 모양을 따라 수성펜으로 바느질 선을 그린다.

꼬리 조립하기

43. 귀를 얼굴에 꿰매 붙인다. 귀의 가장 아랫단 코를 한 코씩 차례대로 메리야스 잇기를 하고 얼굴 쪽은 수성펜으로 그린 선을 따라 꿰맨다. 이때, 실이 보이지 않도록 바짝 당기면서 바느질한다.

44. 실을 여러 가닥으로 잘라서 묶어 술을 만든다.

45. 옆선을 이은 꼬리에 겸자로 술의 매듭을 넣는다.

46. 바늘 끝으로 실의 올을 푼다.

47. 돗바늘로 시작단의 반 코씩을 안에서 바깥쪽으로 꿰맨 후, 꽉 잡아당겨 마무리한다.

48. 인형 뒷면의 아래쪽 중심에 꿰매 붙인다.

얼굴 수놓기

49. 눈을 달 위치를 시침핀이나 수성펜으로 표시한다. 코 늘려준 단(34단)에서 10단 올라온 단, 센터에서 각 4코 반 떨어진 위치에 단다.

50. 얼굴 뒷면 중앙에서 눈을 달 위치로 바늘을 빼낸다. 이때, 코 사이의 빈 공간으로 바늘을 넣는다. 매듭은 짓지 않고 실 자락을 남긴다.

51. 바늘에 단추 눈을 꿴다.

52. 바늘을 바로 옆으로 넣은 후, 다른 쪽 눈 위치에서 빼낸다.

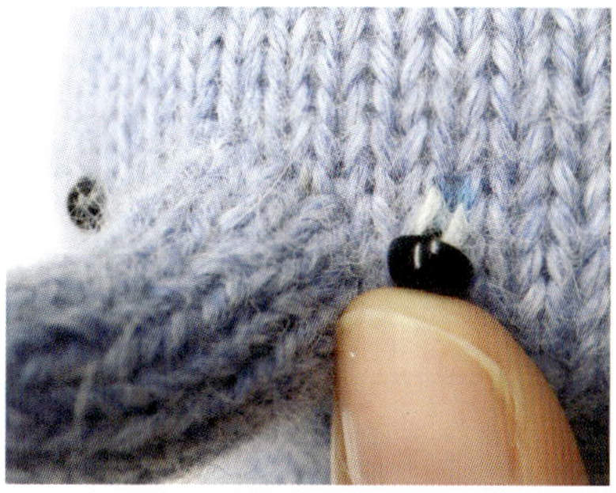

53. 여기서 코 사이의 빈 공간에 단추 눈의 고리가 들어가도록 달아야 한다.

54. 옆 코로 바늘을 넣고, 얼굴 뒷면의 처음 실이 들어온 위치(실 자락을 남겨 두었던 위치)로 빼낸다.

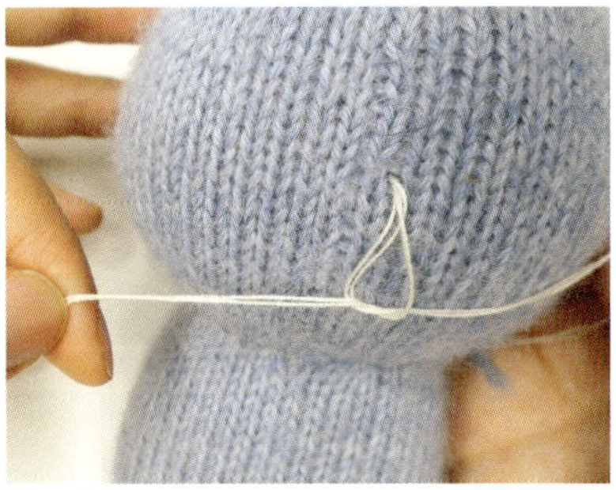

55. 눈이 오목하게 들어가도록 실 자락을 잡아당긴 후, 여러 번 묶어 매듭을 짓는다.

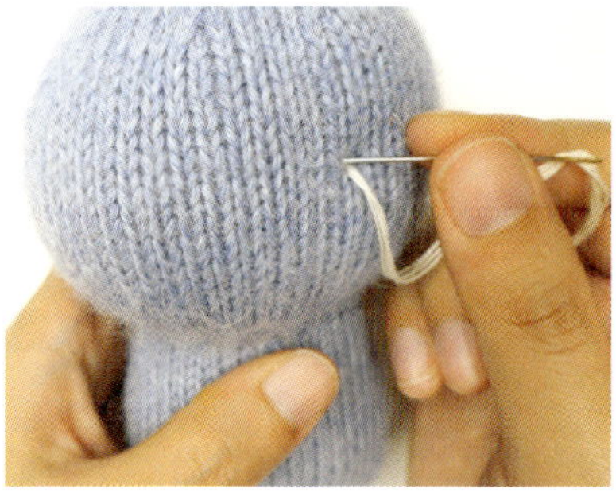

56. 매듭진 자리로 바늘을 넣어 멀리 보내 빼낸다.

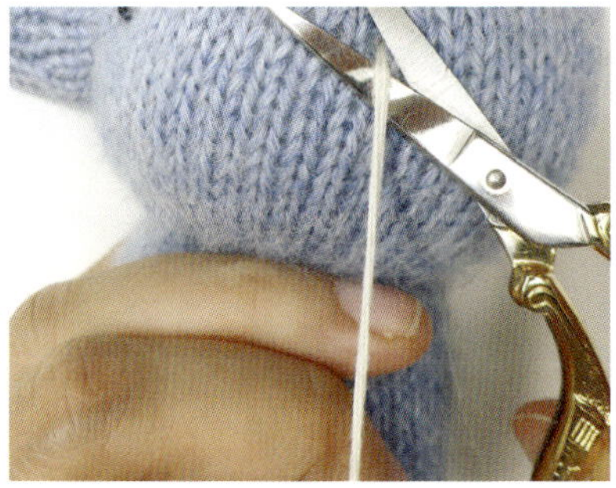

57. 매듭이 쏙 들어가도록 실을 잡아당긴 후, 가위로 자른다.

58. 눈썹을 수놓을 위치(눈 위로 2~3단 올라온 위치)를 수성펜으로 그린다. 진갈색 실로 스트레이트 스티치(212쪽 참조)를 수놓는다.

59. 패브릭 색연필 또는 패브릭 잉크 등을 활용하여 볼에 색칠한다.

60. 케이프는 단춧구멍 위치에 맞추어 단추를 달아 마무리한다.

02 토끼 슈슈

×××××

쫑긋쫑긋 귀여운 귀와 몽실몽실한 꼬리를 가지고 있는
토끼 슈슈는 수줍음이 많은 친구랍니다.
슈슈의 집에는 커다란 당근밭이 있어요. 해마다 가을이 되면 밭에서
키운 당근으로 숲속 친구들과 멋진 파티를 연답니다.

미리보기

준비물

완성 크기: 15cm

☑ **토끼**
실: 미셸 베이비 알파카 인디에시타 DK(Michell Baby Alpaca Indiecita DK) 아이보리색
바늘: 2.5mm 대바늘
게이지: 메리야스뜨기 31코×39단(10×10cm)

☑ **케이프**
실: 슈퍼 앙고라(Super Angora) 핑크색
바늘: 3mm 대바늘
게이지: 2코 고무단 26코×36단(10×10cm)

☑ **당근, 바구니**
실: 빈센트 3p(Vincent 3p) 주황색, 초록색, 딥베이지색, 진갈색 2겹씩
바늘: 2.5mm 대바늘

기타: 6mm 단추 눈, 돗바늘, 솜, 자수실(다홍색), 안전핀, 표시링, 기화성펜(또는 수성펜), 패브릭 색연필(또는 패브릭 잉크), 케이프에 달 단추(6mm), 폼폼 메이커, 시침핀, 겸자, 심지

도구와 기법: 188~216쪽 참조

패턴 도안 보는 방법

- 기법 용어 중에서 코를 늘리고, 만들고, 줄이는 과정에서 '겉뜨기'는 따로 표시하지 않고, '안뜨기'만 표시했습니다.
- 같은 단에서 동일한 뜨기가 반복될 경우 '[ ] ㅇ회'로 표시했어요.
- 배색이 들어가는 부분에서는 글자에 실과 비슷한 색을 넣어 표시했어요.

모눈 도안 보는 방법

- 모눈 도안은 겉으로 보이는 무늬를 기호로 표기하기 때문에, 겉쪽 면에서는 도안의 기호대로, 안쪽 면에서는 기호의 반대대로 떠야 합니다.
- 도안의 양옆에 있는 화살표는 뜨는 방향, 숫자는 단수와 콧수를 의미합니다.
- 표시링으로 체크해야 하는 부분은 패턴 도안을 참조하세요.

패턴 PATTERN × × × × ×

오른쪽 다리

• ＊아이보리색 실로 12코를 만든다.

1단 안뜨기. (12코)

2단 겉뜨기 1코, 늘리기 10회, 겉뜨기 1코. (22코)

3~5단 메리야스뜨기 3단. (22코)

• 5단을 뜨고 나서 첫 번째 코와 두 번째 코 사이, 21번째 코와 그 22번째 코 사이를 표시링 또는

다른 색 실로 표시한다. ＊＊

• 실을 자르고 코를 안전핀이나 다른 바늘로 옮긴다.

왼쪽 다리

• 오른쪽 다리의 ＊부터 ＊＊까지 똑같이 뜬다.

• 코를 바늘에 그대로 두고 실을 자르지 않는다.

몸통

• 다리 연결하기: 왼쪽 다리와 오른쪽 다리를 연결해서 뜬다.

6단 바늘에 있는 22코를 겉뜨기 20코, 오른코 줄이기를 하고, 안전핀이나 다른 바늘로 옮겨 두었던 오른쪽 다리를 그대로 이어서 뜬다. 왼코 줄이기, 겉뜨기 20코. (42코)

7단 안뜨기 1단. (42코)

8단 겉뜨기 1코, [겉뜨기 3코, 늘리기] 10회, 겉뜨기 1코. (52코)

9~23단 메리야스뜨기 15단. (52코)

24단 겉뜨기 12코, 오른코 줄이기, 왼코 줄이기, 겉뜨기 20코, 오른코 줄이기, 왼코 줄이기, 겉뜨기 12코. (48코)

25~27단 메리야스뜨기 3단 (48코)

28단 겉뜨기 11코, 오른코 줄이기, 왼코 줄이기, 겉뜨기 18코, 오른코 줄이기, 왼코 줄이기, 겉뜨기 11코. (44코)

29~31단 메리야스뜨기 3단. (44코)

32단 [겉뜨기 2코, 왼코 줄이기] 2회, 겉뜨기 2코, 오른코 줄이기, 왼코 줄이기, 겉뜨기 3코, 왼코 줄이기, [겉뜨기 2코, 왼코 줄이기] 2회, 겉뜨기 3코, 오른코 줄이기, 왼코 줄이기, [겉뜨기 2코, 왼코 줄이기] 2회, 겉뜨기 2코. (33코)

33단 안뜨기 1단. (33코)

얼굴

34단 겉뜨기 1코, [늘리기] 31회 , 겉뜨기 1코. (64코)

35~44단 메리야스뜨기 10단. (64코)

• 44단을 뜨고 나서 센터(32코와 33코 사이)를 표시링 또는 다른 색 실로 표시한다. (64코)

45~49단 메리야스뜨기 5단. (64코)

50단 겉뜨기 15코, 오른코 줄이기, 왼코 줄이기, 겉뜨기 26코, 오른코 줄이기, 왼코 줄이기, 겉뜨기 15코. (60코)

51~53단 메리야스뜨기 3단. (60코)

54단 겉뜨기 14코, 오른코 줄이기, 왼코 줄이기, 겉뜨기 24코, 오른코 줄이기, 왼코 줄이기, 겉뜨기 14코. (56코)

55~57단 메리야스뜨기 3단. (56코)

58단 겉뜨기 1코, [겉뜨기 4코, 왼코 줄이기] 9회, 겉뜨기 1코. (47코)

59단 안뜨기 1단. (47코)

60단 겉뜨기 1코, [겉뜨기 3코, 왼코 줄이기] 9회, 겉뜨기 1코. (38코)

61단 안뜨기 1단. (38코)

62단 겉뜨기 1코, [겉뜨기 2코, 왼코 줄이기] 9회, 겉뜨기 1코. (29코)

63단 안뜨기 1단. (29코)

64단 겉뜨기 1코, [겉뜨기 1코, 왼코 줄이기] 9회, 겉뜨기 1코. (20코)

65단 안뜨기 1단. (20코)

66단 겉뜨기 1코, [왼코 줄이기] 9회, 겉뜨기 1코. (11코)

• 돗바늘로 마무리한다.

팔(2개)

• 아이보리색 실로 8코를 만든다.

1단 안뜨기 1단. (8코)

2단 겉뜨기 1코, 오른코 만들기, 겉뜨기 6코, 왼코 만들기, 겉뜨기 1코. (10코)

3단 안뜨기 1단. (10코)

4단 겉뜨기 1코, 오른코 만들기, 겉뜨기 8코, 왼코 만들기, 겉뜨기 1코. (12코)

5단 안뜨기 1단. (12코)

6단 [겉뜨기 1코, 오른코 만들기] 2회, 겉뜨기 8코, [왼코 만들기, 겉뜨기 1코] 2회. (16코)

• 6단을 뜨고 나서 첫 번째 코와 두 번째 코 사이, 마지막 코와 그 전 코 사이에 표시링 또는 다른 색 실로 표시한다.

7~17단 메리야스뜨기 11단. (16코)

18단 겉뜨기 1코, [왼코 줄이기] 7회, 겉뜨기 1코. (9코)

• 돗바늘로 마무리한다.

귀(2개)

• 아이보리색 실로 16코를 만든다.

1~13단 안뜨기로 시작하는 메리야스뜨기 13단. (16코)

14단 겉뜨기 1코, [왼코 줄이기] 7회, 겉뜨기 1코. (9코)

• 돗바늘로 마무리한다.

케이프

• 3mm 대바늘과 핑크색 실로 78코를 만든다.

1단 [안뜨기 2코, 겉뜨기 2코] 19회, 안뜨기 2코. (78코)

2단 [겉뜨기 2코, 안뜨기 2코] 19회, 겉뜨기 2코. (78코)

3단 안뜨기 1코, 바늘비우기, 겉뜨기로 왼코 줄이기, 겉뜨기 1코, [안뜨기 2코, 겉뜨기 2코] 18회, 안뜨기 2코. (78코)

• 왼코 줄이기하면서 코막음한다.

당근

• 주황색 실로 10코를 만든다.

1단 안뜨기 1단. (10코)

2단 겉뜨기 1코, [늘리기] 8회, 겉뜨기 1코. (18코)

3~9단 메리야스뜨기 7단. (18코)

10단 [겉뜨기 2코, 왼코 줄이기] 4회, 겉뜨기 2코. (14코)

11~15단 메리야스뜨기 5단. (14코)

16단 [겉뜨기 1코, 왼코 줄이기] 4회, 겉뜨기 2코. (10코)

17단 안뜨기 1단. (10코)

18단 겉뜨기 1코, [왼코 줄이기] 4회, 겉뜨기 1코. (6코)

• 돗바늘로 마무리한다.

바구니

• 딥베이지색 실로 12코를 만들어 원형뜨기한다.

원형 1단 겉뜨기 1단. (12코)

원형 2단 [늘리기] 12회. (24코)

원형 3단 겉뜨기 1단. (24코)

원형 4단 [겉뜨기 1코, 늘리기] 12회. (36코)

원형 5단 겉뜨기 1단. (36코)

원형 6단 [겉뜨기 2코, 늘리기] 12회. (48코)

원형 7단 겉뜨기 1단. (48코)

원형 8단 [겉뜨기 3코, 늘리기] 12회. (60코)

원형 9~10단 겉뜨기 2단. (60코)

원형 11단 안뜨기 1단. (60코)

원형 12단 겉뜨기 1단. (60코)

원형 13~20단 원형 11~12단을 4번 더 반복한다. (60코)

원형 21단 안뜨기 1단. (60코)

• 진갈색 실로 바꾼다.

원형 22~25단 겉뜨기 4단. (60코)

• 겉뜨기로 코막음한다.

바구니 손잡이

• 진갈색 실로 36코를 만든다.

1~2단 겉뜨기 2단. (36코)

• 겉뜨기로 코막음한다.

다리&몸통&얼굴

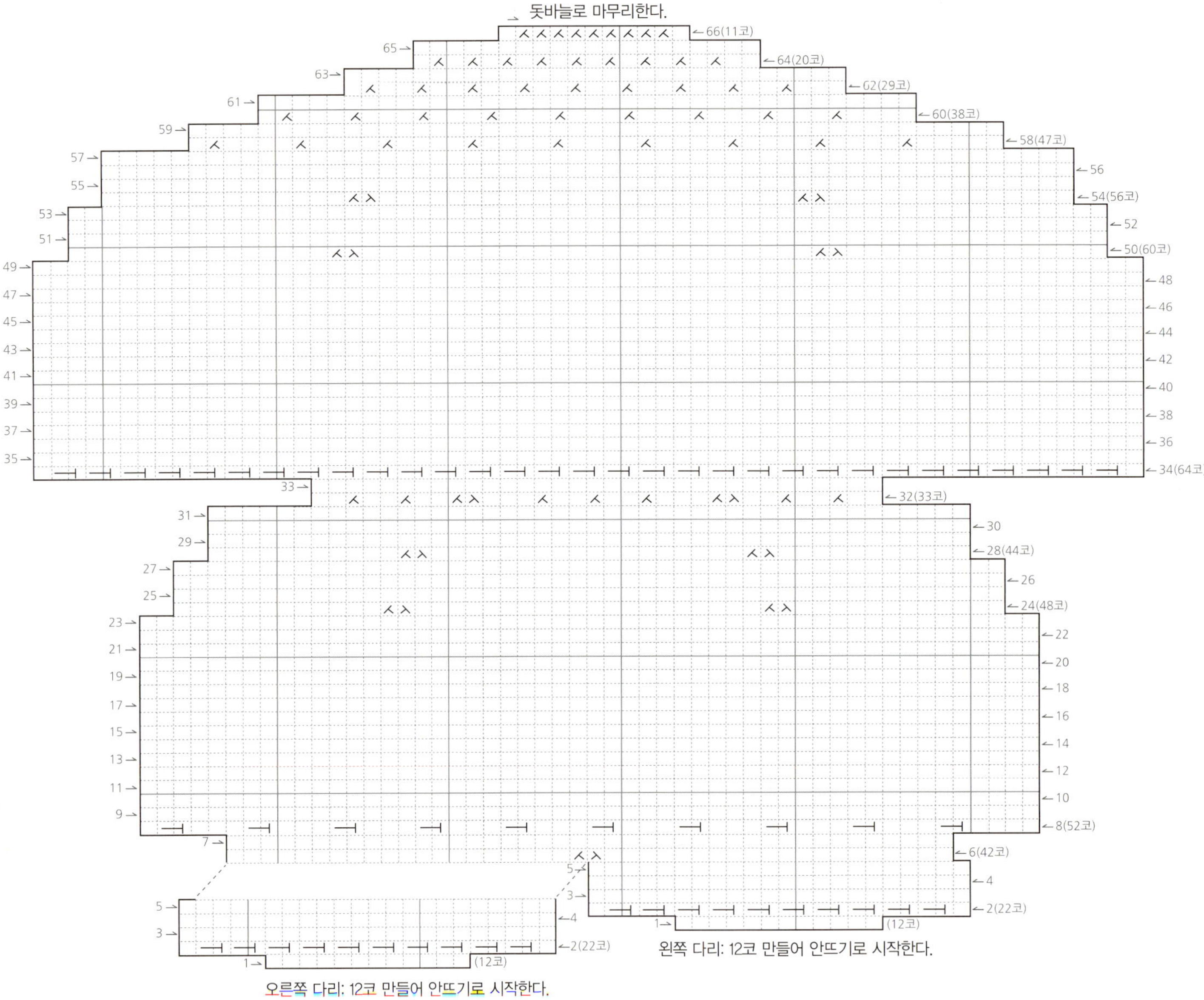

I = □	겉뜨기(K)	ㅅ	겉뜨기로 왼코 줄이기(k2tog)
—	안뜨기(P)	ㅅ	안뜨기로 왼코 줄이기(p2tog)
—I—	겉뜨기로 늘리기(kfb)	ㅅ	겉뜨기로 오른코 줄이기(skpo)
I—	안뜨기로 늘리기(pfb)	•	코막음(cast off, Bind off)
ℓ	겉뜨기로 왼코 만들기(M1L)	○	바늘비우기(Yo)
ℓ	겉뜨기로 오른코 만들기(M1R)		

바구니 손잡이

36코 만들어 겉뜨기로 시작한다.

바구니

겉뜨기로 코막음한다.

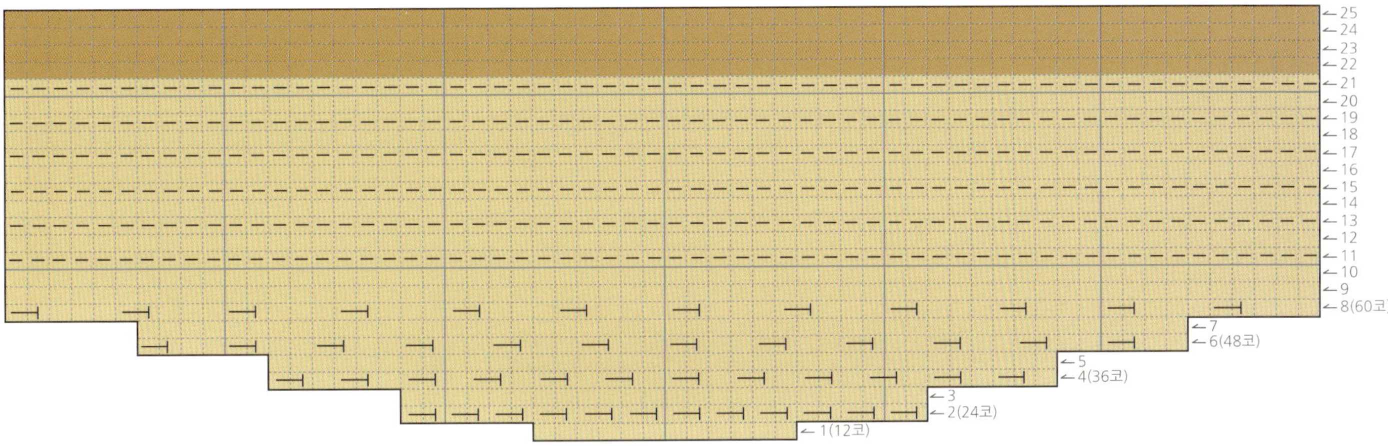

12코 만들어 겉뜨기로 시작하여 원형뜨기한다.

당근

돗바늘로 마무리한다.

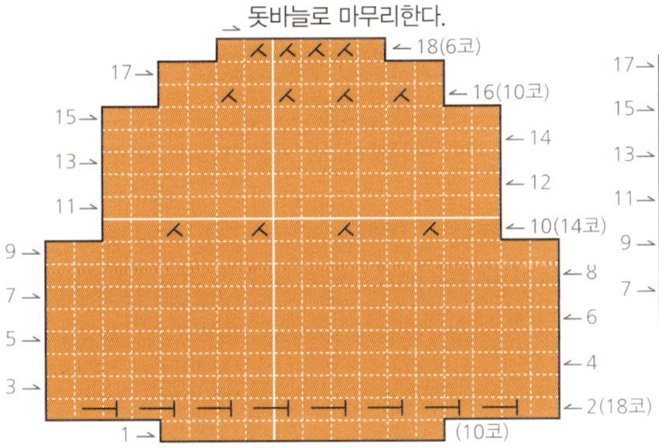

10코 만들어 안뜨기로 시작한다.

팔(2개)

돗바늘로 마무리한다.

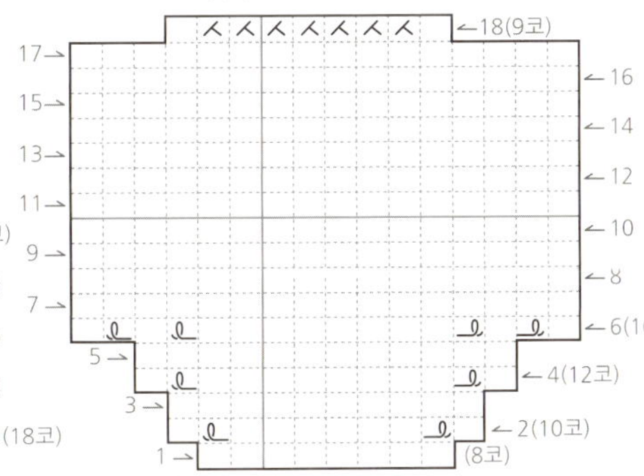

8코 만들어 안뜨기로 시작한다.

귀(2개)

돗바늘로 마무리한다.

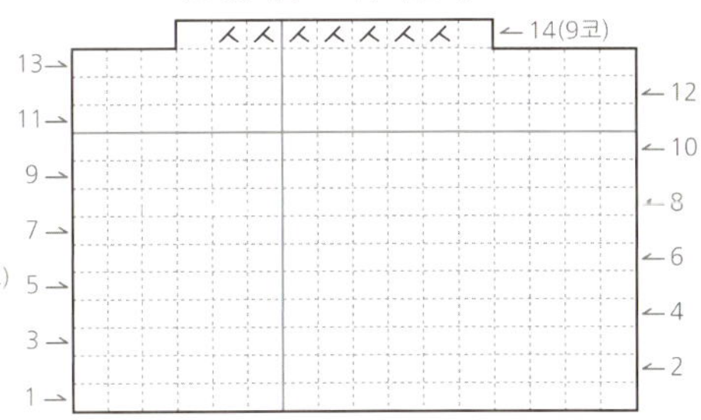

16코 만들어 안뜨기로 시작한다.

케이프

왼코 줄이기를 하면서 코막음한다.

78코 만들어 2코 고무뜨기로 뜬다.

포인트 레슨 POINT LESSON × × × × ×

귀 조립하기

1. 돗바늘 마무리한 곳에서부터 시작하여 시작단까지 메리야스 잇기하고, 솜을 납작한 모양으로 넣는다.

※ 기본 몸통은 16~19쪽을 참조해 만든다.

2. 돗바늘 마무리한 곳에 귀 두 개를 바짝 붙여서 시침핀으로 고정한 후, 수성펜으로 모양을 따라 바느질 선을 그린다.

3. 귀의 가장 아랫단 코와 수성펜으로 그려둔 바느질 선을 따라 메리야스 잇기로 꿰맨다. 이때, 실이 보이지 않도록 바짝 당기면서 바느질한다.

얼굴 수놓기

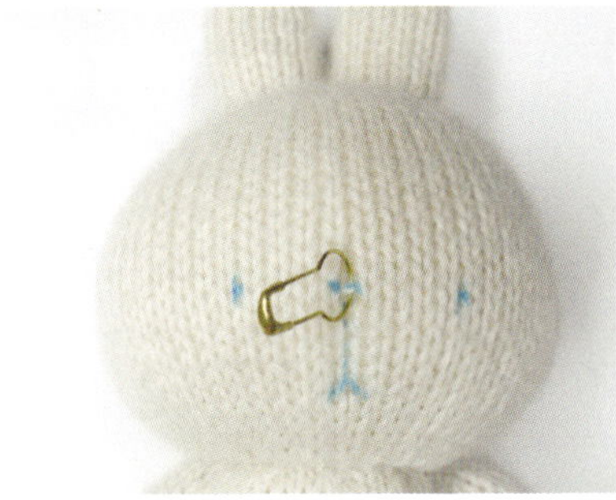

4. 얼굴에 입과 코를 수놓을 자리, 눈을 달 자리에 수성펜으로 표시한다. 코의 위치는 44단에서 달아놓은 표시링의 자리, 눈은 표시링에서 각각 4코씩 떨어진 위치다.

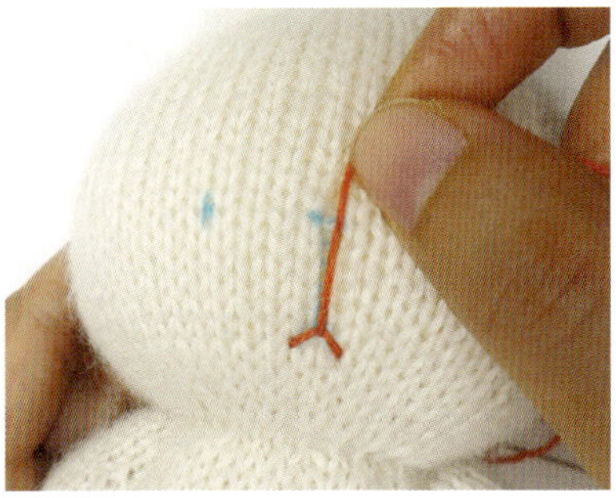

5. 플라이 스티치(213쪽 참조)로 입과 코를 수놓는데, Y자가 거꾸로 선 모양이 되도록 한다.

6. 코의 위치에 스트레이트 스티치(212쪽 참조)를 4~6번 반복하여 수놓아 도톰하게 만든다.

7. 패브릭 색연필 또는 패브릭 잉크 등을 활용하여 볼에 색칠한다.

꼬리 만들어 조립하기

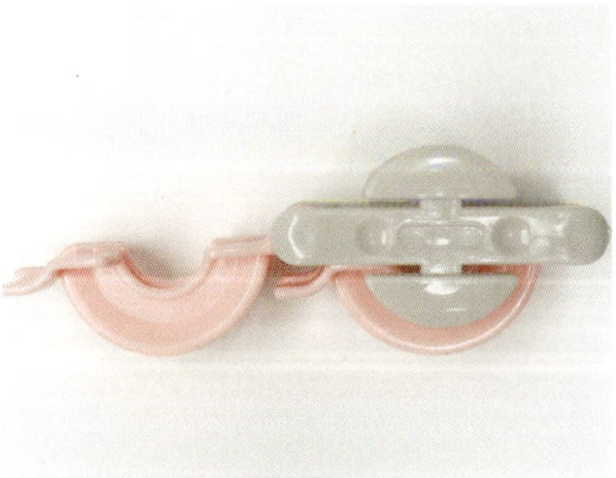

8. 폼폼 메이커로 꼬리를 만든다. 폼폼 메이커는 양쪽에 반원이 각각 두 개씩 총 4개가 있는데 한쪽의 반원 두 개를 펼쳐 실을 감는다.

9. 실을 다 감고 나서 닫는다.

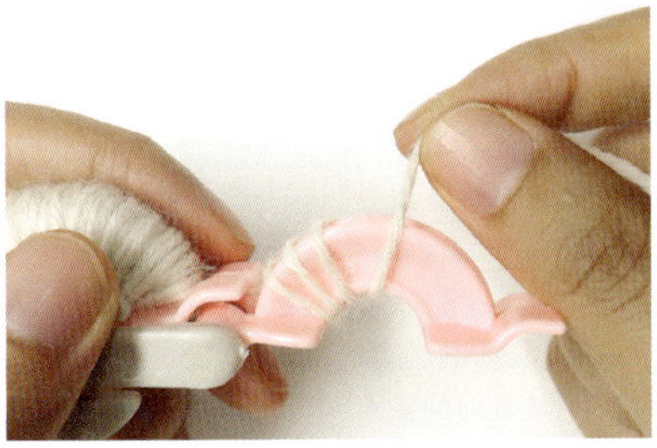

10. 반대쪽 반원 두 개를 펼쳐서 똑같이 실을 감은 후, 닫는다.

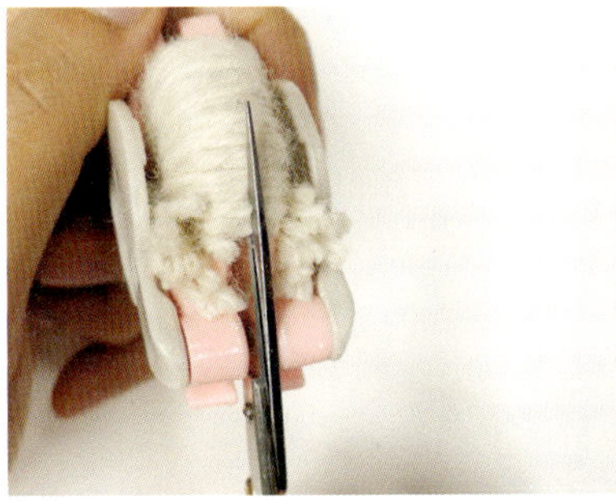

11. 감은 실의 가운데를 가위로 자른다.

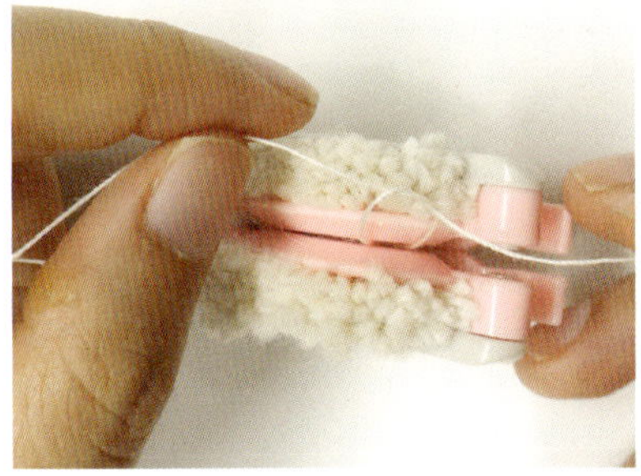

12. 가운데 홈으로 실을 감아 최대한 잡아당겨 매듭을 짓는다.

13. 폼폼 메이커를 빼고, 튀어나온 실들을 정리하여 폼폼을 완성한다. 이때, 매듭을 만들었던 실 자락은 몸에 연결할 때 써야 하니 자르지 않는다.

14. 인형 뒷면의 아래쪽 중심에 꿰매어 붙인다.

15. 케이프는 단춧구멍 위치에 맞추어 단추를 달아 마무리한다.

바구니 만들기

16. 돗바늘로 시작단의 반 코씩을 안에서 밖으로(또는 밖에서 안으로 한 방향으로) 꿰맨다.

17. 잡아당겨 마무리한다.

18. 심지(지름 4.5cm)를 바구니 바닥 크기에 맞추어 자른 후, 목공풀을 얇게 골고루 펴 바른다.

19. 바구니 바닥 안쪽 면에 붙인 후, 마를 때까지 꼭 누른다.

20. 바구니 안쪽 면 손잡이 달 위치를 표시한다. 대칭되는 위치에도 표시한다.

21. 바느질한 실이 바구니 겉면에서 보이지 않도록 주의하며 감침질하여 꿰맨다.

당근 만들기

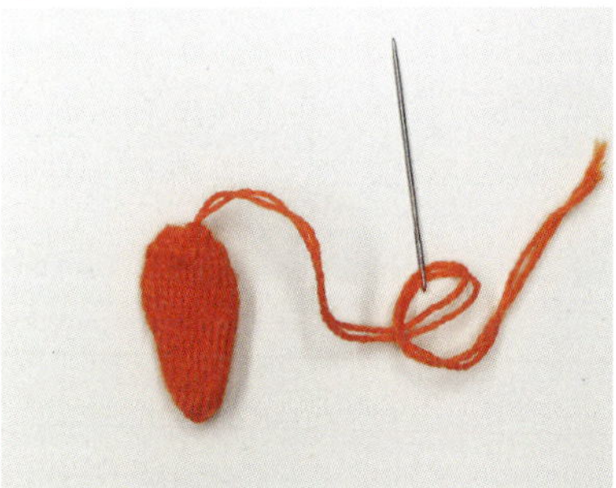

22. 돗바늘 마무리한 곳에서부터 시작하여 시작단까지 메리야스 잇기한 후, 겸자로 솜을 넣는다.

23. 초록색 실을 여러 가닥으로 자른 후, 묶어서 술을 만든다.

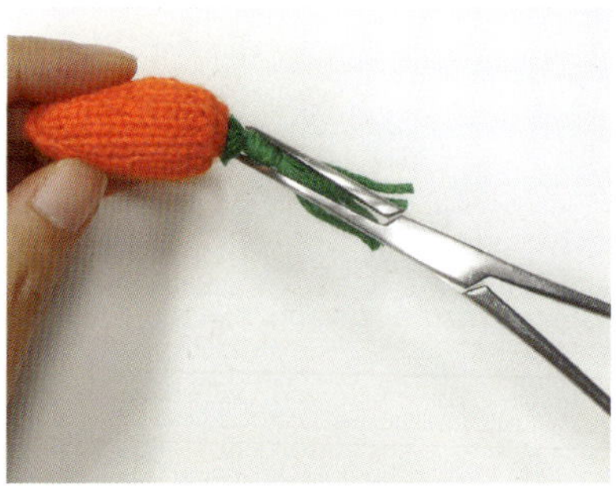

24. 겸자로 당근에 술의 매듭을 넣는다.

25. 돗바늘로 시작단의 반 코씩을 안에서 바깥쪽으로 꿰맨 후, 꽉 잡아당겨 마무리한다.

26. 바늘 끝으로 실의 올을 푼다.

03

강아지 보리

×××××

발랄하고 낯가림이 없는 보리는 활력이 넘쳐 누구와도 쉽게 친구가 된답니다.
늘 달리기를 하며 다니는 까닭에 가끔 다치기도 하지요.

미리보기

준비물

완성 크기: 15cm

☑ **강아지**

실: 킹콜 베이비 알파카 DK(King cole Baby Alpaca DK) 아이보리색, 갈색, 검은 갈색

바늘: 2.5mm 대바늘

게이지: 메리야스뜨기 31코×39단(10×10cm)

☑ **케이프**

실: 필다르 필 소프트(Phildar Phil Soft) 노란 연두색 2겹

바늘: 3mm 대바늘

게이지: 2코 고무뜨기 26코×36단(10×10cm)

기타: 6mm 단추 눈, 돗바늘, 솜, 자수실(진갈색), 안전핀, 표시링, 기화성펜(또는 수성펜), 패브릭 색연필(또는 패브릭 잉크), 케이프에 달 단추(6mm), 시침핀, 겸자

도구와 기법: 188~216쪽 참조

패턴 도안 보는 방법

- 기법 용어 중에서 코를 늘리고, 만들고, 줄이는 과정에서 '겉뜨기'는 따로 표시하지 않고, '안뜨기'만 표시했습니다.
- 같은 단에서 동일한 뜨기가 반복될 경우 '[ ] ○회'로 표시했어요.
- 배색이 들어가는 부분에서는 글자에 실과 비슷한 색을 넣어 표시했어요.

모눈 도안 보는 방법

- 모눈 도안은 겉으로 보이는 무늬를 기호로 표기하기 때문에, 겉쪽 면에서는 도안의 기호대로, 안쪽 면에서는 기호의 반대대로 떠야 합니다.
- 도안의 양옆에 있는 화살표는 뜨는 방향, 숫자는 단수와 콧수를 의미합니다.
- 표시링으로 체크해야 하는 부분은 패턴 도안을 참조하세요.

패턴 PATTERN × × × × ×

오른쪽 다리

＊갈색 실로 12코를 만든다.

1단 안뜨기. (12코)

2단 겉뜨기 1코, 늘리기 10회, 겉뜨기 1코. (22코)

3~5단 메리야스뜨기 3단. (22코)

5단을 뜨고 나서 첫 번째 코와 두 번째 코 사이, 21번째 코와 그 22번째 코 사이를 표시링 또는 다른 색 실로 표시한다. ＊＊

실을 자르고 코를 안전핀이나 다른 바늘로 옮긴다.

왼쪽 다리

오른쪽 다리의 ＊부터 ＊＊까지 똑같이 뜬다.

코를 바늘에 그대로 두고 실을 자르지 않는다.

몸통

다리 연결하기: 왼쪽 다리와 오른쪽 다리를 이어서 뜬다.

6단 바늘에 있는 22코를 겉뜨기 20코, 오른코 줄이기를 하고, 안전핀이나 다른 바늘로 옮겨 두었던 오른쪽 다리를 그대로 이어서 뜬다. 왼코 줄이기, 겉뜨기 20코. (42코)

7단 안뜨기 1단. (42코)

8단 겉뜨기 1코, [겉뜨기 3코, 늘리기] 10회, 겉뜨기 1코. (52코)

9~23단 메리야스뜨기 15단. (52코)

24단 겉뜨기 12코, 오른코 줄이기, 왼코 줄이기, 겉뜨기 20코, 오른코 줄이기, 왼코 줄이기, 겉뜨기 12코. (48코)

25~27단 메리야스뜨기 3단 (48코)

28단 겉뜨기 11코, 오른코 줄이기, 왼코 줄이기, 겉뜨기 18코, 오른코 줄이기, 왼코 줄이기, 겉뜨기 11코. (44코)

29~31단 메리야스뜨기 3단. (44코)

32단 [겉뜨기 2코, 왼코 줄이기] 2회, 겉뜨기 2코, 오른코 줄이기, 왼코 줄이기, 겉뜨기 3코, 왼코 줄이기, [겉뜨기 2코, 왼코 줄이기] 2회, 겉뜨기 3코, 오른코 줄이기, 왼코 줄이기, [겉뜨기 2코, 왼코 줄이기] 2회, 겉뜨기 2코. (33코)

• 33단부터 43단은 갈색 실과 아이보리색 실로 배색하며 뜬다.

• 갈색 실은 (갈), 아이보리 실은 (아)로 표현했다.

33단 (갈)안뜨기 11코, (아)안뜨기 11코, (갈)안뜨기 11코. (33코)

얼굴

34단: (갈)겉뜨기 1코, (갈)[늘리기] 10회, (아)[늘리기] 11회, (갈)[늘리기] 10회, (갈)겉뜨기 1코. (64)

35단 (갈)안뜨기 21코, (아)안뜨기 22코, (갈)안뜨기 21코. (64코)

36단 (갈)겉뜨기 21코, (아)겉뜨기 22코, (갈)겉뜨기 21코. (64코)

37단 (갈)안뜨기 21코, (아)안뜨기 22코, (갈)안뜨기 21코. (64코)

38단 (갈)겉뜨기 21코, (아)겉뜨기 22코, (갈)겉뜨기 21코. (64코)

39단 (갈)안뜨기 22코, (아)안뜨기 20코, (갈)안뜨기 22코. (64코)

40단 (갈)겉뜨기 23코, (아)겉뜨기 18코, (갈)겉뜨기 23코. (64코)

41단 (갈)안뜨기 24코, (아)안뜨기 16코, (갈)안뜨기 24코. (64코)

42단 (갈)겉뜨기 25코, (아)겉뜨기 14코, (갈)겉뜨기 25코. (64코)

43단 (갈)안뜨기 26코, (아)안뜨기 12코, (갈)안뜨기 26코. (64코)

• 아이보리색 실은 끊고 갈색 실로만 뜬다.

44~49단 메리야스뜨기 6단.

50단 겉뜨기 15코, 오른코 줄이기, 왼코 줄이기, 겉뜨기 26코, 오른코 줄이기, 왼코 줄이기, 겉뜨기 15코. (60코)

51~53단 메리야스뜨기 3단. (60코)

54단 겉뜨기 14코, 오른코 줄이기, 왼코 줄이기, 겉뜨기 24코, 오른코 줄이기, 왼코 줄이기, 겉뜨기 14코. (56코)

55~57단 메리야스뜨기 3단. (56코)

58단 겉뜨기 1코, [겉뜨기 4코, 왼코 줄이기] 9회, 겉뜨기 1코. (47코)

59단 안뜨기 1단. (47코)

60단 겉뜨기 1코, [겉뜨기 3코, 왼코 줄이기] 9회, 겉뜨기 1코. (38코)

61단 안뜨기 1단. (38코)

62단 겉뜨기 1코, [겉뜨기 2코, 왼코 줄이기] 9회, 겉뜨기 1코. (29코)

63단 안뜨기 1단. (29코)

64단 겉뜨기 1코, [겉뜨기 1코, 왼코 줄이기] 9회, 겉뜨기 1코. (20코)

65단 안뜨기 1단. (20코)

66단 겉뜨기 1코, [왼코 줄이기] 9회, 겉뜨기 1코. (11코)

• 돗바늘로 마무리한다.

팔(2개)

• 갈색 실로 8코를 만든다.

1단 안뜨기 1단. (8코)

2단 겉뜨기 1코, 오른코 만들기, 겉뜨기 6코, 왼코 만들기, 겉뜨기 1코. (10코)

3단 안뜨기 1단. (10코)

4단 겉뜨기 1코, 오른코 만들기, 겉뜨기 8코, 왼코 만들기, 겉뜨기 1코. (12코)

5단 안뜨기 1단. (12코)

6단 [겉뜨기 1코, 오른코 만들기] 2회, 겉뜨기 8코, [왼코 만들기, 겉뜨기 1코] 2회. (16코)

• 6단을 뜨고 나서 첫 번째 코와 두 번째 코 사이, 마지막 코와 그 전 코 사이에 표시링 또는 다른 색 실로 표시한다.

7~14단 메리야스뜨기 8단. (16코)

• 아이보리색 실로 바꾼다.

15~17단 메리야스뜨기 3단. (16코)

18단 겉뜨기 1코, [왼코 줄이기] 7회, 겉뜨기 1코. (9코)

• 돗바늘로 마무리한다.

귀(4개)

• 검은 갈색 실로 9코를 만든다.

1단 안뜨기 1단. (9코)

2단 겉뜨기 1코, 늘리기, 겉뜨기 2코, 늘리기, 겉뜨기 2코, 늘리기, 겉뜨기 1코. (12코)

3단 안뜨기 1단. (12코)

4단 겉뜨기 1코, 늘리기, 겉뜨기 3코, 늘리기, 겉뜨기 3코, 늘리기, 겉뜨기 2코. (15코)

5~11단 메리야스뜨기 7단. (15코)

12단 겉뜨기 1코, 왼코 줄이기, 겉뜨기 9코, 오른코 줄이기, 겉뜨기 1코. (13코)

13단 안뜨기 1단. (13코)

14단 겉뜨기 1코, 왼코 줄이기, 겉뜨기 7코, 오른코 줄이기, 겉뜨기 1코. (11코)

15단 안뜨기 1단. (11코)

16단 겉뜨기 1코, 왼코 줄이기, 겉뜨기 5코, 오른코 줄이기, 겉뜨기 1코. (9코)

• 안뜨기로 코막음한다.

꼬리

• 갈색 실로 12코를 만든다.

1~3단 안뜨기로 시작하는 메리야스 3단. (12코)

4단 겉뜨기 1코, [왼코 줄이기, 겉뜨기 2코] 2회, 왼코 줄이기, 겉뜨기 1코. (9코)

5~9단 메리야스뜨기 5단. (9코)

10단 겉뜨기 1코, 왼코 줄이기, 겉뜨기 2코, 왼코 줄이기, 겉뜨기 2코. (7코)

11단 안뜨기 1단. (7코)

• 돗바늘로 마무리한다.

케이프

• 3mm 대바늘과 노란연두색 실로 78코를 만든다.

1단 [안뜨기 2코, 겉뜨기 2코] 19회, 안뜨기 2코. (78코)

2단 [겉뜨기 2코, 안뜨기 2코] 19회, 안뜨기 2코. (78코)

3단 안뜨기 1코, 바늘비우기, 겉뜨기로 왼코 줄이기, 겉뜨기 1코, [안뜨기 2코, 겉뜨기 2코] 18회, 안뜨기 2코. (78코)

• 왼코 줄이기하면서 코막음한다.

모눈 도안 × × × × ×

다리&몸통&얼굴

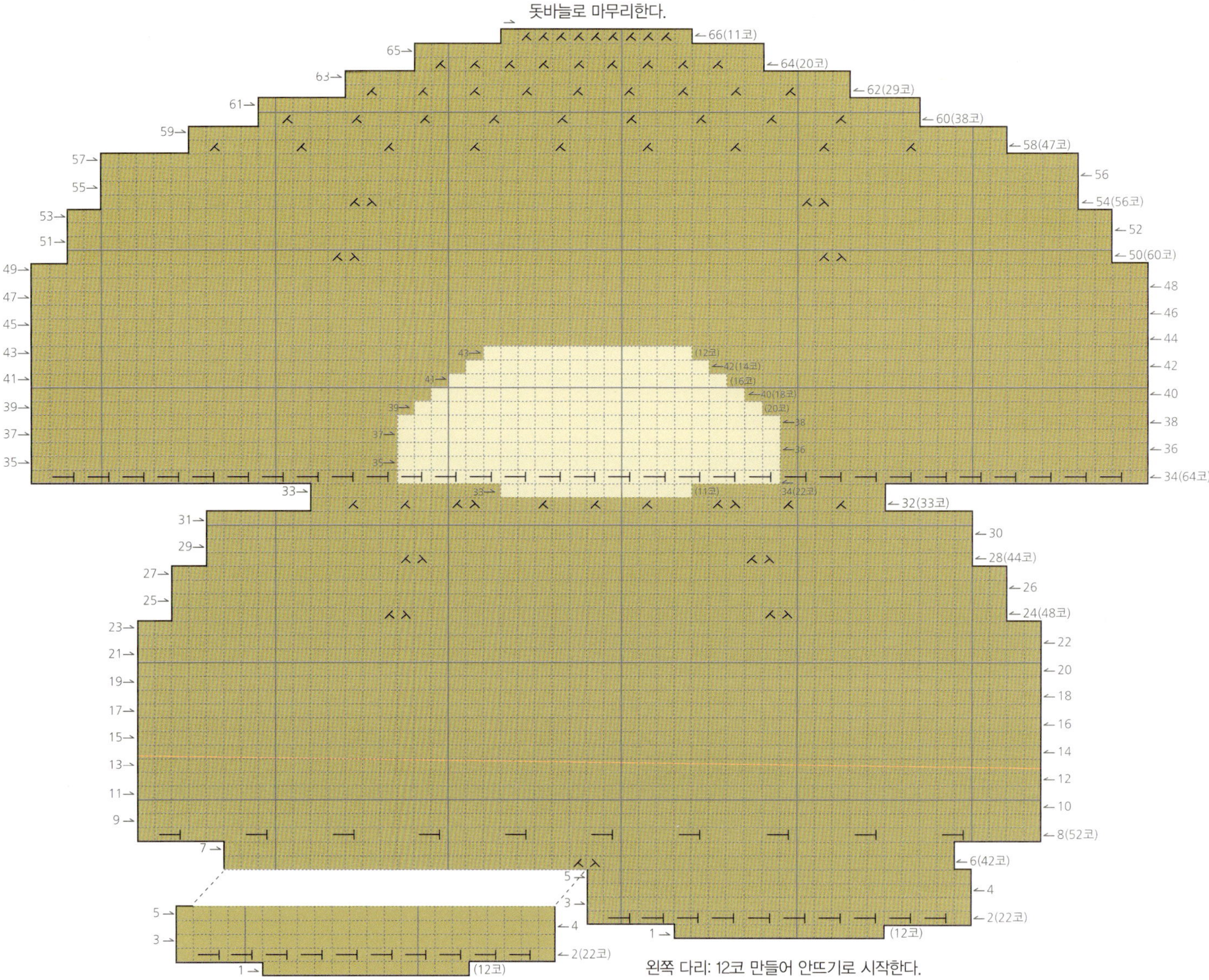

- 겉뜨기(K)
- 안뜨기(P)
- 겉뜨기로 늘리기(kfb)
- 안뜨기로 늘리기(pfb)
- 겉뜨기로 왼코 만들기(M1L)
- 겉뜨기로 오른코 만들기(M1R)
- 겉뜨기로 왼코 줄이기(k2tog)
- 안뜨기로 왼코 줄이기(p2tog)
- 겉뜨기로 오른코 줄이기(skpo)
- 코막음(cast off, Bind off)
- 바늘비우기(Yo)

귀(4개)

안뜨기로 코막음한다.

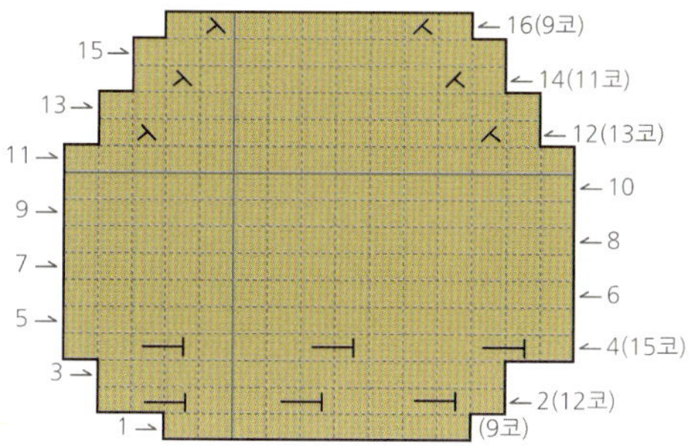

9코 만들어 안뜨기로 시작한다.

꼬리

돗바늘로 마무리한다.

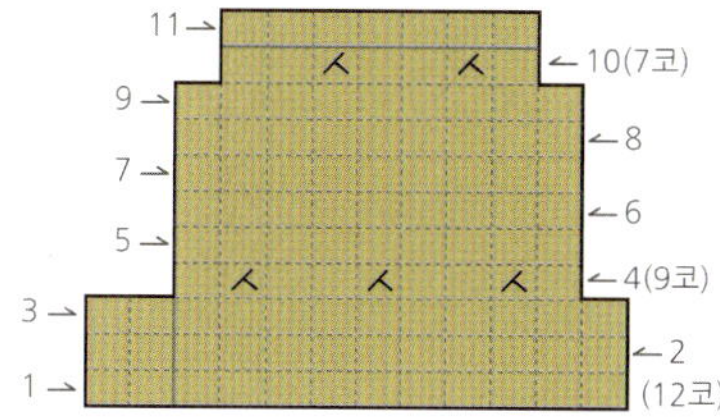

12코 만들어 안뜨기로 시작한다.

팔(2개)

돗바늘로 마무리한다.

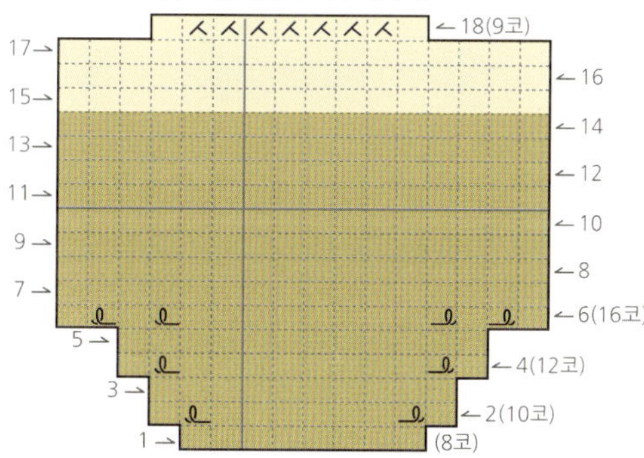

8코 만들어 안뜨기로 시작한다.

케이프

왼코 줄이기를 하면서 코막음한다.

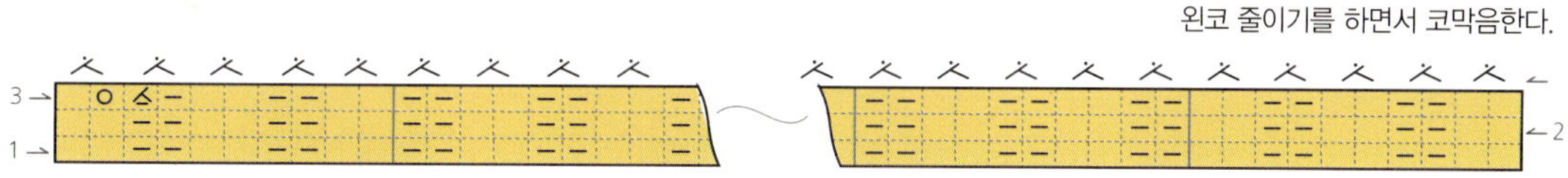

78코 만들어 2코 고무뜨기로 뜬다.

얼굴 수놓기

1. 입은 얼굴이 시작되는 코 늘림 단에서 올라온 곳, 43단의 중심 1코. 눈은 43단에서 44단 사이, 센터에서 각 4코 떨어진 위치에 수성펜으로 표시한다. (눈과 눈 사이는 8코)
※기본 몸통은 16~19쪽을 참조해 만든다.

2. 플라이 스티치(214쪽 참조)로 Y자가 거꾸로 선 모양이 되도록 입 모양을 수놓는다.

3. 코의 위치에 스트레이트 스티치(212쪽 참조)를 4~6번 반복하여 수놓아 도톰하게 만든다.

4. 눈을 단 후, 패브릭 잉크나 패브릭 색연필 등을 활용하여 볼에 색칠한다.

귀 조립하기

5. 귀 두 장을 안쪽 면끼리 마주보도록 포갠 후, 코 잡은 단에서 시작하여 코 막은 단으로 올라가며 옆선을 메리야스 잇기로 연결한다.

6. 귀 윗면끼리 메리야스 잇기로 잇는다. 이때, 바느질하면서 새로운 한 단을 만드는 것이므로 너무 잡아당기지 않도록 주의한다.

7. 코 막은 단까지 내려오며 옆선을 메리야스 잇기를 한 후, 겸자로 납작하게 솜을 넣는다.

8. 얼굴 양쪽 옆면, 코 줄인 곳(50단~54단의 코 줄임 사이)에 5코에 걸쳐서 수성펜으로 타원을 그린다.

9. 귀의 윗변을 먼저 한 코씩 차례대로 꿰매서 붙인다.

꼬리 조립하기

10. 귀를 들어서 얼굴에 그린 바느질 선과 대칭되게 귀에도 바느질 선을 그린다. 선을 따라 꿰매 붙인다.

11. 돗바늘 마무리한 곳부터 시작단까지 메리야스 잇기로 연결한다.

12. 인형 뒷면의 아래쪽 중심에 꿰매서 붙인다.

04

고양이 타래

×××××

실을 무척이나 좋아하는 타래는 당연하게도 뜨개가 취미가 되었습니다.
친구들과 이야기를 나눌 때도 뜨개질을 멈추지 않아요. 단짝 홀리에게는 직접 짠 머플러를 선물해 주었어요.
홀리와 함께 얼음낚시를 하러 가는 날에는 타래가 만든 커플 머플러를 두른답니다.

미리보기

준비물

완성 크기: 15cm

☑ 고양이

실: 킹콜 베이비 알파카 DK(King cole Baby Alpaca DK) 차콜색, 아이보리색

바늘: 2.5mm 대바늘

게이지: 메리야스뜨기 31코×39단(10×10cm)

☑ 케이프

실: 필다르 필 소프트(Phildar Phil Soft) 핑크색 2겹

바늘: 3mm 대바늘

게이지: 2코 고무뜨기 26코×36단(10×10cm)

☑ 바구니

실: 빈센트 3p(Vincent 3p) 딥베이지색, 진갈색 2겹씩

바늘: 2.5mm 대바늘

기타: 6mm 단추 눈, 돗바늘, 솜, 자수실(다홍색), 안전핀, 표시링, 기화성펜 또는 수성펜, 패브릭 색연필(또는 패브릭 잉크), 겸자, 케이프에 달 단추(6mm), 심지, 시침핀

도구와 기법: 188~216쪽 참조

패턴 도안 보는 방법

- 기법 용어 중에서 코를 늘리고, 만들고, 줄이는 과정에서 '겉뜨기'는 따로 표시하지 않고, '안뜨기'만 표시했습니다.
- 같은 단에서 동일한 뜨기가 반복될 경우 '[ ] ㅇ회'로 표시했어요.
- 배색이 들어가는 부분에서는 글자에 실과 비슷한 색을 넣어 표시했어요.

모눈 도안 보는 방법

- 모눈 도안은 겉으로 보이는 무늬를 기호로 표기하기 때문에, 겉쪽 면에서는 도안의 기호대로, 안쪽 면에서는 기호의 반대대로 떠야 합니다.
- 도안의 양옆에 있는 화살표는 뜨는 방향, 숫자는 단수와 콧수를 의미합니다.
- 표시링으로 체크해야 하는 부분은 패턴 도안을 참조하세요.

패턴 PATTERN × × × × ×

오른쪽 다리

- * 아이보리색 실로 12코를 만든다.

1단 안뜨기. (12코)

2단 겉뜨기 1코, 늘리기 10회, 겉뜨기 1코. (22코)

3~4단 메리야스뜨기 2단. (22코)

- 차콜색 실로 바꾼다.

5단 안뜨기 1단. (22코)

- 5단을 뜨고 나서 첫 번째 코와 두 번째 코 사이, 21번째 코와 그 22번째 코 사이를 표시링 또는 다른색 실로 표시한다. * *

- 실을 자르고 코를 안전핀이나 다른 바늘로 옮긴다.

왼쪽 다리

- 첫 번째 다리의 * 부터 * * 까지 똑같이 뜬다.

- 코를 바늘에 그대로 두고 실을 자르지 않는다.

몸통

- 다리 연결하기: 왼쪽 다리와 오른쪽 다리를 연결해서 뜬다.

6단 바늘에 있는 22코를 겉뜨기 20코, 오른코 줄이기를 하고, 안전핀이나 다른 바늘로 옮겨 두었던 오른쪽 다리를 그대로 이어서 뜬다. 왼코 줄이기, 겉뜨기20코. (42코)

7단 안뜨기 1단. (42코)

8단 겉뜨기 1코, [겉뜨기 3코, 늘리기] 10회, 겉뜨기 1코. (52코)

9~20단 메리야스뜨기 12단. (52코)

- 21단부터 48단은 아이보리색 실과 차콜색 실로 배색하며 뜬다.

- 아이보리색 실은 (아), 차콜색 실은 (차)로 표현한다.

21단: (차)안뜨기 23코, (아)안뜨기 6코, (차)안뜨기 23코. (52코)

22단 (차)겉뜨기 22코, (아)겉뜨기 8코, (차)겉뜨기 22코. (52코)

23단 (차)안뜨기 21코, (아)안뜨기 10코, (차)안뜨기 21코. (52코)

24단 (차)겉뜨기 12코, (차)오른코 줄이기, (차)왼코 줄이기, (차)겉뜨기 5코, (아)겉뜨기 10코, (차)겉뜨기 5코, (차)오른코 줄이기, (차)왼코 줄이기, (차)겉뜨기 12코. (48코)

25단 (차)안뜨기 18코, (아)안뜨기 12코, (차)안뜨기 18코. (48코)

26단 (차)겉뜨기 18코, (아)겉뜨기 12코, (차)겉뜨기 18코. (48코)

27단 (차)안뜨기 17코, (아)안뜨기 14코, (차)안뜨기 17코. (48코)

28단 (차)겉뜨기 11코, (차)오른코 줄이기, (차)왼코 줄이기, (차)겉뜨기 2코, (아)겉뜨기 14코, (차)겉뜨기 2코, (차)오른코 줄이기, (차)왼코 줄이기, (차)겉뜨기 11코. (44코)

29단 (차)안뜨기 15코, (아)안뜨기 14코, (차)안뜨기 15코. (44코)

30단 (차)겉뜨기 15코, (아)겉뜨기 14코, (차)겉뜨기 15코. (44코)

31단 (차)안뜨기 15코, (아)안뜨기 14코, (차)안뜨기 15코. (44코)

32단 (차)[겉뜨기2코, 왼코 줄이기] 2회, (차)겉뜨기 2코, (차)오른코 줄이기, (차)왼코 줄이기, (차)겉뜨기 1코, (아)[겉뜨기 2코, 왼코 줄이기] 3회, (아)겉뜨기 2코, (차)겉뜨기 1코, (차)오른코 줄이기, (차)[왼코 줄이기, 겉뜨기 2코] 3회. (33코)

33단 (차)안뜨기 11코, (아)안뜨기 11코, (차)안뜨기 11코. (33코)

얼굴

34단 (차)겉뜨기 1코, (차)[늘리기] 10회, (아)[늘리기] 11회, (차)[늘리기] 10회, (차)겉뜨기 1코. (64)

35단 (차)안뜨기 21코, (아)안뜨기 22코, (차)안뜨기 21코. (64코)

36단 (차)겉뜨기 21코, (아)겉뜨기 22코, (차)겉뜨기 21코. (64코)

37단 (차)안뜨기 22코, (아)안뜨기 20코, (차)안뜨기 22코. (64코)

38단 (차)겉뜨기 23코, (아)겉뜨기 18코, (차)겉뜨기 23코. (64코)

39단 (차)안뜨기 24코, (아)안뜨기 16코, (차)안뜨기 24코. (64코)

40단 (차)겉뜨기 25코, (아)겉뜨기 14코, (차)겉뜨기 25코. (64코)

41단 (차)안뜨기 26코, (아)안뜨기 12코, (차)안뜨기 26코. (64코)

42단 (차)겉뜨기 27코, (아)겉뜨기 10코, (차)겉뜨기 27코. (64코)

43단 (차)안뜨기 29코, (아)안뜨기 6코, (차)안뜨기 29코. (64코)

44단 (차)겉뜨기 30코, (아)겉뜨기 4코, (차)겉뜨기 30코. (64코)

- 44단을 뜨고 나서 센터(32코와 33코 사이)에 표시링을 건다.

45단 (차)안뜨기 30코, (아)안뜨기 4코, (차)안뜨기 30코. (64코)

46단 (차)겉뜨기 30코, (아)겉뜨기 4코, (차)겉뜨기 30코. (64코)

47단 (차)안뜨기 31코, (아)안뜨기 2코, (차)안뜨기 31코. (64코)

48단 (차)겉뜨기 31코, (아)겉뜨기 2코, (차)겉뜨기 31코. (64코)

- 아이보리색 실은 끊고, 차콜색 실로만 뜬다.

49단 안뜨기 1단. (64코)

50단 겉뜨기 15코, 오른코 줄이기, 왼코 줄이기, 겉뜨기 26코, 오른코 줄이기, 왼코 줄이기, 겉뜨기 15코. (60코)

51~53단 메리야스뜨기 3단. (60코)

54단 겉뜨기 14코, 오른코 줄이기, 왼코 줄이기, 겉뜨기 24코, 오른코 줄이기, 왼코 줄이기, 겉뜨기 14코. (56코)

55~57단 메리야스뜨기 3단. (56코)

58단 겉뜨기 1코, [겉뜨기 4코, 왼코 줄이기] 9회, 겉뜨기 1코. (47코)

59단 안뜨기 1단. (47코)

60단 겉뜨기 1코, [겉뜨기 3코, 왼코 줄이기] 9회, 겉뜨기 1코. (38코)

61단 안뜨기 1단. (38코)

62단 겉뜨기 1코, [겉뜨기 2코, 왼코 줄이기] 9회, 겉뜨기 1코. (29코)

63단 안뜨기 1단. (29코)

64단 겉뜨기 1코, [겉뜨기 1코, 왼코 줄이기] 9회, 겉뜨기 1코. (20코)

65단 안뜨기 1단. (20코)

66단 겉뜨기 1코, [왼코 줄이기] 9회, 겉뜨기 1코. (11코)

• 돗바늘로 마무리한 후, 바느질할 만큼의 여유를 두고 실을 자른다.

팔(2개)

• 차콜색 실로 8코를 만든다.

1단 안뜨기 1단. (8코)

2단 겉뜨기 1코, 오른코 만들기, 겉뜨기 6코, 왼코 만들기, 겉뜨기 1코. (10코)

3단 안뜨기 1단. (10코)

4단 겉뜨기 1코, 오른코 만들기, 겉뜨기 8코, 왼코 만들기, 겉뜨기 1코. (12코)

5단 안뜨기 1단. (12코)

6단 겉뜨기 1코, 오른코 만들기, [겉뜨기 3코, 왼코 만들기, 겉뜨기 2코] 2회, 왼코 만들기, 겉뜨기 1코. (16코)

• 6단을 뜨고 나서 첫 번째코와 두 번째코 사이, 마지막 코와 그 전코 사이에 표시링 또는 다른 색 실로 표시한다.

7~14단 메리야스뜨기 8단. (16코)

• 아이보리색 실로 바꾼다.

15~17단 메리야스뜨기 3단. (16코)

18단 겉뜨기 1코, [왼코 줄이기] 7회, 겉뜨기 1코. (9코)

• 돗바늘로 마무리한다.

귀(4개)

• 차콜색 실로 12코를 만든다.

1~2단 겉뜨기로 시작하는 메리야스뜨기 2단. (12코)

3단 겉뜨기 1코, 왼코 줄이기, 겉뜨기 6코, 오른코 줄이기, 겉뜨기 1코. (10코)

4단 안뜨기 1단. (10코)

5단 겉뜨기 1코, 왼코 줄이기, 겉뜨기 4코, 오른코 줄이기, 겉뜨기 1코. (8코)

6단 안뜨기 1단. (8코)

7단 겉뜨기 1코, 왼코 줄이기, 겉뜨기 2코, 오른코 줄이기, 겉뜨기 1코. (6코)

8단 안뜨기 1단. (6코)

9단 겉뜨기 1코, 왼코 줄이기, 오른코 줄이기, 겉뜨기 1코. (4코)

• 돗바늘로 마무리한다.

꼬리

• 차콜색 실로 13코를 만든다.

1~3단 안뜨기로 시작하는 메리야스뜨기 3단. (13코)

4단 [겉뜨기 2코, 왼코 줄이기] 3회, 겉뜨기 1코. (10코)

5~18단 메리야스뜨기 14단. (10코)

• 아이보리색 실로 바꾼다.

19단 안뜨기 1단. (10코)

20단 [겉뜨기 1코, 왼코 줄이기] 3회, 겉뜨기 1코. (7코)

21~23단 메리야스뜨기 3단. (7코)

• 돗바늘로 마무리한다.

케이프

• 3mm 대바늘과 핑크색 실로 78코를 만든다.

1단 [안뜨기 2코, 겉뜨기 2코] 19회, 안뜨기 2코. (78코)

2단 [겉뜨기 2코, 안뜨기 2코] 19회, 안뜨기 2코. (78코)

3단 안뜨기 1코, 바늘비우기, 겉뜨기로 왼코 줄이기, 겉뜨기 1코, [안뜨기 2코, 겉뜨기 2코] 18회, 안뜨기 2코. (78코)

• 왼코 줄이기하면서 코막음한다.

※ 바구니는 27~32쪽을 참조해서 만든다.

모눈 도안 × × × × ×

다리&몸통&얼굴

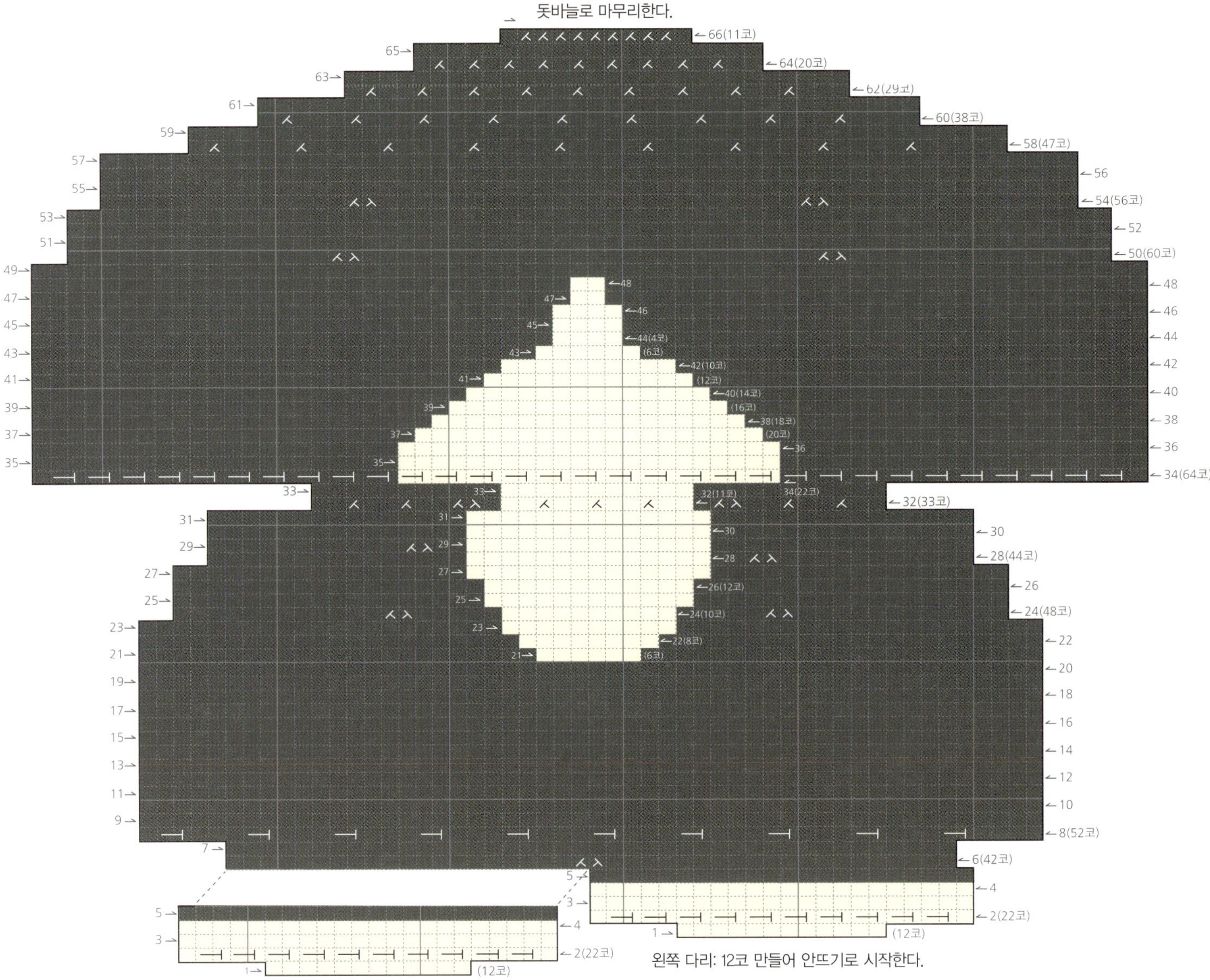

왼쪽 다리: 12코 만들어 안뜨기로 시작한다.

오른쪽 다리: 12코 만들어 안뜨기로 시작한다.

팔(2개)

돗바늘로 마무리한다.

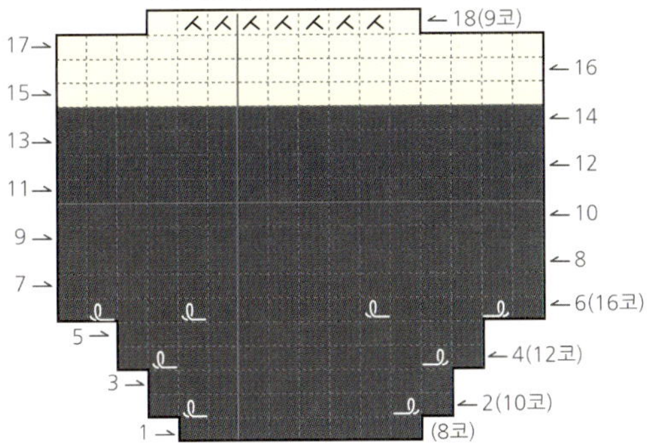

8코 만들어 안뜨기로 시작한다.

귀(4개)

돗바늘로 마무리한다.

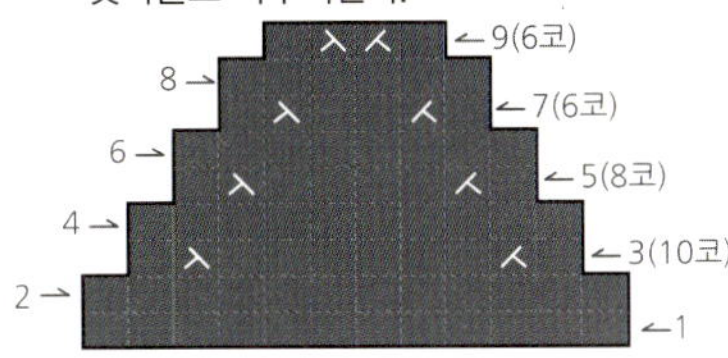

12코 만들어 겉뜨기로 시작한다.

꼬리

돗바늘로 마무리한다.

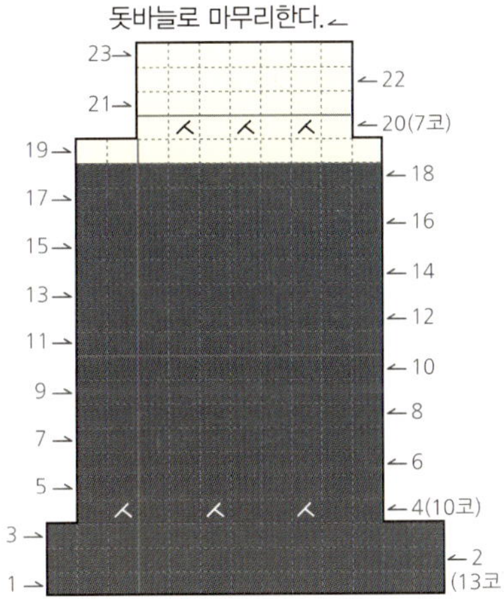

13코 만들어 안뜨기로 시작한다.

- | = □ 겉뜨기(K)
- — 안뜨기(P)
- 겉뜨기로 늘리기(kfb)
- 안뜨기로 늘리기(pfb)
- 겉뜨기로 왼코 만들기(M1L)
- 안뜨기로 왼코 만들기(M1LP)
- 겉뜨기로 오른코 만들기(M1R)
- 겉뜨기로 왼코 줄이기(k2tog)
- 안뜨기로 왼코 줄이기(p2tog)
- 겉뜨기로 오른코 줄이기(skpo)
- 코막음(cast off, Bind off)
- 바늘비우기(Yo)

케이프

왼코 줄이기를 하면서 코막음한다.

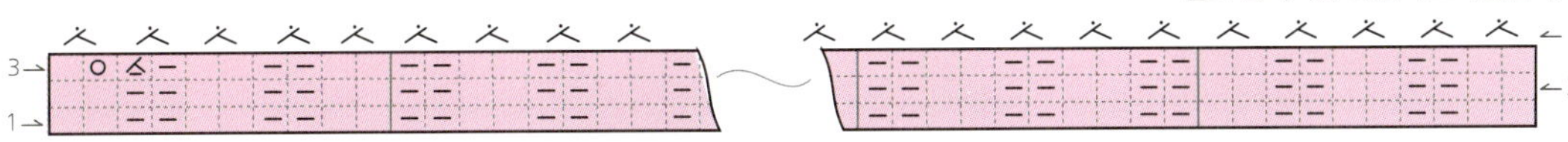

78코 만들어 2코 고무뜨기로 뜬다.

귀 조립하기

1. 귀 두 장을 안쪽 면끼리 마주보도록 포갠 후, 코 잡은 단에서 시작하여 돗바늘로 마무리한 곳까지 옆선을 메리야스 잇기한다.

※기본 몸통은 16~19쪽을 참조하여 만든다.

2. 돗바늘로 마무리한 바느질 선을 따라 다시 한 번 돗바늘로 마무리한다.

3. 계속해서 시작단까지 메리야스 잇기로 연결해 붙인다.

4. 귀 1개 완성. 똑같이 1개 더 만든다.

5. 얼굴 양쪽 옆면, 코 줄인 곳(50단 코 줄임) 윗단에 귀의 아래쪽 중심을 대고 시침핀으로 고정한다.

6. 귀를 머리에 꿰매 붙인다.

7. 귀의 가장 아랫단 코를 한 코씩 차례대로 꿰맨다. 이때, 꿰매는 실이 보이지 않도록 바짝 당기면서 바느질한다.

얼굴 수놓기

8. 코는 44단의 표시링을 단 곳, 눈은 표시링에서 각각 4코씩 떨어진 곳, 입은 얼굴이 시작되는 단에서부터 5단 위(39단)에 ∧자 모양을 수성펜으로 그린다.

9. 플라이 스티치(214쪽 참조)로 Y자가 거꾸로 선 모양이 되도록 입 모양을 수놓는다.

10. 코의 위치에 스트레이트 스티치(212쪽 참조)를 4~6번 반복하여 수놓아 도톰하게 만든다.

11. 눈을 달아 얼굴을 완성한다.

12. 패브릭 색연필 또는 패브릭 잉크 등을 활용하여 볼에 색칠한다.

꼬리 조립하기

13. 돗바늘로 마무리한곳부터 시작단까지 메리야스 잇기로 연결한다.

14. 인형 뒷면의 아래쪽 중심에 꿰매 붙인다.

05 돼지 데이지와 베니

×××××

통통한 몸매가 귀여운 데이지는 발레리나가 꿈입니다. 예쁜 핑크 발레복을 입고 숲속 친구들 앞에서 발레 공연을 하는 것이 큰 기쁨이지요.

미리보기

준비물

완성 크기: 15cm

실: 킹콜 베이비 알파카 DK(King cole Baby Alpaca DK) 아이보리색, 핑크색, 베이지 핑크색

바늘: 2.5mm 대바늘

게이지: 메리야스뜨기 31코×39단(10×10cm)

기타: 6mm 단추 눈, 돗바늘, 솜, 자수실(코코아색), 안전핀, 표시링, 기화성펜(또는 수성펜), 패브릭 색연필(또는 패브릭 잉크), 시침핀, 겸자

도구와 기법: 188~216쪽 참조

패턴 도안 보는 방법

- 기법 용어 중에서 코를 늘리고, 만들고, 줄이는 과정에서 '겉뜨기'는 따로 표시하지 않고, '안뜨기'만 표시했습니다.
- 같은 단에서 동일한 뜨기가 반복될 경우 '[ ] ㅇ회'로 표시했어요.
- 배색이 들어가는 부분에서는 글자에 실과 비슷한 색을 넣어 표시했어요.

모눈 도안 보는 방법

- 모눈 도안은 겉으로 보이는 무늬를 기호로 표기하기 때문에, 겉쪽 면에서는 도안의 기호대로, 안쪽 면에서는 기호의 반대대로 떠야 합니다.
- 도안의 양옆에 있는 화살표는 뜨는 방향, 숫자는 단수와 콧수를 의미합니다.
- 표시링으로 체크해야 하는 부분은 패턴 도안을 참조하세요.

패턴 PATTERN × × × × ×

오른쪽 다리

- * 아이보리색 실로 12코를 만든다.

1단 안뜨기. (12코)

2단 겉뜨기 1코, 늘리기 10회, 겉뜨기 1코. (22코)

3~5단 메리야스뜨기 3단. (22코)

• 5단을 뜨고 나서 첫 번째 코와 두 번째 코 사이, 21번째 코와 그 22번째 코 사이를 표시링 또는 다른 색 실로 표시한다. * *

• 실을 자르고 코를 안전핀이나 다른 바늘로 옮긴다.

왼쪽 다리

• 오른쪽 다리의 * 부터 * * 까지 똑같이 뜬다.

• 코를 바늘에 그대로 두고 실을 자르지 않는다.

몸통

• 다리 연결하기: 왼쪽 다리와 오른쪽 다리를 이어서 뜬다.

6단 바늘에 있는 22코를 겉뜨기 20코 , 오른코 줄이기를 하고, 안전핀이나 다른 바늘로 옮겨 두었던 오른쪽 다리를 그대로 이어서 뜬다. 왼코 줄이기, 겉뜨기 20코. (42코)

7단 안뜨기 1단. (42코)

8단 겉뜨기 1코, [겉뜨기 3코, 늘리기] 10회, 겉뜨기 1코. (52코)

9~28단 데이지는 A를 베니는 B부분을 뜬다.

A 데이지

9~18단 메리야스뜨기 10단. (52코)

• 핑크색 실로 바꾼다.

19~23단 메리야스뜨기 5단. (52코)

24단 겉뜨기 12코, 오른코 줄이기, 왼코 줄이기, 겉뜨기 20코, 오른코 줄이기, 왼코 줄이기, 겉뜨기 12코. (48코)

25~26단 메리야스뜨기 2단. (48코)

27단 겉뜨기 1단. (48코)

• 아이보리색으로 실을 바꾼다.

28단 겉뜨기 11코, 오른코 줄이기, 왼코 줄이기, 겉뜨기 18코, 오른코 줄이기, 왼코 줄이기, 겉뜨기 11코. (44코)

B 베니

9~23단 메리야스뜨기 15단. (52코)

24단 겉뜨기 12코, 오른코 줄이기, 왼코 줄이기, 겉뜨기 20코, 오른코 줄이기, 왼코 줄이기, 겉뜨기 12코. (48코)

25~27단 메리야스뜨기 3단. (48코)

28단 겉뜨기 11코, 오른코 줄이기, 왼코 줄이기, 겉뜨기 18코, 오른코 줄이기, 왼코 줄이기, 겉뜨기 11코. (44코)

29~31단 메리야스뜨기 3단. (44코)

32단 [겉뜨기 2코, 왼코 줄이기] 2회, 겉뜨기 2코, 오른코 줄이기, 왼코 줄이기, 겉뜨기 3코, 왼코 줄이기, [겉뜨기 2코, 왼코 줄이기] 2회, 겉뜨기 3코, 오른코 줄이기, 왼코 줄이기, [겉뜨기 2코, 왼코 줄이기] 2회, 겉뜨기 2코. (33코)

33단 안뜨기 1단. (33코)

얼굴

34단 겉뜨기 1코, [늘리기] 31회 , 겉뜨기 1코. (64코)

35~42단 메리야스뜨기 8단. (64코)

• 42단을 뜨고 나서 센터(32코와 33코 사이)에 표시링을 건다. (64코)

43~48단 메리야스뜨기 6단. (64코)

• 48단을 뜨고 나서 센터(32코와 33코 사이)에 표시링을 건다. (64코)

49~51단 메리야스뜨기 3단. (64코)

52단 겉뜨기 15코, 오른코 줄이기, 왼코 줄이기, 겉뜨기 26코, 오른코 줄이기, 왼코 줄이기, 겉뜨기 15코. (60코)

53~55단 메리야스뜨기 3단. (60코)

56단 겉뜨기 14코, 오른코 줄이기, 왼코 줄이기, 겉뜨기 24코, 오른코 줄이기, 왼코 줄이기, 겉뜨기 14코. (56코)

57단 안뜨기 1단. (56코)

58단 겉뜨기 1코, [겉뜨기 4코, 왼코 줄이기] 9회, 겉뜨기 1코. (47코)

59단 안뜨기 1단. (47코)

60단 겉뜨기 1코, [겉뜨기 3코, 왼코 줄이기] 9회, 겉뜨기 1코. (38코)

61단 안뜨기 1단. (38코)

62단 겉뜨기 1코, [겉뜨기 2코, 왼코 줄이기] 9회, 겉뜨기 1코. (29코)

63단 안뜨기 1단. (29코)

64단 겉뜨기 1코, [겉뜨기 1코, 왼코 줄이기] 9회, 겉뜨기 1코. (20코)

65단 안뜨기 1단. (20코)

66단 겉뜨기 1코, [왼코 줄이기] 9회, 겉뜨기 1코. (11코)

• 돗바늘로 마무리한다.

귀(아이보리색 2개, 베이지핑크색 2개)

• 8코를 만든다.

1단 안뜨기 1단. (8코)

2단 겉뜨기 1코, [겉뜨기 1코, 늘리기] 3회, 겉뜨기 1코. (11코)

3단 안뜨기 1단. (11코)

4단 겉뜨기 1코, [겉뜨기 2코, 늘리기] 3회, 겉뜨기 1코. (14코)

5단 안뜨기 1단. (14코)

6단 겉뜨기 1코, 왼코 줄이기, 겉뜨기 8코, 오른코 줄이기, 겉뜨기 1코. (12코)

7~9단 메리야스뜨기 3단. (12코)

10단 겉뜨기 1코, 왼코 줄이기, 겉뜨기 6코, 오른코 줄이기, 겉뜨기 1코. (10코)

11단 안뜨기 1단. (10코)

12단 겉뜨기 1코, 왼코 줄이기, 겉뜨기 4코, 오른코 줄이기, 겉뜨기 1코. (8코)

13단 안뜨기 1단. (8코)

14단 겉뜨기 1코, [왼코 줄이기] 2회, 오른코 줄이기, 겉뜨기 1코. (5코)

15단 안뜨기 1단. (5코)

• 돗바늘로 마무리한다.

팔(2개)

• 아이보리색 실로 8코를 만든다.

1단 안뜨기 1단. (8코)

2단 겉뜨기 1코, 오른코 만들기, 겉뜨기 6코, 왼코 만들기, 겉뜨기 1코. (10코)

3단 안뜨기 1단. (10코)

4단 겉뜨기 1코, 오른코 만들기, 겉뜨기 8코, 왼코 만들기, 겉뜨기 1코. (12코)

5단 안뜨기 1단. (12코)

6단 겉뜨기 1코, 오른코 만들기, [겉뜨기 3코, 왼코 만들기, 겉뜨기 2코] 2회, 왼코 만들기, 겉뜨기 1코. (16코)

• 6단을 뜨고나서, 첫 번째 코와 두 번째 코 사이, 마지막 코와 그 전 코 사이에 표시링 또는 다른 색 실로 표시한다.

7~14단 메리야스뜨기 8단. (16코)

• 베이지 핑크색 실로 바꾼다.

15~17단 메리야스뜨기 3단. (16코)

18단 겉뜨기 1코, [왼코 줄이기] 7회, 겉뜨기 1코. (9코)

• 돗바늘로 마무리한다.

코

• 아이보리색 실로 10코를 만든다.

1단 안뜨기 1단. (10코)

2단 겉뜨기 1코, 오른코 줄이기, 겉뜨기 4코, 왼코 줄이기, 겉뜨기 1코. (8코)

3단 안뜨기 1단. (8코)

4단 겉뜨기 1코, 오른코 줄이기, 겉뜨기 2코, 왼코 줄이기, 겉뜨기 1코. (6코)

• 안뜨기로 코막음한다.

꼬리

• 아이보리색 실로 18코를 만든다.

• 겉뜨기로 코막음한다.

치마

• 핑크색 실로 106코를 만든다.

1단 [안뜨기 2코, 겉뜨기 2코] 26회, 안뜨기 2코. (106코)

2단 [겉뜨기 2코, 안뜨기 2코] 26회, 겉뜨기 2코. (106코)

3단 [안뜨기 2코, 겉뜨기 2코] 26회, 안뜨기 2코. (106코)

4단 [왼코 줄이기, 안뜨기로 왼코 줄이기] 13회, 왼코 줄이기

• 안뜨기로 코막음한다.

어깨 리본(2개)

• 핑크색 실로 10코를 만든다.

• 겉뜨기로 코막음한다.

머리 리본

• 핑크색 실로 38코를 만든다.

1단 겉뜨기 1단. (38코)

• 겉뜨기로 코막음한다.

모눈 도안 × × × × ×

다리&몸통&얼굴

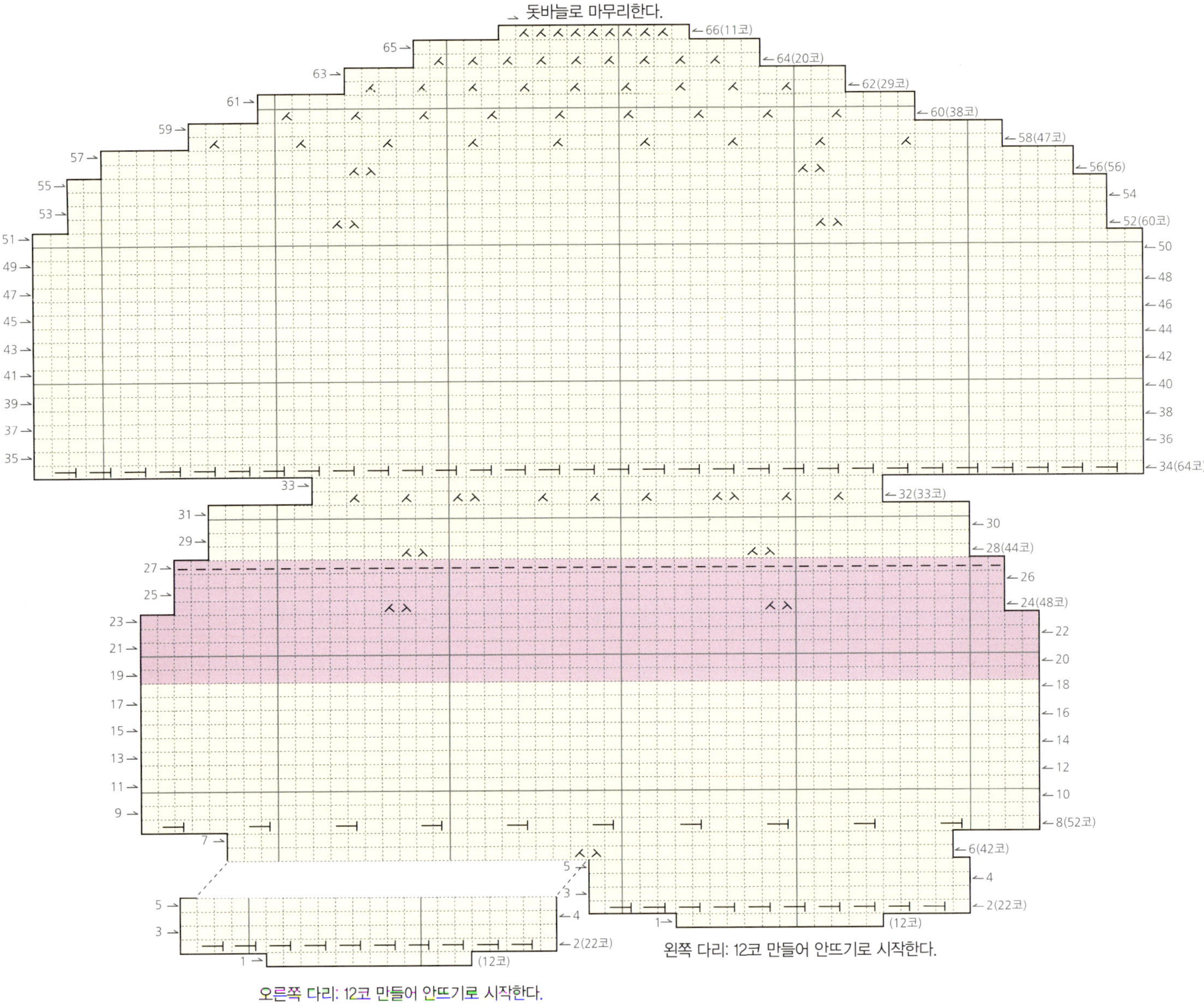

*데이지는 배색하며 뜨고, 베니는 배색 없이 한 가지 색으로 뜬다.

- 겉뜨기(K)
- 안뜨기(P)
- 겉뜨기로 늘리기(kfb)
- 안뜨기로 늘리기(pfb)
- 겉뜨기로 왼코 만들기(M1L)
- 겉뜨기로 오른코 만들기(M1R)
- 겉뜨기로 왼코 줄이기(k2tog)
- 안뜨기로 왼코 줄이기(p2tog)
- 겉뜨기로 오른코 줄이기(skpo)
- 안뜨기로 오른코 줄이기(ssp)

귀(아이보리색 2개, 베이지 핑크색 2개)

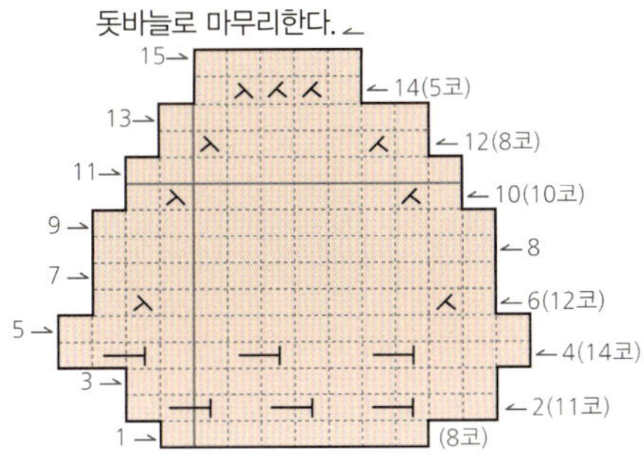

8코 만들어 안뜨기로 시작한다.

팔(2개)

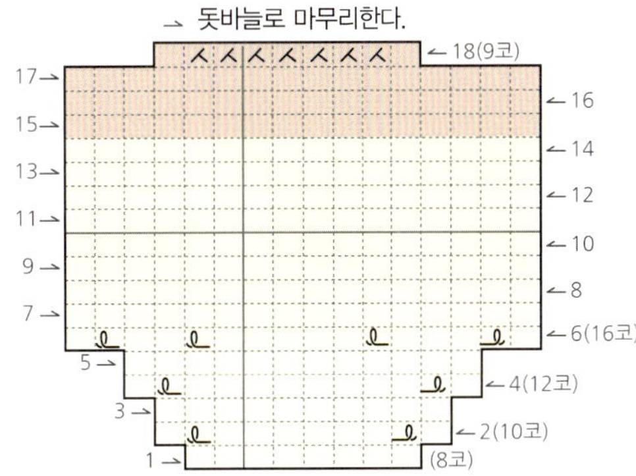

8코 만들어 안뜨기로 시작한다.

코

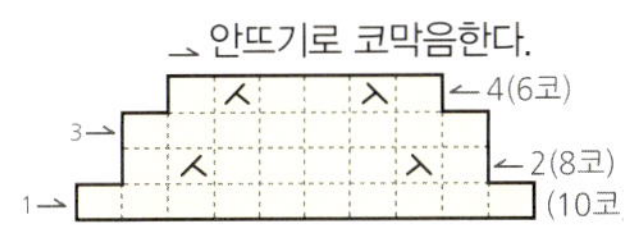

10코 만들어 안뜨기로 시작한다.

치마

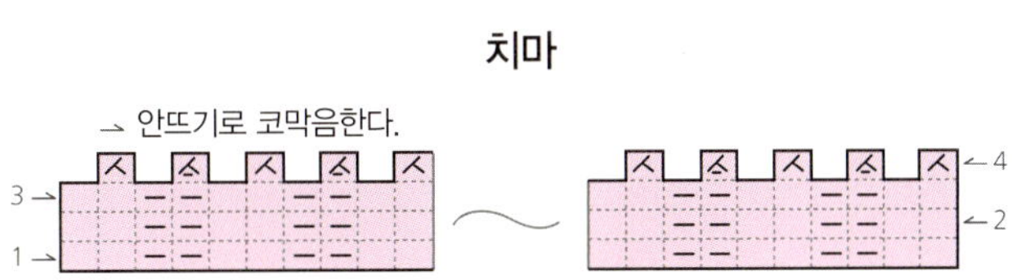

106코 만들어 2코 고무뜨기로 시작한다.

※꼬리, 어깨 리본, 머리 리본은
53쪽 패턴 도안을 참조하세요.

코 조립하기

1. 48단의 표시링 위치에 코의 윗변 중심이 오도록 하고, 42단의 표시링 위치에 코의 아랫변 중심이 오도록하여 시침핀으로 고정한다.
※기본 몸통은 16~19쪽을 참조하여 만든다.

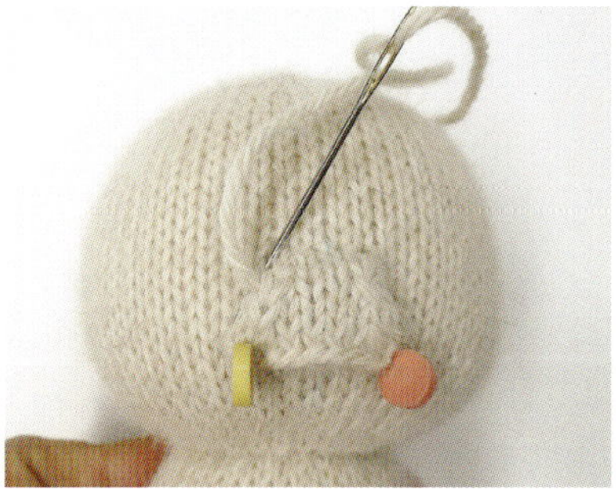

2. 코를 얼굴에 꿰매 붙인다.

3. 한 코씩 차례대로 메리야스 잇기로 붙인다.

4. 창구멍으로 솜을 조금 넣고, 돗바늘로 창구멍을 꿰맨다.

5. 코의 가장자리에 수성펜으로 바느질 선을 그린다.

6. 선을 따라 체인 스티치(213쪽 참조)로 수놓는다. 이때, 뜨개실의 올을 갈라서 수실로 사용한다.

7. 데이지: 얼굴이 시작되는 코늘림 단(34단)에서 10단 올라온 곳, 센터에서 각 4코 반씩 떨어진 위치에 눈을 달고, 코에 콧구멍을 수놓는다.

8. 눈에서 2~3단 올라온 위치에 눈썹을, 얼굴이 시작되는 코늘림 단(34단)에서 3단 올라온 위치에 입을 스트레이트 스티치(212쪽 참조)로 수놓는다.

9. 베니: 눈과 눈썹을 제외하고 데이지와 똑같다. 코보다 한 단 위에 물결 모양으로 눈을 체인 스티치로 수놓는다. 이때, 가는 실을 사용하며, 사슬 모양이 없어지도록 실을 잡아당기며 수놓는다.

귀 조립하기

10. 귀 두 장을 안쪽 면끼리 마주보도록 포갠 후, 코잡은 단에서 시작하여 돗바늘로 마무리한 곳까지 메리야스 잇기를 한다.

11. 돗바늘로 마무리한 선을 따라 다시 한 번 돗바늘로 마무리한다.

12. 계속해서 시작단까지 메리야스 잇기를 한다.

13. 과정 12까지 완성한 모습.

14. 귀의 아래쪽을 반으로 접어 감침질한다.

15. 반으로 접어 감침질한 모습.

16. 얼굴 양쪽 옆면, 코줄임(56단) 부분에 귀를 시침핀으로 고정하며 꿰매 붙인다.

치마 조립하기

17. 치마 옆선을 메리야스 잇기로 붙인다.

18. 치마를 몸의 경계에 올려놓는다.

머리 리본 만들기

19. 몸의 핑크색 시작단에 메리야스 잇기로 붙인다.

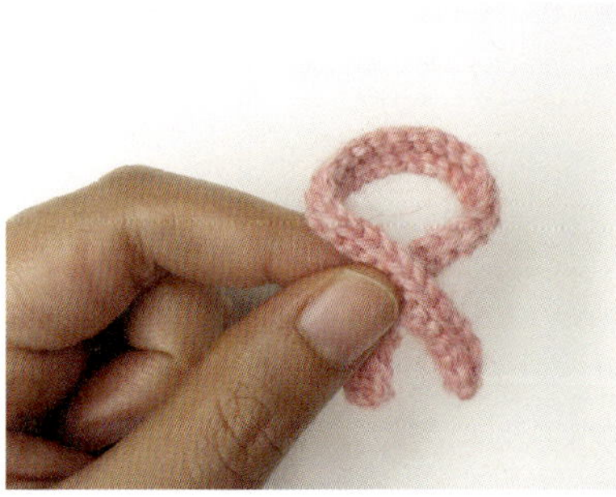

20. ×자로 리본을 교차한다.

21. ×자로 교차된 부분과 리본의 뒷부분이 맞닿게 한다.

22. 리본 중심에 실을 여러 번 감아 묶는다.

23. 한쪽 귀 아래에 리본을 단다.

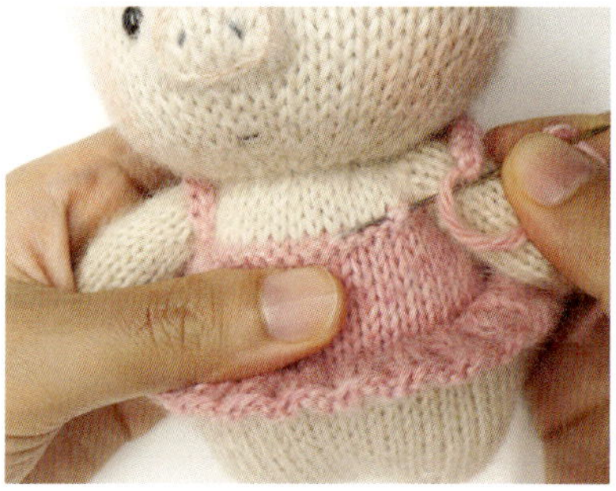

24. 몸 앞쪽의 핑크색 실이 끝나는 단에 어깨끈을 단다.

꼬리 달기

25. 몸 뒤쪽의 핑크색 실이 끝나는 단에 어깨끈을 단다.

26. ×자로 꼬리를 교차한다. 교차된 부분을 꿰매서 고정한다.

27. 인형 뒷면의 아래쪽 중심에 꿰매 붙인다.

06

레서 판다 아토

×××××

심술 난 표정조차 사랑스러운 레서 판다예요.
온순한 성격이라 동네 친구들한테 인기쟁이랍니다.

미리보기

준비물

완성 크기: 15cm

실: 킹콜 베이비 알파카 DK(King cole Baby Alpaca DK) 아이보리색, 진갈색, 차콜색

바늘: 2.5mm 대바늘

게이지: 메리야스뜨기 31코×39단(10×10cm)

기타: 6mm 단추 눈, 돗바늘, 솜, 자수실(코코아색), 안전핀, 표시링, 기화성펜(또는 수성펜), 시침핀, 겸자

도구와 기법: 188~216쪽 참조

패턴 도안 보는 방법

- 기법 용어 중에서 코를 늘리고, 만들고, 줄이는 과정에서 '겉뜨기'는 따로 표시하지 않고, '안뜨기'만 표시했습니다.
- 같은 단에서 동일한 뜨기가 반복될 경우 '[ ] ㅇ회'로 표시했어요.
- 배색이 들어가는 부분에서는 글자에 실과 비슷한 색을 넣어 표시했어요.

모눈 도안 보는 방법

- 모눈 도안은 겉으로 보이는 무늬를 기호로 표기하기 때문에, 겉쪽 면에서는 도안의 기호대로, 안쪽 면에서는 기호의 반대대로 떠야 합니다.
- 도안의 양옆에 있는 화살표는 뜨는 방향, 숫자는 단수와 콧수를 의미합니다.
- 표시링으로 체크해야 하는 부분은 패턴 도안을 참조하세요.

패턴 PATTERN × × × × ×

오른쪽 다리

- ＊진갈색 실로 12코를 만든다.

1단 안뜨기. (12코)

2단 겉뜨기 1코, 늘리기 10회, 겉뜨기 1코. (22코)

3~5단 메리야스뜨기 3단. (22코)

5단을 뜨고 나서 첫 번째 코와 두 번째 코 사이, 21번째 코와 그 22번째 코 사이를 단수링 또는 다른색 실로 표시한다. ＊＊

실을 자르고 코를 안전핀이나 다른 바늘로 옮긴다.

왼쪽 다리

오른쪽 다리의 ＊부터 ＊＊까지 똑같이 뜬다.

코를 바늘에 그대로 두고 실을 자르지 않는다.

몸통

- 다리 연결하기: 왼쪽 다리와 오른쪽 다리를 이어서 뜬다.

6단 바늘에 있는 22코를 겉뜨기 20코, 오른코 줄이기를 하고, 안전핀이나 다른 바늘로 옮겨 두었던 오른쪽 다리를 그대로 이어서 뜬다. 왼코 줄이기, 겉뜨기 20코. (42코)

7단 안뜨기 1단. (42코)

8단 겉뜨기 1코, [겉뜨기 3코, 늘리기] 10회, 겉뜨기 1코. (52코)

9~23단 메리야스뜨기 15단. (52코)

24단 겉뜨기 12코, 오른코 줄이기, 왼코 줄이기, 겉뜨기 20코, 오른코 줄이기, 왼코 줄이기, 겉뜨기 12코. (48코)

25~27단 메리야스 3단 (48코)

28단 겉뜨기 11코, 오른코 줄이기, 왼코 줄이기, 겉뜨기 18코, 오른코 줄이기, 왼코 줄이기, 겉뜨기 11코. (44코)

29~31단 메리야스뜨기 3단. (44코)

32단 [겉뜨기 2코, 왼코 줄이기] 2회, 겉뜨기 2코, 오른코 줄이기, 왼코 줄이기, 겉뜨기 3코, 왼코 줄이기, [겉뜨기 2코, 왼코 줄이기] 2회, 겉뜨기 3코, 오른코 줄이기, 왼코 줄이기, [겉뜨기 2코, 왼코 줄이기] 2회, 겉뜨기 2코. (33코)

- 33단부터 43단은 아이보리색 실과 진갈색 실로 배색하며 뜬다.
- 아이보리색 실은 (아), 진갈색 실은 (갈)로 표현한다.

33단 (갈)안뜨기 11코, (아)안뜨기 1코, (갈)안뜨기 2코, (아)안뜨기 5코, (갈)안뜨기 2코, (아)안뜨기 1코, (갈)안뜨기 11코. (33코)

얼굴

34단 (갈)겉뜨기 1코, (갈)늘리기 10회, (아)늘리기 1회, (아)겉뜨기 1코, (갈)왼코 만들기 1회, (갈)늘리기 1회, (아)늘리기 5회, (갈) 늘리기 1회, (갈)겉뜨기 1코, (아)오른코 만들기 1회, (아)늘리기 1회, (갈)늘리기 10회, (갈)겉뜨기 1코. (64코)

35단 (갈)안뜨기 21코, (아)안뜨기 3코, (갈)안뜨기 3코, (아)안뜨기 10코, (갈)안뜨기 3코, (아)안뜨기 3코, (갈)안뜨기 21코. (64코)

36단 (갈)겉뜨기 21코, (아)겉뜨기 3코, (갈)겉뜨기 3코, (아)겉뜨기 10코, (갈)겉뜨기 3코, (아)겉뜨기 3코, (갈)겉뜨기 21코. (64코)

37단 (갈)안뜨기 21코, (아)안뜨기 3코, (갈)안뜨기 3코, (아)안뜨기 10코, (갈)안뜨기 3코, (아)안뜨기 3코, (갈)안뜨기 21코. (64코)

38단 (갈)겉뜨기 21코, (아)겉뜨기 3코, (갈)겉뜨기 3코, (아)겉뜨기 10코, (갈)겉뜨기 3코, (아)겉뜨기 3코, (갈)겉뜨기 21코. (64코)

39단 (갈)안뜨기 21코, (아)안뜨기 3코, (갈)안뜨기 3코, (아)안뜨기 10코, (갈)안뜨기 3코, (아)안뜨기 3코, (갈)안뜨기 21코. (64코)

40단 (갈)겉뜨기 22코, (아)겉뜨기 3코, (갈)겉뜨기 3코, (아)겉뜨기 8코, (갈)겉뜨기 3코, (아)겉뜨기 3코, (갈)겉뜨기 22코. (64코)

41단 (갈)안뜨기 23코, (아)안뜨기 3코, (갈)안뜨기 3코, (아)안뜨기 6코, (갈)안뜨기 3코, (아)안뜨기 3코, (갈)안뜨기 23코. (64코)

42단 (갈)겉뜨기 24코, (아)겉뜨기 2코, (갈)겉뜨기 4코, (아)겉뜨기 4코, (갈)겉뜨기 4코, (아)겉뜨기 2코, (갈)겉뜨기 24코. (64코)

43단 (갈)안뜨기 24코, (아)안뜨기 2코, (갈)안뜨기 12코, (아)안뜨기 2코, (갈)안뜨기 24코. (64코)

- 아이보리색 실은 끊고 진갈색 실로만 뜬다.

44~49단 메리야스뜨기 6단.

50단 겉뜨기 15코, 오른코 줄이기, 왼코 줄이기, 겉뜨기 26코, 오른코 줄이기, 왼코 줄이기, 겉뜨기 15코. (60코)

51~53단 메리야스뜨기 3단. (60코)

54단 겉뜨기 14코, 오른코 줄이기, 왼코 줄이기, 겉뜨기 24코, 오른코 줄이기, 왼코 줄이기, 겉뜨기 14코. (56코)

55~57단 메리야스뜨기 3단. (56코)

58단 겉뜨기 1코, [겉뜨기 4코, 왼코 줄이기] 9회, 겉뜨기 1코. (47코)

59단 안뜨기 1단. (47코)

60단 겉뜨기 1코, [겉뜨기 3코, 왼코 줄이기] 9회, 겉뜨기 1코. (38코)

61단 안뜨기 1단. (38코)

62단 겉뜨기 1코, [겉뜨기 2코, 왼코 줄이기] 9회, 겉뜨기 1코. (29코)

63단 안뜨기 1단. (29코)

64단 겉뜨기 1코, [겉뜨기 1코, 왼코 줄이기] 9회, 겉뜨기 1코. (20코)

65단: 안뜨기 1단. (20코)

66단: 겉뜨기 1코, [왼코 줄이기] 9회, 겉뜨기 1코. (11코)

• 돗바늘로 마무리한다.

팔(2개)

• 차콜색 실로 8코를 만든다.

1단 안뜨기 1단. (8코)

2단 겉뜨기 1코, 오른코 만들기, 겉뜨기 6코, 왼코 만들기, 겉뜨기 1코. (10코)

3단 안뜨기 1단. (10코)

4단 겉뜨기 1코, 오른코 만들기, 겉뜨기 8코, 왼코 만들기, 겉뜨기 1코. (12코)

5단 안뜨기 1단. (12코)

6단 [겉뜨기 1코, 오른코 만들기] 2회, 겉뜨기 8코, [왼코 만들기, 겉뜨기 1코] 2회. (16코)

• 6단을 뜨고 나서 첫 번째코와 두 번째코 사이, 마지막 코와 그 전코 사이에 표시링 또는 다른 색 실로 표시한다.

7~17단 메리야스뜨기 11단. (16코)

18단 겉뜨기 1코, 왼코 줄이기 7회, 겉뜨기 1코. (9코)

• 돗바늘로 마무리한다.

귀 뒷면(2개)

• 차콜색 실로 12코를 만든다.

1~5단 안뜨기로 시작하는 메리야스뜨기 5단. (12코)

6단 겉뜨기 1코, 왼코 줄이기, 겉뜨기 6코, 오른코 줄이기, 겉뜨기 1코. (10코)

7단 안뜨기 1단. (10코)

8단 겉뜨기 1코, 왼코 줄이기, 겉뜨기 4코, 오른코 줄이기, 겉뜨기 1코. (8코)

9단 안뜨기 1단. (8코)

10단 겉뜨기 1코, 왼코 줄이기, 겉뜨기 2코, 오른코 줄이기, 겉뜨기 1코. (6코)

11단 안뜨기 1단. (6코)

12단 겉뜨기 1코, 왼코 줄이기, 오른코 줄이기, 겉뜨기 1코. (4코)

• 돗바늘로 마무리한다.

귀 앞면(2개)

• 아이보리색 실로 10코를 만든다.

1~5단 안뜨기로 시작하는 메리야스뜨기 5단. (10코)

6단 겉뜨기 1코, 왼코 줄이기, 겉뜨기 4코, 오른코 줄이기, 겉뜨기 1코. (8코)

7단 안뜨기 1단. (8코)

8단 겉뜨기 1코, 왼코 줄이기, 겉뜨기 2코, 오른코 줄이기, 겉뜨기 1코. (6코)

9단 안뜨기 1단. (6코)

10단 겉뜨기 1코, 왼코 줄이기, 오른코 줄이기, 겉뜨기 1코. (4코)

11단 안뜨기 1단. (4코)

• 차콜색 실로 바꾸기.

12단 겉뜨기 1단.

• 돗바늘로 마무리한다.

꼬리

• 진갈실로 11코를 만든다.

1단 안뜨기 1단. (11코)

2단 겉뜨기 1코, 늘리기 9회, 겉뜨기 1코. (20코)

3단 안뜨기 1단. (20코)

• *부터 **까지(4단~21단) 아이보리색 2단, 진갈색 2단씩 번갈아서 스트라이프 무늬로 메리야스뜨기를 한다.

4~11단 *메리야스뜨기 8단. (20코)

12단 겉뜨기 1코, 늘리기 1회, 겉뜨기 8코, 늘리기 1회, 겉뜨기 9코. (22코)

13~21단 메리야스뜨기 9단. (22코) **

• 차콜색 실로 바꾼다.

22단 겉뜨기 1코, [왼코 줄이기, 겉뜨기 6코, 오른코 줄이기] 2회, 겉뜨기 1코. (18코)

23단 안뜨기 1단. (18코)

24단 겉뜨기 1코, [왼코 줄이기, 겉뜨기 4코, 오른코 줄이기] 2회, 겉뜨기 1코. (14코)

25단 안뜨기 1단. (14코)

26단 겉뜨기 1코, [왼코 줄이기, 겉뜨기 2코, 오른코 줄이기] 2회, 겉뜨기 1코. (10코)

27단 안뜨기 1단. (10코)

• 겉뜨기로 코막음한다.

※ 양동이는 81~87쪽을 참조한다.

모눈 도안 × × × × ×

다리&몸통&얼굴

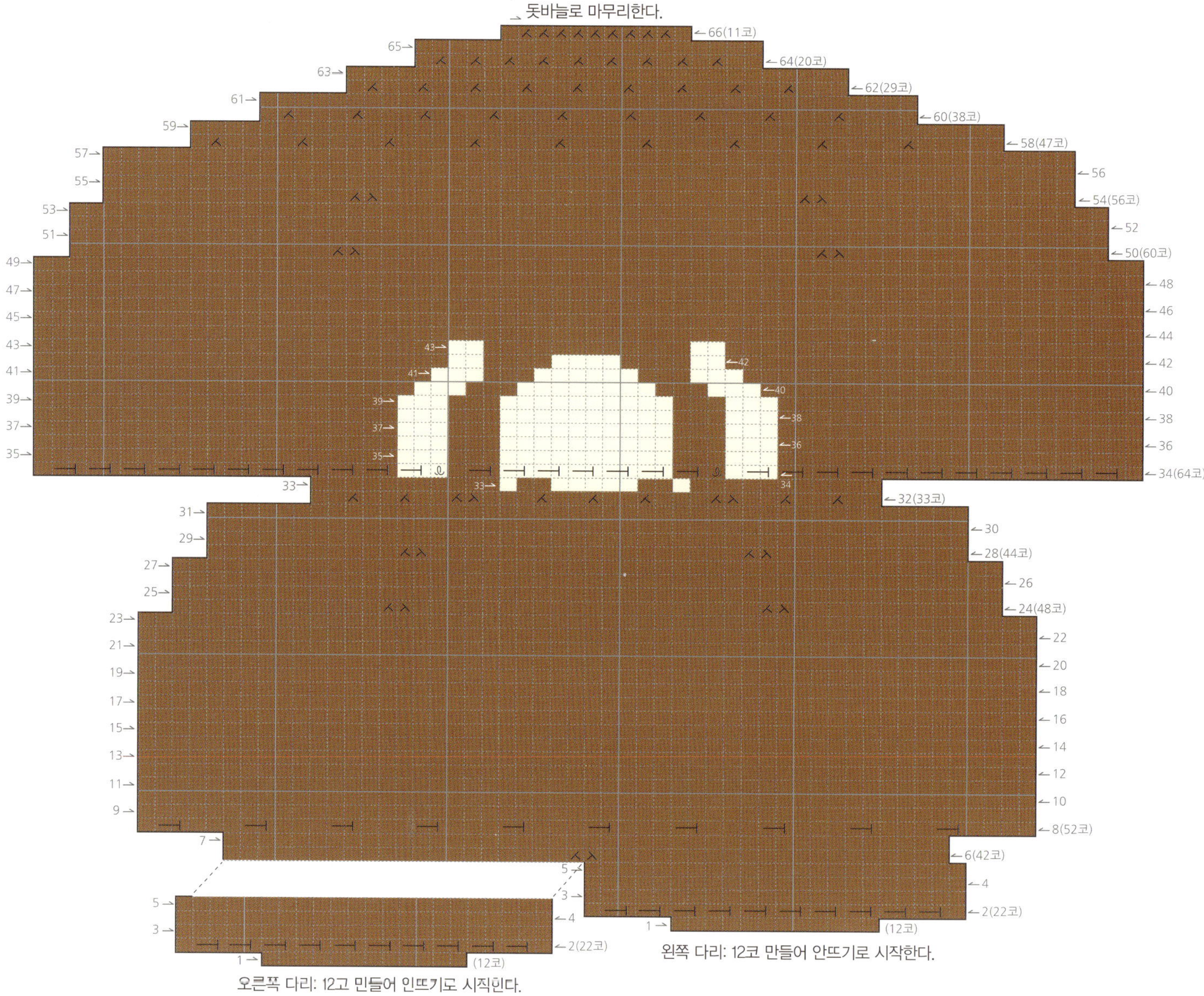

| = □ 겉뜨기(K)

− 안뜨기(P)

겉뜨기로 늘리기(kfb)

안뜨기로 늘리기(pfb)

겉뜨기로 왼코 만들기(M1L)

겉뜨기로 오른코 만들기(M1R)

겉뜨기로 왼코 줄이기(k2tog)

겉뜨기로 오른코 줄이기(skpo)

귀 앞면(2개)

돗바늘로 마무리한다.

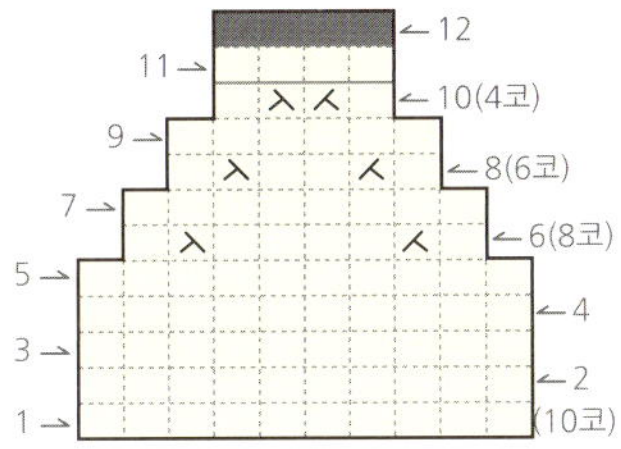

10코 만들어 안뜨기로 시작한다.

귀 뒷면(2개)

돗바늘로 마무리한다.

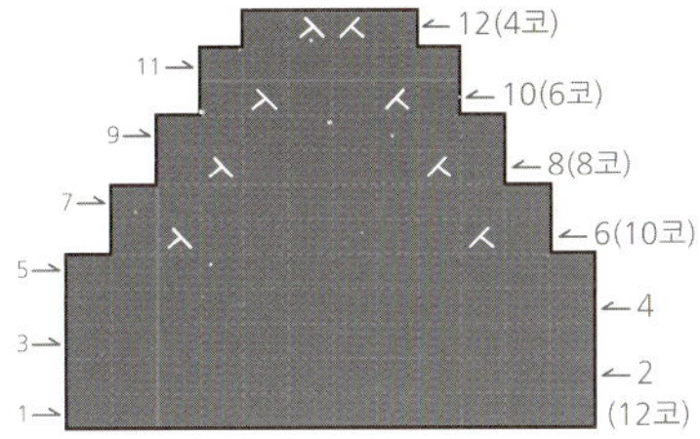

12코 만들어 안뜨기로 시작한다.

꼬리

겉뜨기로 코막음한다.

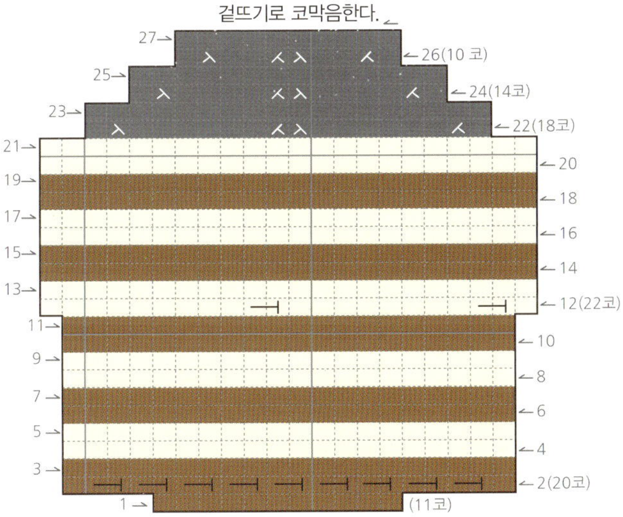

11코 만들어 안뜨기로 시작한다.

팔(2개)

돗바늘로 마무리한다.

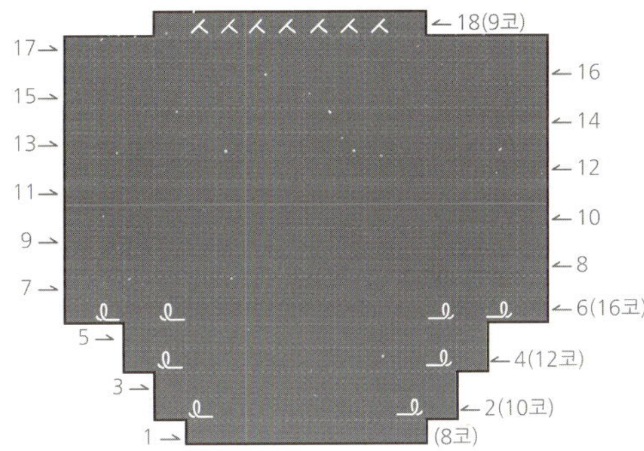

8코 만들어 안뜨기로 시작한다.

포인트 레슨 POINT LESSON × × × × ×

얼굴 수놓기

1. 입은 얼굴이 시작되는 코늘림 단에서 2단 올라온 곳, 코는 44단의 중심 1코, 눈은 44단의 센터에서 각 4코 떨어진 곳에 수성펜으로 표시한다.

※기본 몸통은 16~19쪽을 참조하여 만든다.

2. 플라이 스티치(214쪽 참조)로 Y자가 거꾸로 선 모양이 되도록 입 모양을 수놓는다.

3. 코의 위치에 스트레이트 스티치(212쪽 참조)를 4~6번 반복하여 수놓아 도톰하게 만든다.

4. 44단의 센터에서 각 4코 떨어진 위치에 눈을 단다(눈과 눈 사이는 8코).
눈썹은 아이보리색 뜨개실로 스트레이트 스티치(212쪽 참조)를 수놓는다.

귀 조립하기

5. 귀 두 장을 안쪽 면끼리 마주보도록 포갠 후, 코 잡은 단에서 시작하여 돗바늘 마무리한 단으로 올라가며 옆선을 메리야스 잇기한다.

6. 돗바늘 마무리한 바느질 선을 따라 다시 한 번 돗바늘로 마무리한다.

7. 돗바늘 마무리한 곳부터 시작단까지 메리야스 잇기를 한다.

8. 겸자로 납작하게 솜을 넣는다.

9. 얼굴 양쪽 옆면, 코 줄임 단의 윗단(51단)에 귀를 시침핀으로 고정한다.

꼬리 조립하기

10. 귀의 가장 아랫단 코를 한 코씩 차례대로 꿰매 얼굴에 붙인다. 이때, 꿰맨 실이 보이지 않도록 바짝 당기면서 꿰맨다.

11. 코 잡은 단에서 시작하여 코막음한 단까지 메리야스 잇기를 한다.

12. 코막음한 단을 메리야스 잇기로 이은 후, 겸자로 솜을 넣는다. 이때, 바느질하면서 새로운 한 단을 만드는 것이므로 너무 잡아당기지 않도록 주의한다.

13. 인형 뒷면의 아래쪽 중심에 꿰매 붙인다.

07

햄스터 푸치

× × × × ×

푸치는 겨울이 오기 전까지 도토리로 집을 가득 채우는 것이 목표랍니다.
매일매일 숲에 해님이 찾아오기도 전에 깨어나, 수레를 끌고 도토리나무가 많은 동쪽 숲으로 가지요.
새들이 불러주는 노래를 들으며 즐겁게 도토리를 모은답니다.

미리보기

준비물

완성 크기: 15cm

☑ 햄스터

실: 킹콜 베이비 알파카 DK(King cole Baby Alpaca DK) 회색, 아이보리색

바늘: 2.5mm 대바늘

게이지: 31코×39단(메리야스뜨기)

☑ 수레

바늘: 2.75mm 대바늘

실: 슈퍼 앙고라(Super Angora) 하늘색, 연차콜 멜란지색, 차콜 멜란지색

게이지: 메리야스뜨기 30코×40단(10×10cm)

☑ 도토리

실: 킹콜 베이비 알파카 DK(King cole Baby Alpaca DK) 오렌지 레드색, 베이지 브라운색, 진갈색

바늘: 2.5mm 대바늘

기타 재료: 6mm 단추 눈, 두께 0.5cm 우드락, 돗바늘, 솜, 자수실(코코아색), 안전핀, 표시링, 기화성펜(또는 수성펜), 패브릭 색연필(또는 패브릭 잉크), 겸자, 시침핀

도구와 기법: 188~216쪽 참조

패턴 도안 보는 방법

- 기법 용어 중에서 코를 늘리고, 만들고, 줄이는 과정에서 '겉뜨기'는 따로 표시하지 않고, '안뜨기'만 표시했습니다.
- 같은 단에서 동일한 뜨기가 반복될 경우 '[ ] ㅇ회'로 표시했어요.
- 배색이 들어가는 부분에서는 글자에 실과 비슷한 색을 넣어 표시했어요.

모눈 도안 보는 방법

- 모눈 도안은 겉으로 보이는 무늬를 기호로 표기하기 때문에, 겉쪽 면에서는 도안의 기호대로, 안쪽 면에서는 기호의 반대대로 떠야 합니다.
- 도안의 양옆에 있는 화살표는 뜨는 방향, 숫자는 단수와 콧수를 의미합니다.
- 표시링으로 체크해야 하는 부분은 패턴 도안을 참조하세요.

패턴 PATTERN × × × × ×

오른쪽 다리

- * 회색 실로 12코를 만든다.

1단 안뜨기. (12코)

2단 겉뜨기 1코, 늘리기 10회, 겉뜨기 1코. (22코)

3~5단 메리야스뜨기 3단. (22코)

- 5단을 뜨고 나서 첫 번째 코와 두 번째 코 사이, 21번째 코와 그 22번째 코 사이를 표시링 또는 다른 색 실로 표시한다. * *

- 실을 자르고 코를 안전핀이나 다른 바늘로 옮긴다.

왼쪽 다리

- 오른쪽 다리의 *부터 * *까지 똑같이 뜬다.
- 코를 바늘에 그대로 두고 실을 자르지 않는다.

몸통

- 다리 연결하기: 왼쪽 다리와 오른쪽 다리를 이어서 뜬다.

6단 바늘에 있는 22코를 겉뜨기 20코, 오른코 줄이기를 하고, 안전핀이나 다른 바늘로 옮겨 두었던 오른쪽 다리를 그대로 이어서 뜬다. 왼코 줄이기, 겉뜨기 20코. (42코)

7단 안뜨기 1단. (42코)

8단 겉뜨기 1코, [겉뜨기 3코, 늘리기] 10회, 겉뜨기 1코. (52코)

9~18단 메리야스뜨기 10단. (52코)

- 19단부터 43단은 아이보리색 실과 회색 실로 배색하며 뜬다.
- 아이보리색 실은 (아), 회색 실은 (회)로 표현한다.

19단 (회)안뜨기 23코, (아)안뜨기 6코, (회)안뜨기 23코. (52코)

20단 (회)겉뜨기 22코, (아)겉뜨기 8코, (회)겉뜨기 22코. (52코)

21단 (회)안뜨기 21코, (아)안뜨기 10코, (회)안뜨기 21코. (52코)

22단 (회)겉뜨기 20코, (아)겉뜨기 12코, (회)겉뜨기 20코. (52코)

23단 (회)안뜨기 19코, (아)안뜨기 14코, (회)안뜨기 19코. (52코)

24단 (회)겉뜨기 12코, (회)오른코 줄이기, (회)왼코 줄이기, (회)겉뜨기 3코, (아)겉뜨기 14코, (회)겉뜨기 3코, (회)오른코 줄이기, (회)왼코 줄이기, (회)겉뜨기 12코. (48코)

25단 (회)안뜨기 17코, (아)안뜨기 14코, (회)안뜨기 17코. (48코)

26단 (회)겉뜨기 17코, (아)겉뜨기 14코, (회)겉뜨기 17코. (48코)

27단 (회)안뜨기 17코, (아)안뜨기 14코, (회)안뜨기 17코. (48코)

28단 (회)겉뜨기 11코, (회)오른코 줄이기, (회)왼코 줄이기, (회)겉뜨기 2코, (아)겉뜨기 14코, (회)겉뜨기 2코, (회)오른코 줄이기, (회)왼코 줄이기, (회)겉뜨기 11코. (44코)

29단 (회)안뜨기 15코, (아)안뜨기 14코, (회)안뜨기 15코. (44코)

30단 (회)겉뜨기 15코, (아)겉뜨기 14코, (회)겉뜨기 15코. (44코)

31단 (회)안뜨기 15코, (아)안뜨기 14코, (회)안뜨기 15코. (44코)

32단 (회)[겉뜨기 2코, 왼코 줄이기] 2회, (회)겉뜨기 2코, (회)오른코 줄이기, (회)왼코 줄이기, (회)겉뜨기 1코, (아)[겉뜨기 2코, 왼코 줄이기] 3회, (아)겉뜨기 2코, (회)겉뜨기 1코, (회)오른코 줄이기, (회)[왼코 줄이기, 겉뜨기 2코] 3회. (33코)

33단 (회)안뜨기 11코, (아)안뜨기 11코, (회)안뜨기 11코. (33코)

얼굴

34단 (회)겉뜨기 1코, (회)[늘리기] 10회, (아)[늘리기] 11회, (회)[늘리기] 10회, (회)겉뜨기 1코. (64코)

35단 (회)안뜨기 21코, (아)안뜨기 22코, (회)안뜨기 21코. (64코)

36단 (회)겉뜨기 21코, (아)겉뜨기 22코, (회)겉뜨기 21코. (64코)

37단 (회)안뜨기 21코, (아)안뜨기 22코, (회)안뜨기 21코. (64코)

38단 (회)겉뜨기 21코, (아)겉뜨기 22코, (회)겉뜨기 21코. (64코)

39단 (회)안뜨기 22코, (아)안뜨기 20코, (회)안뜨기 22코. (64코)

40단 (회)겉뜨기 23코, (아)겉뜨기 18코, (회)겉뜨기 23코. (64코)

41단 (회)안뜨기 24코, (아)안뜨기 16코, (회)안뜨기 24코. (64코)

42단 (회)겉뜨기 25코, (아)겉뜨기 6코, (회)겉뜨기 2코, (아)겉뜨기 6코, (회)겉뜨기 25코. (64코)

43단 (회)안뜨기 26코, (아)안뜨기 4코, (회)안뜨기 4코, (아)안뜨기 4코, (회)안뜨기 26코. (64코)

- 아이보리색 실은 끊고, 회색 실로만 뜬다.

44~49단 메리야스뜨기 6단. (64코)

50단 겉뜨기 15코, 오른코 줄이기, 왼코 줄이기, 겉뜨기 26코, 오른코 줄이기, 왼코 줄이기, 겉뜨기 15코. (60코)

51~53단 메리야스뜨기 3단. (60코)

54단 겉뜨기 14코, 오른코 줄이기, 왼코 줄이기, 겉뜨기 24코, 오른코 줄이기, 왼코 줄이기, 겉뜨기 14코. (56코)

55~57단 메리야스 3단. (56코)

58단 겉뜨기 1코, [겉뜨기 4코, 왼코 줄이기] 9회, 겉뜨기 1코. (47코)

59단 안뜨기 1단. (47코)

60단 겉뜨기 1코, [겉뜨기 3코, 왼코 줄이기] 9회, 겉뜨기 1코. (38코)

61단 안뜨기 1단. (38코)

62단 겉뜨기 1코, [겉뜨기 2코, 왼코 줄이기] 9회, 겉뜨기 1코. (29코)

63단 안뜨기 1단. (29코)

64단 겉뜨기 1코, [겉뜨기 1코, 왼코 줄이기] 9회, 겉뜨기 1코. (20코)

65단 안뜨기 1단. (20코)

66단 겉뜨기 1코, [왼코 줄이기] 9회, 겉뜨기 1코. (11코)

• 돗바늘로 마무리한 후, 바느질할 만큼의 여유를 두고 실을 자른다.

팔(2개)

• 회색 실로 8코를 만든다.

1단 안뜨기 1단. (8코)

2단 겉뜨기 1코, 오른코 만들기, 겉뜨기 6코, 왼코 만들기, 겉뜨기 1코. (10코)

3단 안뜨기 1단. (10코)

4단 겉뜨기 1코, 오른코 만들기, 겉뜨기 8코, 왼코 만들기, 겉뜨기 1코. (12코)

5단 안뜨기 1단. (12코)

6단 겉뜨기 1코, 오른코 만들기, [겉뜨기 3코, 왼코 만들기, 겉뜨기 2코] 2회, 왼코 만들기, 겉뜨기 1코. (16코)

7~14단 메리야스뜨기 8단. (16코)

• 아이보리색 실로 바꾼다.

15~17단 메리야스뜨기 3단. (16코)

18단 겉뜨기 1코, [왼코 줄이기] 7회, 겉뜨기 1코. (9코)

• 돗바늘로 마무리한다.

귀(아이보리 2개, 회색 2개)

• 12코를 만든다.

1~3단 안뜨기로 시작하는 메리야스뜨기 3단. (12코)

4단 겉뜨기 1코, 왼코 줄이기, 겉뜨기 6코, 오른코 줄이기, 겉뜨기 1코. (10코)

5~7단 메리야스뜨기 3단. (10코)

8단 겉뜨기 1코, 왼코 줄이기, 겉뜨기 4코, 오른코 줄이기, 겉뜨기 1코. (8코)

• 안뜨기로 코막음한다.

꼬리

• 회색 실로 10코를 만든다.

1~3단 안뜨기로 시작하는 메리야스뜨기 3단. (10코)

4단 [겉뜨기 1코, 왼코 줄이기] 3회, 겉뜨기 1코. (7코)

• 돗바늘로 마무리한다.

도토리

• 2.5mm 대바늘과 베이지 브라운색 실로 8코를 만든다.

1단 겉뜨기. (8코)

2단 [겉뜨기 1코, 왼코 만들기, 겉뜨기 1코] 4회. (12코)

3단 겉뜨기 1단. (12코)

4단 [겉뜨기 1코, 왼코 만들기, 겉뜨기 2코] 4회. (16코)

5~6단 가터뜨기 2단. (16코)

• 오렌지 레드색 또는 진갈색 실로 바꾼다.

7~12단 겉뜨기 단으로 시작하는 메리야스뜨기 6단. (16코)

13단 겉뜨기 1코, [왼코 줄이기] 7회, 겉뜨기 1코. (9코)

14단 안뜨기 1단. (9코)

• 돗바늘로 마무리한다.

수레 만들기

• 0.5cm 두께의 우드락을 아래와 같이 재단한다.

바닥 1개: 7×4.5cm(가로세로)

옆면A 2개: 7×2.5cm(가로세로)

옆면B 2개: 6.5×2.5cm(가로세로)

손잡이A 1개: 0.5×4cm(가로세로)

손잡이B 1개: 3×0.5cm(가로세로)

바퀴 4개: 지름 2cm

• 2.75mm 대바늘로 모두 원형뜨기로 뜬다.

수레 바닥

• 하늘색 실로 42코를 만든다.

원형 1~19단 겉뜨기 19단. (42코)

• 겉뜨기로 코막음한다.

수레 옆면 A(2개)

• 하늘색 실로 42코를 만든다.

원형 1~10단 겉뜨기 10단. (42코)

• 겉뜨기로 코막음한다.

수레 옆면 B(2개)

• 하늘색 실로 40코를 만든다.

원형 1~10단 겉뜨기 10단. (40코)

• 겉뜨기로 코막음한다.

수레 손잡이 A

• 차콜 멜란지색 실로 24코를 만든다.

원형 1~2단 겉뜨기 2단. (24코)

• 겉뜨기로 코막음한다.

손잡이 B

• 차콜 멜란지색으로 18코를 만든다.

원형 1~2단 겉뜨기 2단. (18코)

• 겉뜨기로 코막음한다.

수레 바퀴(4개)

• 연차콜 멜란지색 실로 8코를 만든다.

원형 1단 [늘리기] 8회. (16코)

원형 2단 겉뜨기 1단. (16코)

원형 3단 [겉뜨기 1코, 늘리기] 8회. (24코)

원형 4단 겉뜨기 1단. (24코)

원형 5단 안뜨기 1단. (24코)

원형 6단 겉뜨기 1단. (24코)

원형 7단 안뜨기 1단. (24코)

원형 8단 겉뜨기 1단. (24코)

원형 9단 [겉뜨기 1코, 왼코 줄이기] 8회. (16코)

• 우드락을 넣는다.

원형 10단 겉뜨기 1단. (16코)

원형 11단 [왼코 줄이기] 8회. (8코)

• 돗바늘로 마무리한다.

모눈 도안 × × × × ×

다리&몸통&얼굴

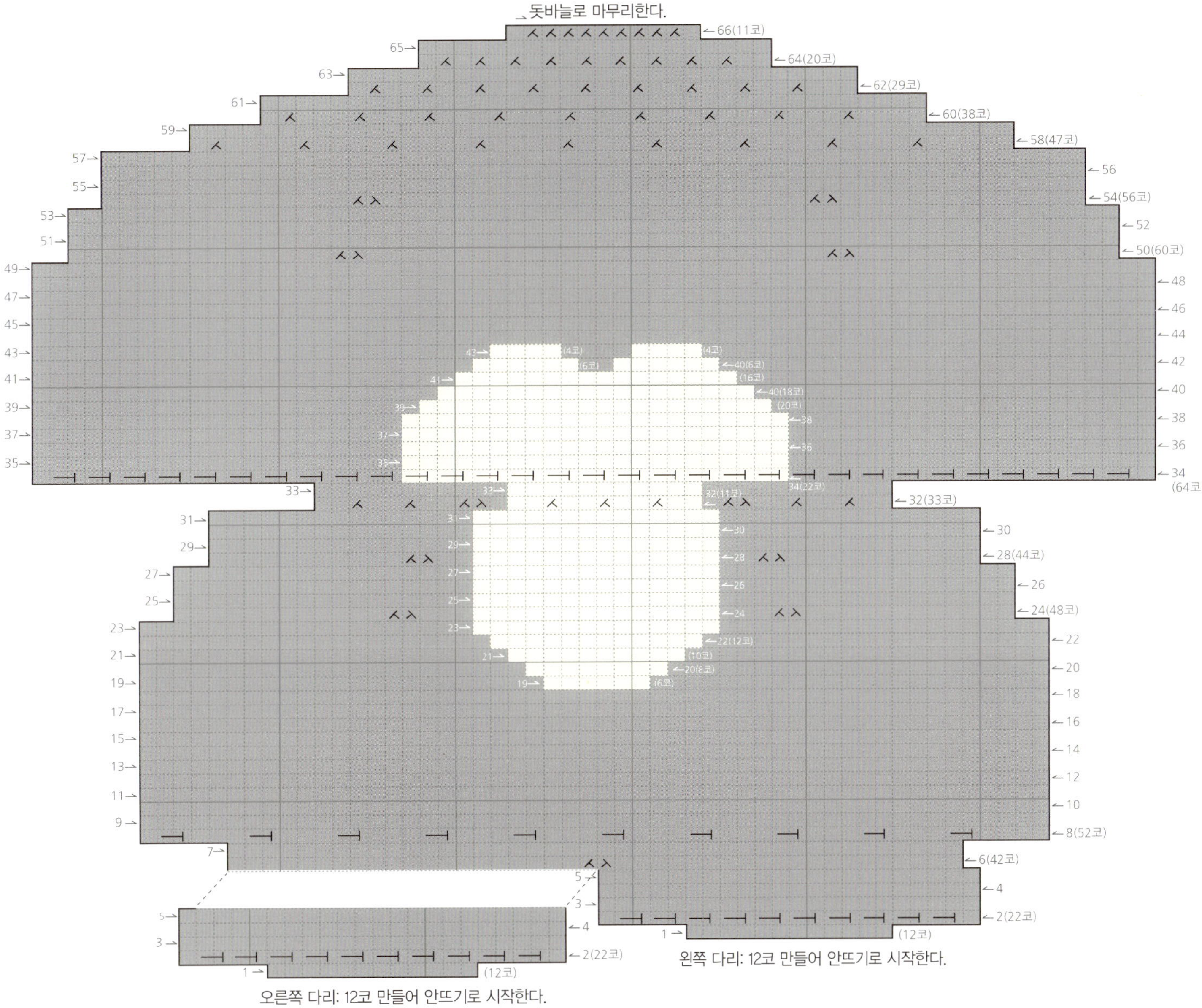

| = □ 겉뜨기(K)

– 안뜨기(P)

겉뜨기로 1코 늘리기(kfb)

안뜨기로 1코 늘리기(pfb)

겉뜨기로 왼코 줄이기(k2tog)

겉뜨기로 오른코 줄이기(skpo)

팔(2개)

→ 돗바늘로 마무리한다.

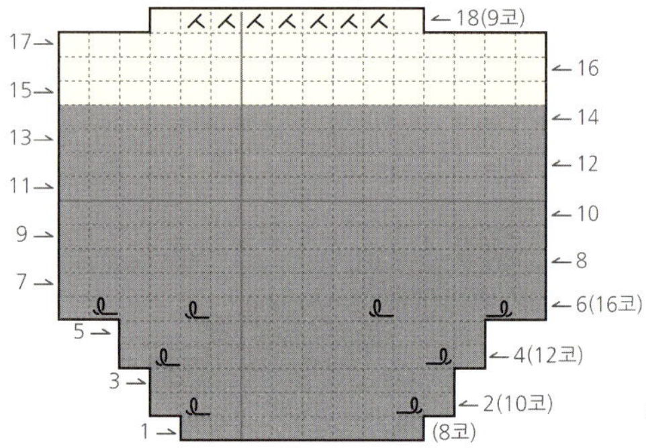

8코 만들어 안뜨기로 시작한다.

귀(2개)

→ 안뜨기로 코막음한다.

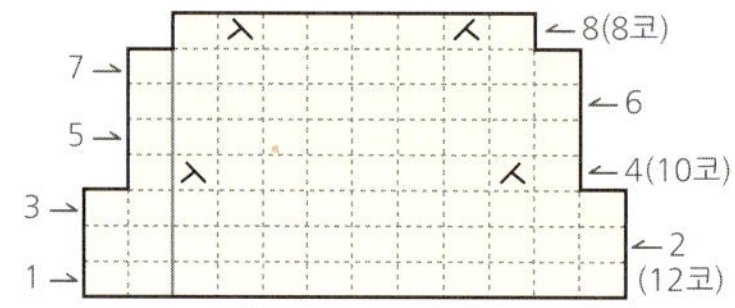

12코 만들어 안뜨기로 시작한다.

귀(2개)

→ 안뜨기로 코막음한다.

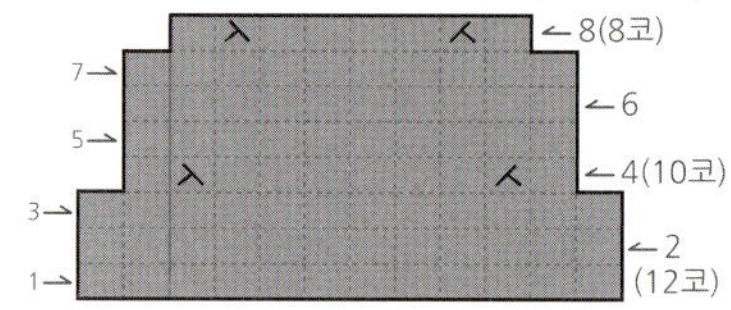

12코 만들어 안뜨기로 시작한다.

꼬리

→ 돗바늘로 마무리한다.

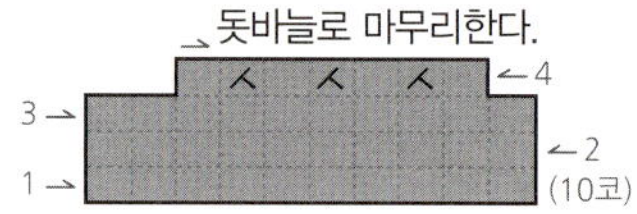

10코 만들어 안뜨기로 시작한다.

도토리

→ 돗바늘로 마무리한다.

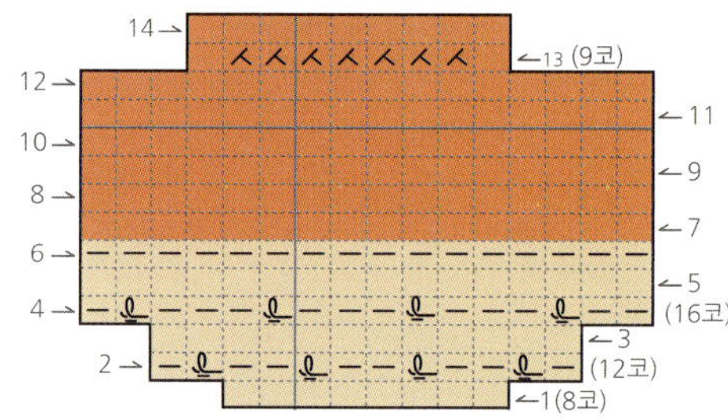

8코 만들어 겉뜨기로 시작한다.

수레 옆면 B(2개)

겉뜨기로 코막음한다. ←

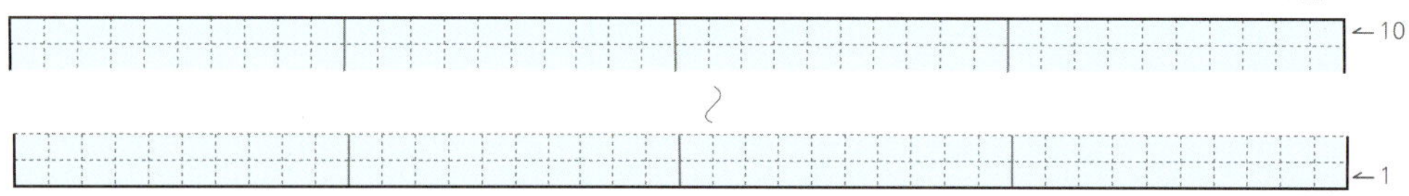

40코 만들어 겉뜨기로 시작해 원형뜨기한다.

수레 옆면 A(2개)

겉뜨기로 코막음한다. ←

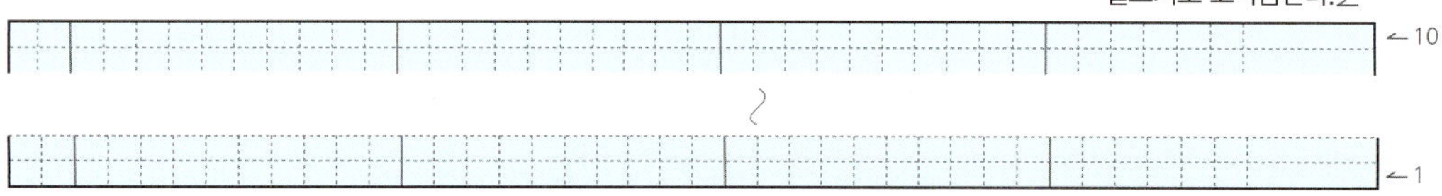

42코 만들어 겉뜨기로 시작해 원형뜨기한다.

수레 바닥

겉뜨기로 코막음한다. ←

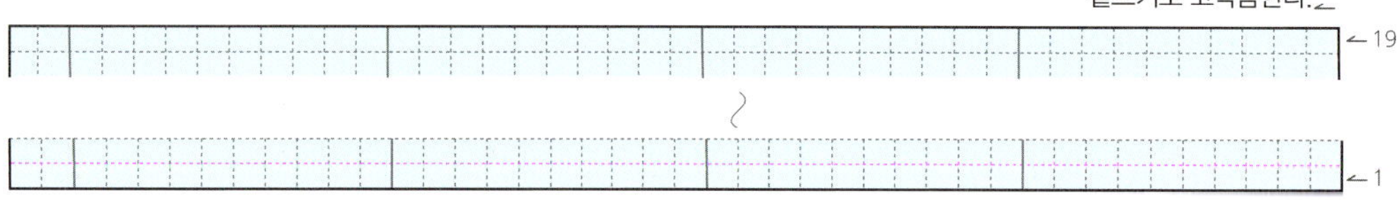

42코 만들어 겉뜨기로 시작해 원형뜨기한다.

- | = □ 겉뜨기(K)
- − 안뜨기(P)
- 겉뜨기로 늘리기(kfb)
- 안뜨기로 늘리기(pfb)
- 겉뜨기로 왼코 만들기(M1L)
- 안뜨기로 왼코 만들기(M1LP)
- 겉뜨기로 오른코 만들기(M1R)
- 안뜨기로 오른코 만들기(M1RP)
- ⋌ 겉뜨기로 왼코 줄이기(k2tog)
- ⋋ 겉뜨기로 오른코 줄이기(skpo)

수레 바퀴(4개)

돗바늘로 마무리한다. ←

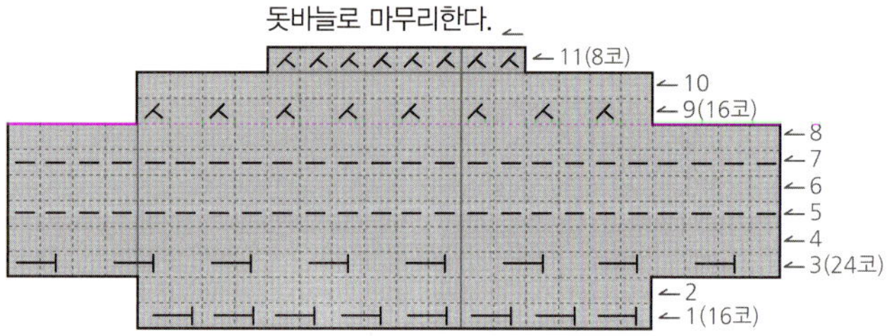

8코 만들어 늘리기로 시작해 원형뜨기한다.

손잡이 B

겉뜨기로 코막음한다. ←

18코 만들어 겉뜨기로 시작해 원형뜨기한다.

손잡이 A

겉뜨기로 코막음한다. ←

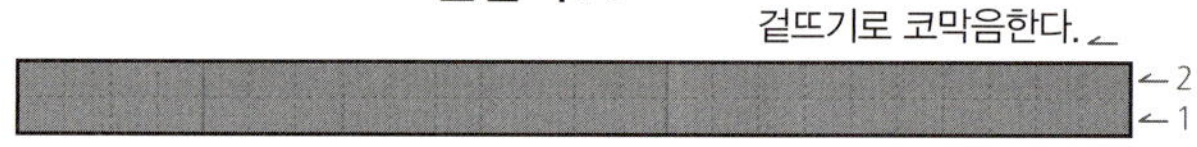

24코 만들어 겉뜨기로 시작해 원형뜨기한다.

귀 만들기

1. 귀 두 장을 안쪽 면끼리 마주보도록 포갠 후, 메리야스 잇기로 꿰매 붙인다.
※기본 몸통은 16~19쪽을 참조하여 만든다.

2. 귀 두 장을 메리야스 잇기.

3. 귀의 아랫부분을 감침질한다.

4. 귀를 반으로 접어 양쪽 가장자리의 차콜색 편물을 한 코씩 잡아 한 땀씩 뜬 후, 잡아 당긴다.

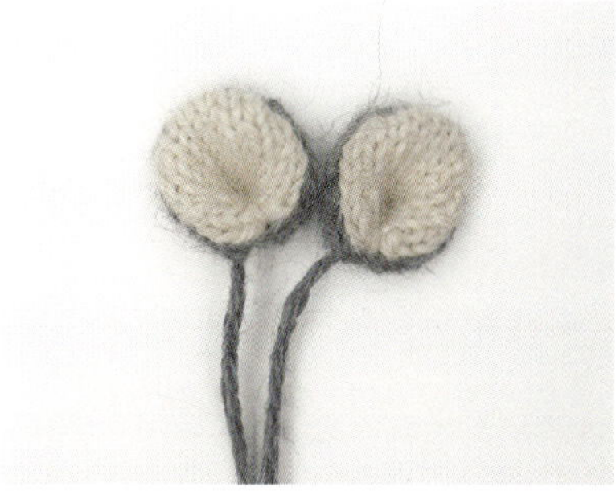

5. 한쪽 더 만들어서 양쪽 귀를 완성한다.

6. 얼굴 양쪽 옆면, 코줄임 부분에 (54단 코줄임) 수성펜으로 표시한다.

얼굴 수놓기

7. 얼굴 양쪽 옆면에 귀를 각각 단다.

8. 얼굴에 코와 눈 자리에 수성펜으로 표시한다.

9. 눈과 눈 사이는 8코, 아이보리색 단과 회색 단 경계에 눈을 단다.
플라이 스티치(214쪽 참조)로 얼굴이 시작되는 단에서부터 42단의 회색 배색의 2코까지 길게 수놓는다.

꼬리 조립하기

10. 사진처럼 입을 수 놓은 후, 코는 42단의 회색 배색 2코에 여러 번 반복하여 도톰하게 만든다.

11. 패브릭 색연필 또는 패브릭잉크 등을 활용하여 볼에 색칠한다.

12. 돗바늘 마무리한 곳부터 시작단까지 메리야스 잇기로 잇는다. 인형 뒷면의 아래쪽 중심에 꿰매 붙인다.

도토리 만들기

13. 돗바늘 마무리한 곳부터 메리야스 잇기를 한다.

14. 가터뜨기 전까지 잇는다.

15. 가터뜨기한 베이지 브라운색 실로 바꿔 시작단까지 잇는다.

16. 겸자로 솜을 넣는다.

17. 돗바늘로 시작단의 반 코씩을 밖에서 안쪽으로(또는 안에서 밖으로, 한 방향으로) 꿰맨 후, 잡아당겨 마무리한다.

18. 완성.

수레 만들기

19. 편물에 오려둔 우드락을 넣고 가장자리를 일자로 감침질한다.

20. 바닥에 옆면 A를 감칠질로 꿰매 붙인다.

21. 바닥에 옆면 A를 붙인 모습.

22. 바닥에 옆면 B를 감칠질로 꿰매 붙인다.

23. 바닥에 옆면을 모두 붙였으면 각 옆면을 세로로 메리야스 잇기한다.

24. 수레 아래쪽에 바퀴의 절반(반원 모양)을 올려놓고 수성펜으로 그린다.

25. 그려둔 바느질 선을 따라 바퀴를 수레에 꿰매 붙인다.

26. 손잡이를 T자 모양으로 꿰매 붙인다.

27. 손잡이를 수레 끝에 사선으로 붙인다.

08

펭귄 홀리

홀리는 고양이 타래와 단짝이에요. 낚시가 취미인 둘은 금방 친해졌어요.
타래가 멋진 머플러를 떠서 선물해 주었는걸요. 홀리는 더위에 약해서
숲에 여름이 오면 남극으로 여행을 간답니다.

미리보기

준비물

완성 크기: 15cm

☑ **펭귄**
실: 킹콜 베이비 알파카 DK(King cole Baby Alpaca DK) 연보라색, 아이보리색 / 미셸 베이비 알파카 인디에시타 DK(Michell Baby Alpaca Indiecita DK) 골드 브라운색
바늘: 2.5mm 대바늘
게이지: 메리야스뜨기 31코×39단(10×10cm)

☑ **물고기**
실: 베이비 알파카 DK 아쿠아색
바늘: 2.5mm 대바늘

☑ **머플러**
실: 슈퍼 앙고라(Super Angora) 골드 브라운색, 아이보리색
바늘: 2.5mm 대바늘

☑ **양동이**
실: 슈퍼 앙고라(Super Angora) 붉은 갈색
바늘: 2.75mm 대바늘

기타: 5mm와 6mm 단추 눈, 돗바늘, 솜, 안전핀, 표시링, 기화성펜(또는 수성펜), 패브릭 색연필(또는 패브릭 잉크), 겸자, 공예용 1mm 와이어, 시침핀, 겸자

도구와 기법: 188~216쪽 참조

패턴 도안 보는 방법

- 기법 용어 중에서 코를 늘리고, 만들고, 줄이는 과정에서 '겉뜨기'는 따로 표시하지 않고, '안뜨기'만 표시했습니다.
- 같은 단에서 동일한 뜨기가 반복될 경우 '[ ] ㅇ회'로 표시했어요.
- 배색이 들어가는 부분에서는 글자에 실과 비슷한 색을 넣어 표시했어요.

모눈 도안 보는 방법

- 모눈 도안은 겉으로 보이는 무늬를 기호로 표기하기 때문에, 겉쪽 면에서는 도안의 기호대로, 안쪽 면에서는 기호의 반대대로 떠야 합니다.
- 도안의 양옆에 있는 화살표는 뜨는 방향, 숫자는 단수와 콧수를 의미합니다.
- 표시링으로 체크해야 하는 부분은 패턴 도안을 참조하세요.

패턴 PATTERN × × × × ×

몸통

• 연보라색 실로 26코를 만든다.

• 7번째 코와 8번째 코 사이, 19번째 코와 20번째 코 사이에 표시링 또는 다른 색 실로 표시한다.

1단 겉뜨기 5코, 늘리기 4회, 겉뜨기 8코, 늘리기 4회, 겉뜨기 5코. (34코)

2단 안뜨기 1단. (34코)

3단 겉뜨기 1코, [겉뜨기 1코, 늘리기] 16회, 겉뜨기 1코. (50코)

4~6단 메리야스뜨기 3단. (50코)

7단 겉뜨기 1코, [겉뜨기 5코, 늘리기, 겉뜨기 6코] 4회, 겉뜨기 1코. (54코)

• 8단부터 44단은 아이보리색 실과 연보라색 실로 배색하며 뜬다.

• 아이보리색 실은 (아), 연보라색 실은 (보)로 표현한다.

8단 (보)안뜨기 23코, (아)안뜨기 8코, (보)안뜨기 23코. (54코)

9단 (보)겉뜨기 22코, (아)겉뜨기 10코, (보)겉뜨기 22코. (54코)

10단 (보)안뜨기 21코, (아)안뜨기 12코, (보)안뜨기 21코. (54코)

11단 (보)겉뜨기 20코, (아)겉뜨기 14코, (보)겉뜨기 20코. (54코)

12단 (보)안뜨기 19코, (아)안뜨기 16코, (보)안뜨기 19코. (54코)

13단 (보)겉뜨기 19코, (아)겉뜨기 16코, (보)겉뜨기 19코. (54코)

14~21단 12~13단을 4번 반복한다.

22단 (보)안뜨기 19코, (아)안뜨기 16코, (보)안뜨기 19코. (54코)

23단 (보)겉뜨기 12코, (보)오른코 줄이기, (보)왼코 줄이기, (보)겉뜨기 3코, (아)겉뜨기 16코, (보)겉뜨기 3코, (보)오른코 줄이기, (보)왼코 줄이기, (보)겉뜨기 12코. (50코)

24단 (보)안뜨기 17코, (아)안뜨기 16코, (보)안뜨기 17코. (50코)

25단 (보)겉뜨기 17코, (아)겉뜨기 16코, (보)겉뜨기 17코. (50코)

26단 (보)안뜨기 17코, (아)안뜨기 16코, (보)안뜨기 17코. (50코)

27단 (보)겉뜨기 11코, (보)오른코 줄이기, (보)왼코 줄이기, (보)겉뜨기 1코, (보)오른코 줄이기, (아)겉뜨기 14코, (보)왼코 줄이기, (보)겉뜨기 1코, (보)오른코 줄이기, (보)왼코 줄이기, (보)겉뜨기 11코. (44코)

28단 (보)안뜨기 15코, (아)안뜨기 14코, (보)안뜨기 15코. (44코)

29단 (보)[겉뜨기 2코, 왼코 줄이기] 2회, (보)겉뜨기 2코, (보)오른코 줄이기, (보)왼코 줄이기, (보)겉뜨기 1코, (아)[겉뜨기 2코, 왼코 줄이기] 3회, (아)겉뜨기 2코, (보)겉뜨기 1코, (보)오른코 줄이기, (보)[왼코 줄이기, 겉뜨기 2코] 3회. (33코)

30단 (보)안뜨기 11코, (아)안뜨기 11코, (보)안뜨기 11코. (33코)

얼굴

31단 (보)겉뜨기 1코, (보)[늘리기] 10회, (아)[늘리기] 11회, (보)[늘리기] 10회, (보)겉뜨기 1코. (64)

32단 (보)안뜨기 21코, (아)안뜨기 22코, (보)안뜨기 21코. (64코)

33단 (보)겉뜨기 21코, (아)겉뜨기 22코, (보)겉뜨기 21코. (64코)

34~37단 32~33단을 2번 반복한다.

38단 (보)안뜨기 21코, (아)안뜨기 22코, (보)안뜨기 21코. (64코)

39단 (보)겉뜨기 21코, (아)겉뜨기 10코, (보)겉뜨기 2코, (아)겉뜨기 10코, (보)겉뜨기 21코. (64코)

40단 (보)안뜨기 21코, (아)안뜨기 9코, (보)안뜨기 4코, (아)안뜨기 9코, (보)안뜨기 21코. (64코)

41단 (보)겉뜨기 22코, (아)겉뜨기 8코, (보)겉뜨기 4코, (아)겉뜨기 8코, (보)겉뜨기 22코. (64코)

42단 (보)안뜨기 23코, (아)안뜨기 6코, (보)안뜨기 6코, (아)안뜨기 6코, (보)안뜨기 23코. (64코)

43단 (보)겉뜨기 24코, (아)겉뜨기 5코, (보)겉뜨기 6코, (아)겉뜨기 5코, (보)겉뜨기 24코. (64코)

44단 (보)안뜨기 25코, (아)안뜨기 4코, (보)안뜨기 6코, (아)안뜨기 4코, (보)안뜨기 25코. (64코)

• 아이보리색 실은 끊고 연보라색 실로만 뜬다.

45~46단 메리야스뜨기 2단. (64코)

47단 겉뜨기 15코, 오른코 줄이기, 왼코 줄이기, 겉뜨기 26코, 오른코 줄이기, 왼코 줄이기, 겉뜨기 15코. (60코)

48~50단 메리야스뜨기 3단. (60코)

51단 겉뜨기 14코, 오른코 줄이기, 왼코 줄이기, 겉뜨기 24코, 오른코 줄이기, 왼코 줄이기, 겉뜨기 14코. (56코)

52~54단 메리야스 3단. (56코)

55단 겉뜨기 1코, [겉뜨기 4코, 왼코 줄이기] 9회, 겉뜨기 1코. (47코)

56단 안뜨기 1단. (47코)

57단 겉뜨기 1코, [겉뜨기 3코, 왼코 줄이기] 9회, 겉뜨기 1코. (38코)

58단 안뜨기 1단. (38코)

59단 겉뜨기 1코, [겉뜨기 2코, 왼코 줄이기] 9회, 겉뜨기 1코. (29코)

60단 안뜨기 1단. (29코)

61단:겉뜨기 1코, [겉뜨기 1코, 왼코 줄이기] 9회, 겉뜨기 1코. (20코)

62단 안뜨기 1단. (20코)

63단 겉뜨기 1코, [왼코 줄이기] 9회, 겉뜨기 1코. (11코)

• 돗바늘로 마무리한 후, 바느질할 만큼의 여유를 두고 실을 자른다.

부리

- 골드 브라운색 실로 14코를 만든다.

1~2단 겉뜨기로 시작하는 메리야스뜨기 2단. (14코)

3단 겉뜨기 1코, [왼코 줄이기, 겉뜨기 2코, 오른코 줄이기] 2회, 겉뜨기 1코. (10코)

- 안뜨기로 코막음한다.

발(2개)

- 골드 브라운색 실로 13코를 만든다.

1단 안뜨기 1단. (13코)

2단 겉뜨기 1코, [겉뜨기 1코, 늘리기, 겉뜨기 2코] 3회. (16코)

3~5단 메리야스뜨기 3단. (16코)

6단 겉뜨기 1코, [왼코 줄이기, 겉뜨기 3코, 오른코 줄이기] 2회, 겉뜨기 1코. (12코)

7단 안뜨기 1단. (12코)

8단 겉뜨기 1코, [왼코 줄이기, 겉뜨기 1코, 오른코 줄이기] 2회, 겉뜨기 1코. (8코)

- 안뜨기로 코막음한다.

날개(2개)

- 연보라색 실로 13코를 만든다.

1단 안뜨기 1단. (13코)

2단 겉뜨기 1코, [겉뜨기 1코, 늘리기, 겉뜨기 2코] 3회. (16코)

3~13단 메리야스뜨기 11단. (16코)

14단 겉뜨기 1코, [왼코 줄이기, 겉뜨기 3코, 오른코 줄이기] 2회, 겉뜨기 1코. (12코)

15단 안뜨기 1단. (12코)

16단 겉뜨기 1코, [왼코 줄이기, 겉뜨기 1코, 오른코 줄이기] 2회, 겉뜨기 1코. (8코)

- 안뜨기로 코막음한다.

물고기

- 아쿠아색 실로 14코를 만든다.

1단 안뜨기 1단. (14코)

2단 겉뜨기 3코, 늘리기, 겉뜨기 6코, 늘리기, 겉뜨기 3코. (16코)

3단 안뜨기 1단. (16코)

4단 겉뜨기 1코, 늘리기, 겉뜨기 7코, 늘리기, 겉뜨기 6코. (18코)

5단 안뜨기 1단. (18코)

6단 겉뜨기 1코, [겉뜨기 3코, 늘리기] 4회, 겉뜨기 1코. (22코)

7~17단 메리야스뜨기 11단. (22코)

18단 겉뜨기 1코, 왼코 줄이기, 겉뜨기 6코, 오른코 줄이기, 왼코 줄이기, 겉뜨기 6코, 오른코 줄이기, 겉뜨기 1코. (18코)

19단 안뜨기 1코, 안뜨기로 오른코 모아뜨기, 안뜨기 4코, 안뜨기로 왼코 줄이기, 안뜨기로 오른코 줄이기, 안뜨기 4코, 안뜨기로 왼코 줄이기, 안뜨기 1코. (14코)

20단 겉뜨기 1코, 왼코 줄이기, 겉뜨기 2코, 오른코 줄이기, 왼코 줄이기, 겉뜨기 2코, 오른코 줄이기, 겉뜨기 1코. (10코)

21단 안뜨기 1단. (10코)

22단 겉뜨기 1코, [늘리기] 8회, 겉뜨기 1코. (18코)

23~25단 메리야스뜨기 3단. (18코)

- 겉뜨기로 코막음한다.

양동이

- 2.75mm 대바늘과 붉은 갈색 실로 25코를 만든다.

원형 1~5단 겉뜨기 5단. (25코)

원형 6단 [겉뜨기 5코, 왼코 만들기] 5회. (30코)

원형 7~11단 겉뜨기 5단. (30코)

원형 12단 [겉뜨기 3코, 왼코 만들기, 겉뜨기 3코] 5회. (35코)

원형 13~19단 겉뜨기 7단. (35코)

원형 20단 안뜨기 1단. (35코)

원형 21~27단 겉뜨기 7단. (35코)

원형 28단 [겉뜨기 5코, 왼코 줄이기] 5회. (30코)

원형 29~33단 겉뜨기 5단. (30코)

원형 34단 [겉뜨기 4코, 왼코 줄이기] 5회. (25코)

원형 35~39단 겉뜨기 5단. (25코)

원형 40단 안뜨기 1단. (25코)

원형 41단 겉뜨기 1단. (25코)

원형 42단 [겉뜨기 3코, 왼코 줄이기] 5회. (20코)

원형 43단 겉뜨기 1단. (20코)

원형 44단 [왼코 줄이기] 10회. (10코)

원형 45단 겉뜨기 1단. (10코)

- 돗바늘로 마무리한다.

※머플러는 170~171쪽을 참조한다.

모눈 도안 × × × × ×

몸통&얼굴

돗바늘로 마무리한다.

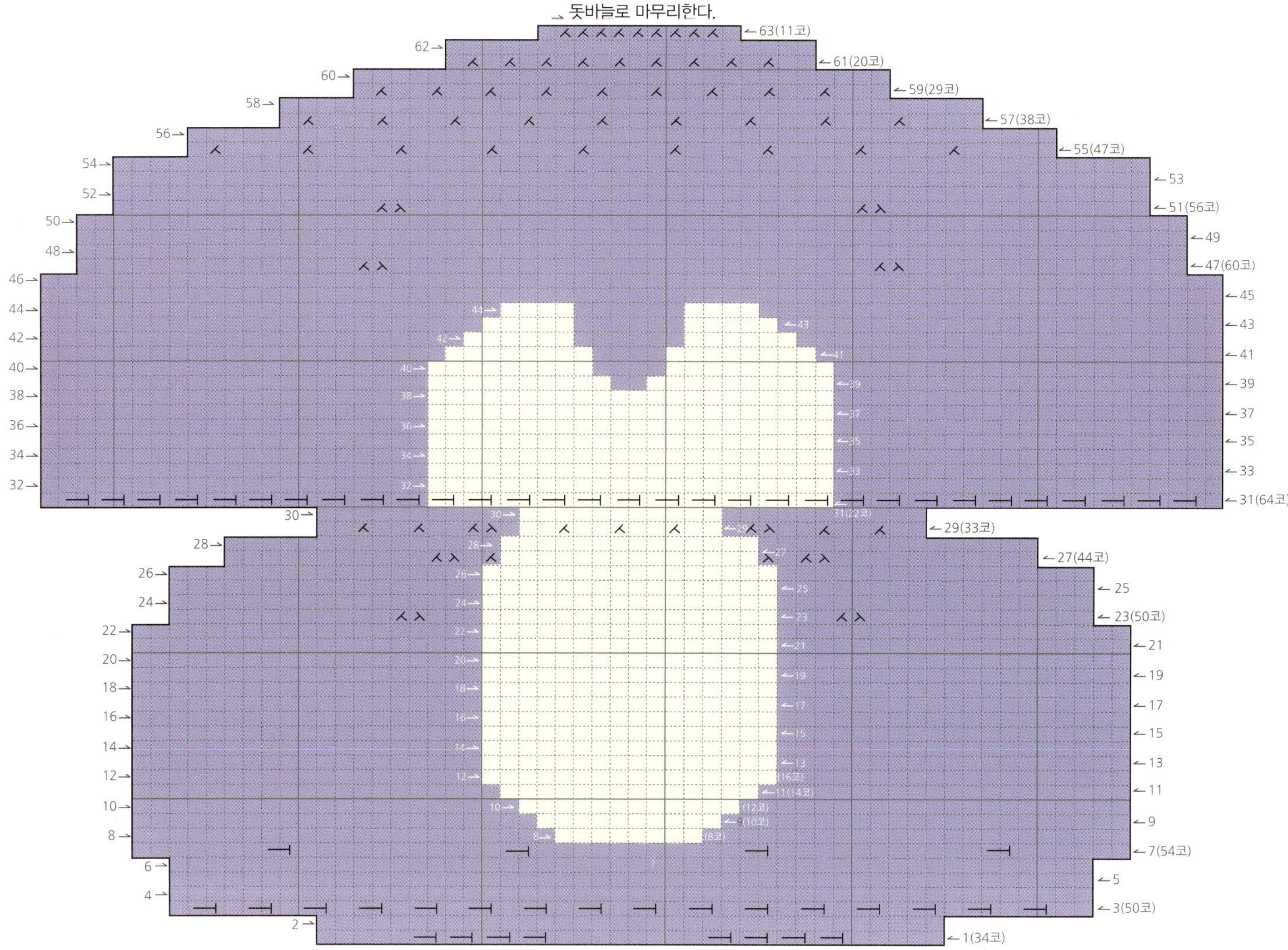

26코 만들어 겉뜨기로 시작한다.

- | = □ 겉뜨기(K)
- ㅡ 안뜨기(P)
- 겉뜨기로 늘리기(kfb)
- 안뜨기로 늘리기(pfb)
- 겉뜨기로 왼코 만들기(M1L)
- 겉뜨기로 오른코 만들기(M1R)
- 겉뜨기로 왼코 줄이기(k2tog)
- 안뜨기로 왼코 줄이기(p2tog)
- 겉뜨기로 오른코 줄이기(skpo)
- 안뜨기로 오른코 줄이기(ssp)

날개(2개)

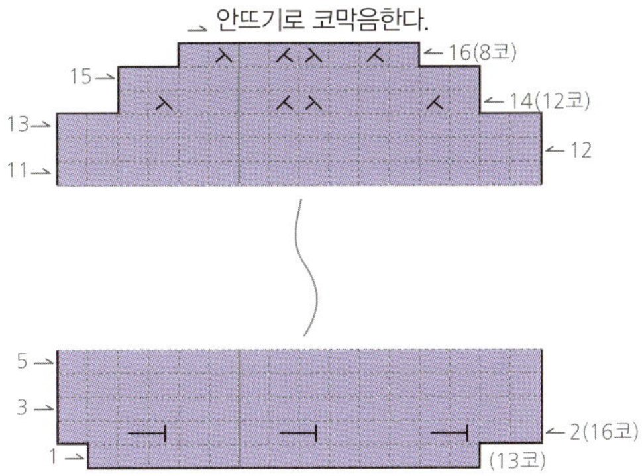

13코 만들어 안뜨기로 시작한다.

발(2개)

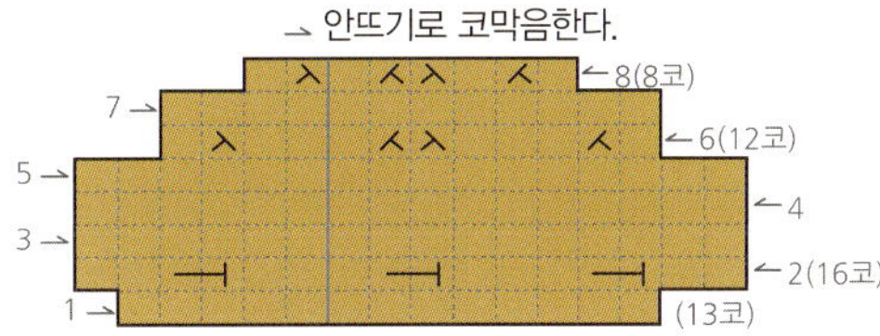

13코 만들어 안뜨기로 시작한다.

부리

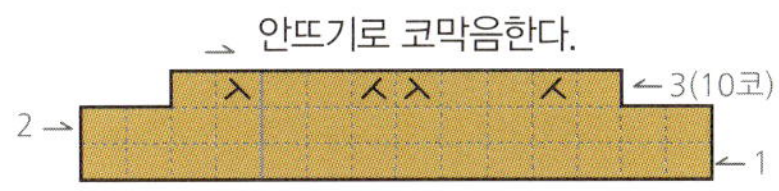

14코 만들어 겉뜨기로 시작한다.

물고기

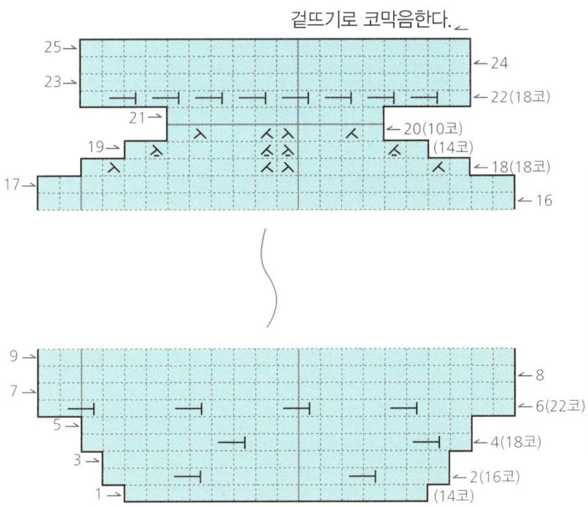

14코 만들어 안뜨기로 시작한다.

양동이

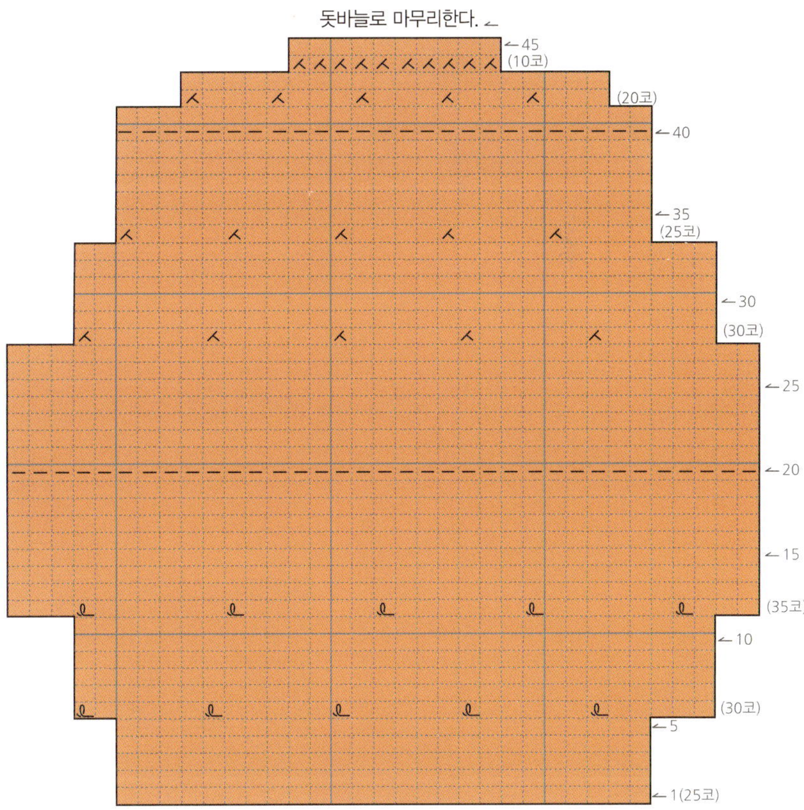

25코 만들어 원형뜨기 한다.

몸통 바느질하기

1. 돗바늘로 마무리한 곳부터 메리야스 잇기를 한다.

※TIP: 시작단 끝까지 모두 바느질하여 솜을 넣는 것보다, 3분의 1쯤 남겨두고 얼굴에 솜을 넣은 후, 마저 꿰맨 후, 나머지 솜을 채우는 것이 훨씬 수월하다.

2. 솜을 넣은 모습.

3. 시작단을 메리야스 잇기로 잇는다. 코 잡을 때 표시링을 걸어두었던 두 곳이 바느질의 시작점과 끝점이 된다. 이때, 바느질하면서 새로운 한 단을 만드는 것이므로 너무 잡아당기지 않도록 한다.

4. 얼굴이 시작되는 코늘림 단(31단)의 전 단(30단)을 반 코씩 홈질한다.

5. 최대한 잡아당겨 묶는다.

6. 매듭진 자리에 바늘을 넣어 다른 곳으로 바늘을 멀리 보내 빼낸다. 실을 잡아당겨 매듭이 인형 속으로 쏙 들어가도록 숨긴다.

7. 실을 바짝 잡아당겨 가위로 자른다.

날개 조립하기

8. 날개는 코 잡은 단에서 코 막은 단까지 메리야스 잇기를 한다.

9. 돗바늘로 코 막은 단(날개 끝부분)의 반 코씩을 안에서 바깥쪽으로 꿰매며 잡아당겨 마무리한다.

10. 날개를 목과 얼굴을 분리한 선에 바짝 붙여 시침핀으로 고정한 후, 모양을 따라 수성펜으로 그린다. 수성펜으로 그린 원이 바느질 선이 된다.

11. 날개의 시작단의 코를 한 코씩 차례대로 메리야스 잇기로 꿰맨다.

12. 몸쪽은 수성펜으로 그린 바느질 선을 따라 실을 당기면서 꿰맨다. 팔 아래쪽을 꿰맬 때는 팔을 들어 올려서 한다.

부리 조립하기

13. 부리는 코 잡은 단에서 코 막은 단까지 메리야스 잇기를 한다.

14. 코 막은 단(좁은 쪽)을 메리야스 잇기로 잇는다. 이때, 바느질하면서 새로운 한 단을 만드는 것이므로 너무 잡아당기지 않도록 한다. 부리에 솜을 넣는다.

15. 얼굴이 시작되는 코늘림 단(31단)에서부터 6단 째에 부리의 아랫부분을 올려놓은 후, 시침핀으로 고정하고 모양을 따라 수성펜으로 바느질 선을 그린다.

16. 부리 가장 아랫단 코와 바느질 선을 한 코씩 차례로 메리야스 잇기로 꿰매 붙인다. 이때, 꿰매는 실이 보이지 않도록 바짝 당기면서 바느실한다.

발 조립하기

17. 발은 코 막은 단에서 코 잡은 단까지 메리야스 잇기를 한다.

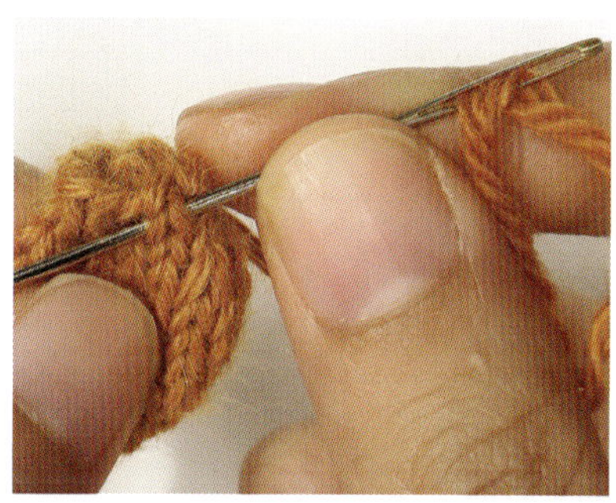

18. 코 잡은 단(넓은 쪽)을 메리야스 잇기로 잇는다. 이때, 바느질하면서 새로운 한 단을 만드는 것이므로 너무 잡아당기지 않도록 한다.

얼굴 수놓기

19. 발에 솜을 넣고, 3단의 코늘림 단에 발을 올려 시침핀으로 고정한 후, 꿰매 붙인다. 발과 발 사이는 4코 간격이다.

20. 코늘림 단(31단)에서 11단 올라온 단, 센터에서 각 4코 반 떨어진 위치에 눈을 단다.

21. 패브릭 색연필 또는 패브릭 잉크 등을 활용하여 볼에 색칠한다.

물고기 만들기

22. 물고기는 코 잡은 단에서 코 막은 단까지 메리야스 잇기로 잇는다.

23. 메리야스 잇기로 연결한 시접을 가장자리로 오게 하고, 코 막은 단의 바깥쪽 반 코씩을 일자 감침질로 꿰맨다.

24. 코 잡은 단(넓은 쪽)을 메리야스 잇기로 잇는다. 이때, 바느질하면서 새로운 한 단을 만드는 것이므로 너무 잡아당기지 않도록 주의한다.

25. 5mm 단추 눈을 물고기 얼굴의 양쪽에 단다.

양동이 만들기

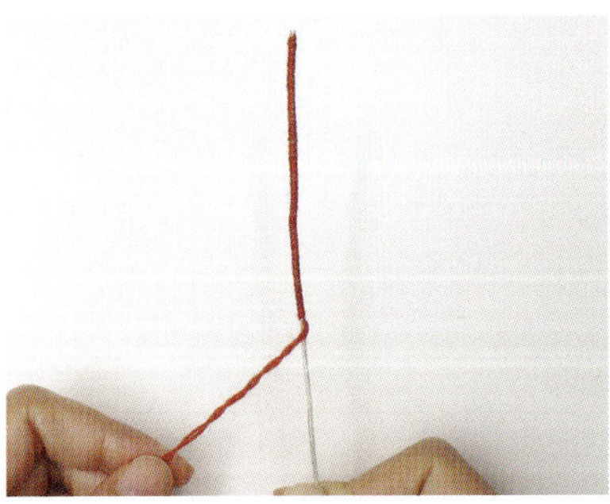

26. 이번에는 양동이를 만드는데, 1mm 공예용 와이어에 양면테이프를 붙이고 그 위에 실을 감는다.

27. 와이어를 손잡이 모양으로 구부린다.

28. 양동이 몸판은 도안대로 뜬다. 반을 접어서 시작단 쪽을 안으로 넣는다.

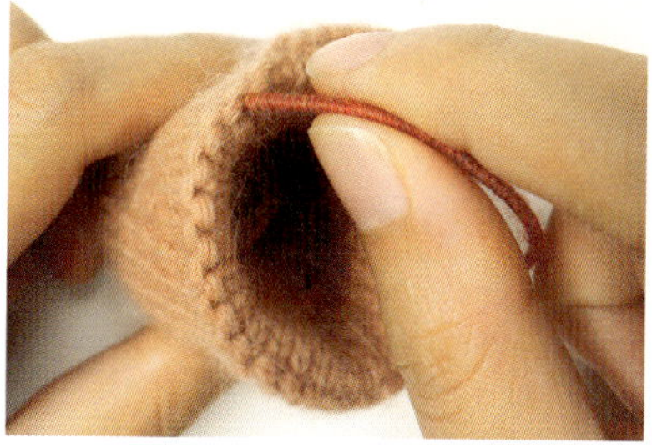

29. 손잡이를 양동이 양쪽에 끼운다.

09

코알라 코코와 치코

× × × × ×

엄마 코코는 글을 쓰는 작가입니다. 요즘은 아가 치코를 위한 동화를 쓰고 있지요.
장난꾸러기 치코는 엄마가 글을 쓰는 동안 이런저런 말썽을 피우며
엄마의 작업을 방해하곤 한답니다.

엄마 코코

아기 치코

준비물

완성 크기: 코코 15cm, 치코 9cm

실: 킹콜 베이비 알파카 DK(King cole Baby Alpaca DK) 연보라색, 아이보리색 / 로완 키드 클래식(Rowan Kid Classic) 와인색

바늘: 코코 2.5mm 대바늘,
치코 2.25mm 대바늘

게이지: 메리야스뜨기 31코×39단(10×10cm)

기타: 5mm, 7mm 단추 눈, 돗바늘, 솜, 자수실(코코아색), 안전핀, 표시링, 기화성펜(또는 수성펜), 패브릭 색연필(또는 패브릭 잉크), 겸자, 시침핀

도구와 기법: 188~216쪽 참조

패턴 도안 보는 방법

- 기법 용어 중에서 코를 늘리고, 만들고, 줄이는 과정에서 '겉뜨기'는 따로 표시하지 않고, '안뜨기'만 표시했습니다.
- 같은 단에서 동일한 뜨기가 반복될 경우 '[ ] ㅇ회'로 표시했어요.
- 배색이 들어가는 부분에서는 글자에 실과 비슷한 색을 넣어 표시했어요.

모눈 도안 보는 방법

- 모눈 도안은 겉으로 보이는 무늬를 기호로 표기하기 때문에, 겉쪽 면에서는 도안의 기호대로, 안쪽 면에서는 기호의 반대대로 떠야 합니다.
- 도안의 양옆에 있는 화살표는 뜨는 방향, 숫자는 단수와 콧수를 의미합니다.
- 표시링으로 체크해야 하는 부분은 패턴 도안을 참조하세요.

엄마 코코

• 2.5mm 대바늘

오른쪽 다리

• ＊연보라색 실로 12코를 만든다.

1단 안뜨기. (12코)

2단 겉뜨기 1코, 늘리기 10회, 겉뜨기 1코. (22코)

3~5단 메리야스뜨기 3단. (22코)

• 5단을 뜨고 나서 첫 번째 코와 두 번째 코 사이, 21번째 코와 그 22번째 코 사이를 표시링 또는 다른 색 실로 표시한다. ＊＊

• 실을 자르고 코를 안전핀이나 다른 바늘로 옮긴다.

왼쪽 다리

• 첫 번째 다리의 ＊부터 ＊＊까지 똑같이 한다.

• 코를 바늘에 그대로 두고 실을 자르지 않는다.

몸통

• 다리 연결하기: 왼쪽 다리와 오른쪽 다리를 이어서 뜬다.

6단 바늘에 있는 22코를 겉뜨기 20코, 오른코 줄이기를 하고, 안전핀이나 다른 바늘로 옮겨 두었던 오른쪽 다리를 그대로 이어서 뜬다. 왼코 줄이기, 겉뜨기 20코. (42코)

7단 안뜨기 1단. (42코)

8단 겉뜨기 1코, [겉뜨기 3코, 늘리기] 10회, 겉뜨기 1코. (52코)

9~18단 메리야스뜨기 10단. (52코)

• 19단부터 31단은 아이보리색 실과 연보라색 실로 배색하며 뜬다.

• 아이보리색 실은 (아), 연보라색 실은 (보)로 표현한다.

19단 (보)안뜨기 23코, (아)안뜨기 6코, (보)안뜨기 23코. (52코)

20단 (보)겉뜨기 22코, (아)겉뜨기 8코, (보)겉뜨기 22코. (52코)

21단 (보)안뜨기 21코, (아)안뜨기 10코, (보)안뜨기 21코. (52코)

22단 (보)겉뜨기 20코, (아)겉뜨기 12코, (보)겉뜨기 20코. (52코)

23단 (보)안뜨기 19코, (아)안뜨기 14코, (보)안뜨기 19코. (52코)

24단 (보)겉뜨기 12코, (보)오른코 줄이기, (보)왼코 줄이기, (보)겉뜨기 3코, (아)겉뜨기 14코, (보)겉뜨기 3코, (보)오른코 줄이기, (보)왼코 줄이기, (보)겉뜨기 12코. (48코)

25단 (보)안뜨기 17코, (아)안뜨기 14코, (보)안뜨기 17코. (48코)

26단 (보)겉뜨기 17코, (아)겉뜨기 14코, (보)겉뜨기 17코. (48코)

27단 (보)안뜨기 17코, (아)안뜨기 14코, (보)안뜨기 17코. (48코)

28단 (보)겉뜨기 11코, (보)오른코 줄이기, (보)왼코 줄이기, (보)겉뜨기 2코, (아)겉뜨기 14코, (보)겉뜨기 2코, (보)오른코 줄이기, (보)왼코 줄이기, (보)겉뜨기 11코. (44코)

29단 (보)안뜨기 16코, (아)안뜨기 12코, (보)안뜨기 16코. (44코)

30단 (보)겉뜨기 17코, (아)겉뜨기 10코, (보)겉뜨기 17코. (44코)

31단 (보)안뜨기 18코, (아)안뜨기 8코, (보)안뜨기 18코. (44코)

• 아이보리색 실을 끊고, 연보라색 실로만 뜬다.

32단 [겉뜨기 2코, 왼코 줄이기] 2회, 겉뜨기 2코, 오른코 줄이기, 왼코 줄이기, 겉뜨기 3코, 왼코 줄이기, [겉뜨기 2코, 왼코 줄이기] 2회, 겉뜨기 3코, 오른코 줄이기, 왼코 줄이기, [겉뜨기 2코, 왼코 줄이기] 2회, 겉뜨기 2코. (33코)

33단 안뜨기 1단. (33코)

얼굴

34단 겉뜨기 1코, [늘리기] 31회, 겉뜨기 1코. (64코)

35~39단 메리야스뜨기 5단. (64코)

• 39단을 뜨고 나서 센터(32코와 33코 사이)에 표시링을 건다. (64코)

40~51 메리야스뜨기 12단. (64코)

52단 겉뜨기 15코, 오른코 줄이기, 왼코 줄이기, 겉뜨기 26코, 오른코 줄이기, 왼코 줄이기, 겉뜨기 15코. (60코)

53~55단 메리야스뜨기 3단. (60코)

56단 겉뜨기 14코, 오른코 줄이기, 왼코 줄이기, 겉뜨기 24코, 오른코 줄이기, 왼코 줄이기, 겉뜨기 14코. (56코)

57~59단 메리야스뜨기 3단. (56코)

60단 겉뜨기 1코, [겉뜨기 4코, 왼코 줄이기] 9회, 겉뜨기 1코. (47코)

61단 안뜨기 1단. (47코)

62단 겉뜨기 1코, [겉뜨기 3코, 왼코 줄이기] 9회, 겉뜨기 1코. (38코)

63단 안뜨기 1단. (38코)

64단 겉뜨기 1코, [겉뜨기 2코, 왼코 줄이기] 9회, 겉뜨기 1코. (29코)

65단 안뜨기 1단. (29코)

66단 겉뜨기 1코, [겉뜨기 1코, 왼코 줄이기] 9회, 겉뜨기 1코. (20코)

67단 안뜨기 1단. (20코)

68단 겉뜨기 1코, [왼코 줄이기] 9회, 겉뜨기 1코. (11코)

• 돗바늘로 마무리한 후, 바느질할 만큼의 여유를 두고 실을 자른다.

팔(2개)

• 연보라색 실로 8코를 만든다.

1단 안뜨기 1단. (8코)

2단 겉뜨기 1코, 오른코 만들기, 겉뜨기 6코, 왼코 만들기, 겉뜨기 1코. (10코)

3단 안뜨기 1단. (10코)

4단 겉뜨기 1코, 오른코 만들기, 겉뜨기 8코, 왼코 만들기, 겉뜨기 1코. (12코)

5단 안뜨기 1단. (12코)

6단 [겉뜨기 1코, 오른코 만들기] 2회, 겉뜨기 8코, [왼코 만들기, 겉뜨기 1코] 2회. (16코)

• 6단을 뜨고 나서 첫 번째 코와 두 번째 코 사이, 마지막 코와 그 전 코 사이에 표시링 또는 다른 색 실로 표시한다.

7~17단 메리야스뜨기 11단. (16코)

18단 겉뜨기 1코, [왼코 줄이기] 7회, 겉뜨기 1코. (9코)

• 돗바늘로 마무리한다.

귀(2개)

• 연보라색 실로 14코를 만든다.

1단 겉뜨기 1코, 루프 12코, 겉뜨기 1코. (14코)

2단 겉뜨기 6코, [늘리기] 2회, 겉뜨기 6코. (16코)

3단 겉뜨기 1코, 루프 14코, 겉뜨기 1코. (16코)

4단 겉뜨기 6코, [늘리기] 4회, 겉뜨기 6코. (20코)

5단 겉뜨기 1코, 루프 18코, 겉뜨기 1코. (20코)

6단 겉뜨기 20코. (20코)

7단 겉뜨기 1코, 루프 18코, 겉뜨기 1코. (20코)

8단 겉뜨기 6코, [왼코 줄이기] 4회, 겉뜨기 6코. (16코)

• 아이보리색 실로 바꾼다.

9단 겉뜨기 1코, 루프 14코, 겉뜨기 1코. (16코)

10단 겉뜨기 6코, [왼코 줄이기] 2회, 겉뜨기 6코. (14코)

11단 겉뜨기 1코, 루프 12코, 겉뜨기 1코. (14코)

• 겉뜨기로 코막음한다.

※루프뜨기는 97쪽을 참조한다.

코(2개)

• 와인색 실로 8코를 만든다.

1단 안뜨기 1단. (8코)

2~3단 메리야스뜨기 2단. (8코)

4단 겉뜨기 1코, 왼코 줄이기, 겉뜨기 2코, 왼코 줄이기, 겉뜨기 1코. (6코)

5~7단 메리야스뜨기 3단. (6코)

8단 겉뜨기 1코, [왼코 줄이기] 2회, 겉뜨기 1코. (4코)

• 돗바늘로 마무리한다.

아기 치코

• 2.25mm 대바늘

오른쪽 다리

• * 연보라색 실로 8코를 만든다.

1단 안뜨기. (8코)

2단 겉뜨기 1코, 늘리기 6회, 겉뜨기 1코. (14코)

3단 안뜨기 1단. (14코)

• 3단을 뜨고 나서 첫 번째 코와 두 번째 코 사이, 마지막 코의 전 코와 마지막 코 사이에 표시링 또는 다른 색 실로 표시한다. * *

• 실을 자르고 코를 안전핀이나 다른 바늘로 옮긴다.

왼쪽 다리

• 오른쪽 다리의 * 부터 * * 까지 똑같이 뜬다.

• 코를 바늘에 그대로 두고 실을 자르지 않는다.

몸통

• 다리 연결하기: 왼쪽 다리와 오른쪽 다리를 이어서 뜬다.

4단 바늘에 있는 14코는 겉뜨기 12코, 오른코 줄이기를 하고, 안전핀이나 다른 바늘로 옮겨 두었던 오른쪽 다리를 그대로 이어서 뜬다. 왼코 줄이기, 겉뜨기 12코. (26코)

5단 안뜨기 1단. (26코)

6단 겉뜨기 1코, [겉뜨기 3코, 늘리기] 6회, 겉뜨기 1코. (32코)

7~13단 메리야스뜨기 7단. (32코)

• 14단부터 22단은 아이보리색 실과 연보라색 실로 배색하며 뜬다.
• 아이보리색 실은 (아), 연보라색 실은 (보)로 표현한다.

14단 (보)겉뜨기 14코, (아)겉뜨기 4코, (보)겉뜨기 14코. (32코)

15단 (보)안뜨기 13코, (아)안뜨기 6코, (보)안뜨기 13코. (32코)

16단 (보)겉뜨기 12코, (아)겉뜨기 8코, (보)겉뜨기 12코. (32코)

17단 (보)안뜨기 12코, (아)안뜨기 8코, (보)안뜨기 12코. (32코)

18단 (보)겉뜨기 6코, (보)오른코 줄이기, (보)왼코 줄이기, (보)겉뜨기 2코, (아)겉뜨기 8코, (보)겉뜨기 2코, (보)오른코 줄이기, (보)왼코 줄이기, (보)겉뜨기 6코. (28코)

19단 (보)안뜨기 10코, (아)안뜨기 8코, (보)안뜨기 10코. (28코)

20단 (보)겉뜨기 10코, (아)겉뜨기 8코, (보)겉뜨기 10코. (28코)

21단 (보)안뜨기 10코, (아)안뜨기 8코, (보)안뜨기 10코. (28코)

22단 (보)[겉뜨기 1코, 왼코 줄이기] 3회, (보)겉뜨기 1코, (아)[왼코 줄이기, 겉뜨기 1코] 2회, (아)왼코 줄이기, (보)[겉뜨기 1코, 왼코 줄이기] 3회, (보)겉뜨기 1코. (19코)

• 아이보리색 실은 끊고 연보라색 실로만 뜬다.

23단 안뜨기 1단. (19코)

얼굴

24단 겉뜨기 1코, [늘리기] 17회, 겉뜨기 1코. (36코)

25단 안뜨기 1단. (36코)

26단 겉뜨기 11코, 오른코 만들기, 겉뜨기 2코, 오른코 만들기, 겉뜨기 10코, 왼코 만들기, 겉뜨기 2코, 왼코 만들기, 겉뜨기 11코. (40코)

27단~39단 메리야스뜨기 13단. (40코)

40단 겉뜨기 10코, 왼코 줄이기, 겉뜨기 16코, 왼코 줄이기, 겉뜨기 10코. (38)

41단 안뜨기 1단. (38코)

42단 겉뜨기 1코, [겉뜨기 2코, 왼코 줄이기] 9회, 겉뜨기 1코. (29코)

43단 안뜨기 1단. (29코)

44단 겉뜨기 1코, [겉뜨기 1코, 왼코 줄이기] 9회, 겉뜨기 1코. (20코)

45단 안뜨기 1단. (20코)

46단 겉뜨기 1코, [왼코 줄이기] 9회, 겉뜨기 1코. (11코)

• 돗바늘로 마무리한 후, 바느질할 만큼의 여유를 두고 실을 자른다.

팔(2개)

• 연보라색 실로 6코를 만든다.

1단 안뜨기 1단. (6코)

2단 겉뜨기 1코, 오른코 만들기, 겉뜨기 4코, 왼코 만들기, 겉뜨기 1코. (8코)

3단 안뜨기 1단. (8코)

4단 겉뜨기 1코, 오른코 만들기, 겉뜨기 6코, 왼코 만들기, 겉뜨기 1코. (10코)

5단 안뜨기 1단. (10코)

6단 겉뜨기 1코, 오른코 만들기, 겉뜨기 8코, 왼코 만들기, 겉뜨기 1코. (12코)

• 6단을 뜨고 나서 첫 번째 코와 두 번째 코 사이, 마지막 코와 그 전 코 사이에 표시링 또는 다른 색 실로 표시한다.

7~11단 메리야스뜨기 5단. (12코)

12단 겉뜨기 1코, [왼코 줄이기] 5회, 겉뜨기 1코. (7코)

• 돗바늘로 마무리한다.

귀(2개)

• 연보라색 실로 10코를 만든다.

1단 겉뜨기 1코, 루프 8코, 겉뜨기 1코. (10코)

2단 겉뜨기 4코, [늘리기] 2회, 겉뜨기 4코. (12코)

3단 겉뜨기 1코, 루프 10코, 겉뜨기 1코. (12코)

• 아이보리색 실로 바꾼다.

4단 겉뜨기 4코, [왼코 줄이기] 2회, 겉뜨기 4코. (10코)

5단 겉뜨기 1코, 루프 8코, 겉뜨기 1코. (10코)

• 겉뜨기로 코막음한다.

모눈 도안 × × × × ×

[|] = [ ] 겉뜨기(K)
[−] 안뜨기(P)
[⊣⊢] 겉뜨기로 늘리기(kfb)
[⊢⊣] 안뜨기로 늘리기(pfb)
[ㅅ] 겉뜨기로 왼코 줄이기(k2tog)

엄마 코코
다리&몸통&얼굴

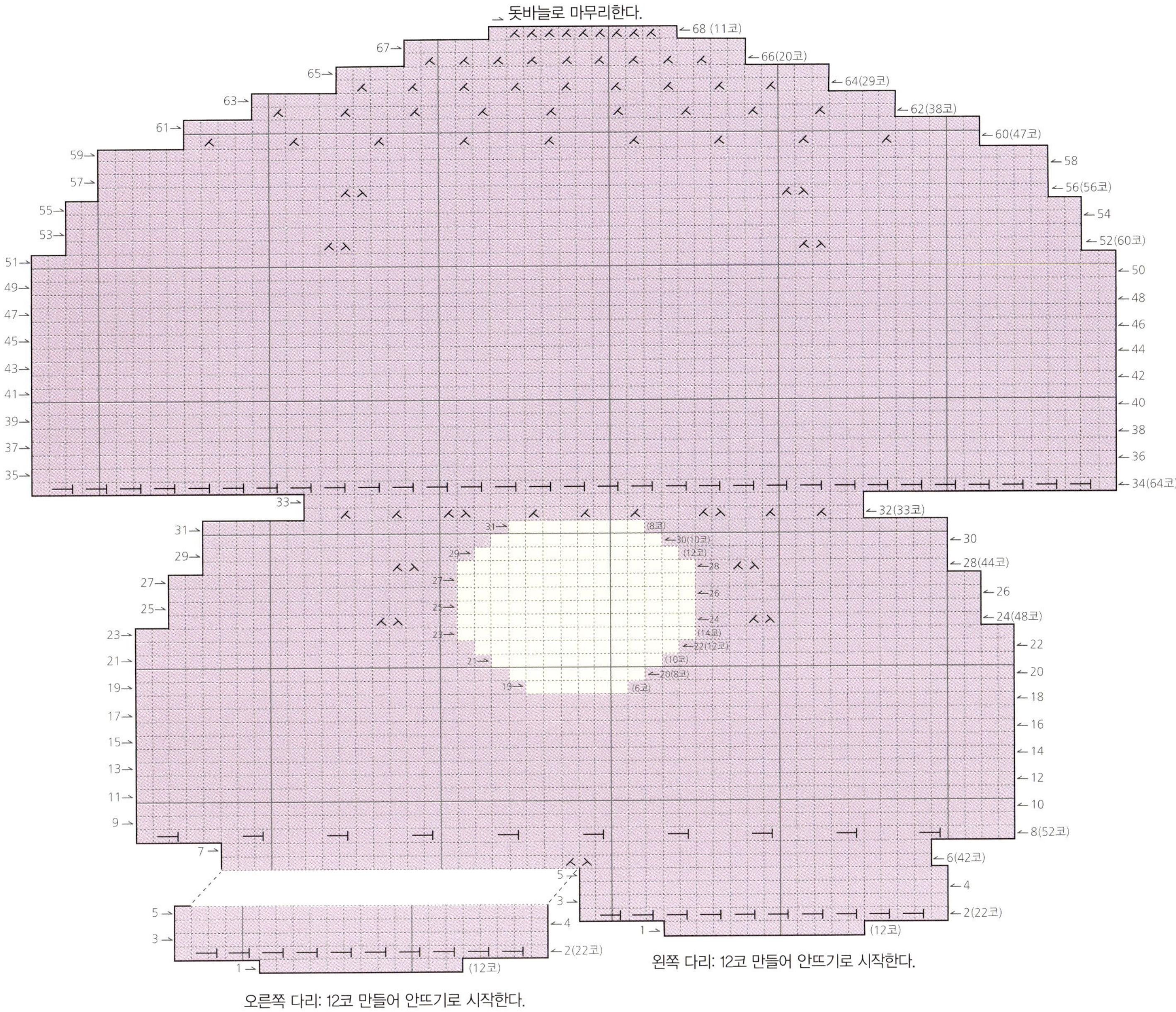

엄마 코코
팔(2개)

→ 돗바늘로 마무리한다.

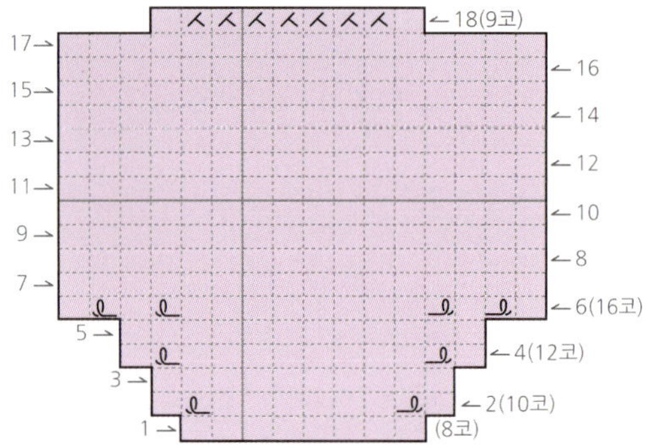

8코 만들어 안뜨기로 시작한다.

엄마 코코
귀(2개)

→ 겉뜨기로 코막음한다.

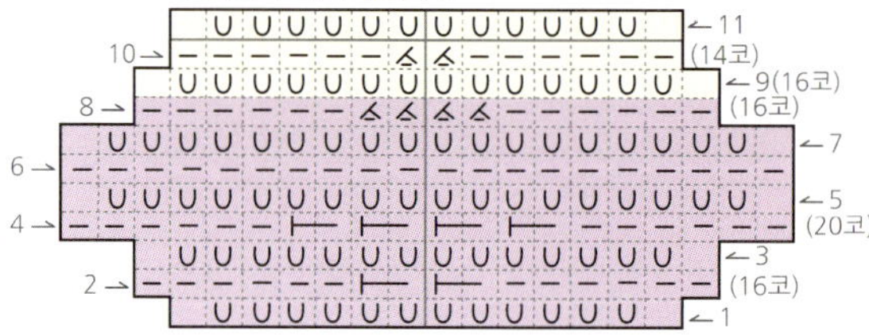

14코 만들어 겉뜨기로 시작한다.

※루프뜨기는 97쪽을 참조한다.

엄마 코코
코(2개)

→ 돗바늘로 마무리한다.

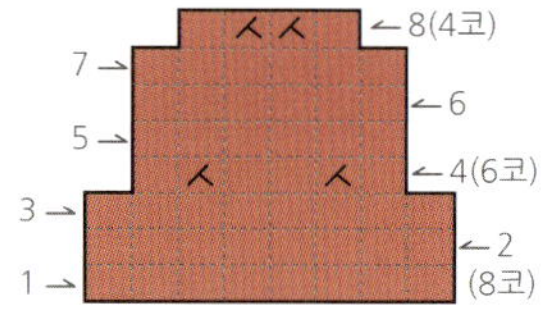

8코 만들어 안뜨기로 시작한다.

- | = □ 겉뜨기(K)
- — 안뜨기(P)
- 겉뜨기로 늘리기(kfb)
- 안뜨기로 늘리기(pfb)
- 겉뜨기로 왼코 만들기(M1L)
- 겉뜨기로 오른코 만들기(M1R)
- 겉뜨기로 왼코 줄이기(k2tog)
- 안뜨기로 왼코 줄이기(p2tog)
- 겉뜨기로 오른코 줄이기(skpo)
- U 루프뜨기

아기 치코
다리&몸통&얼굴

→ 돗바늘로 마무리한다.

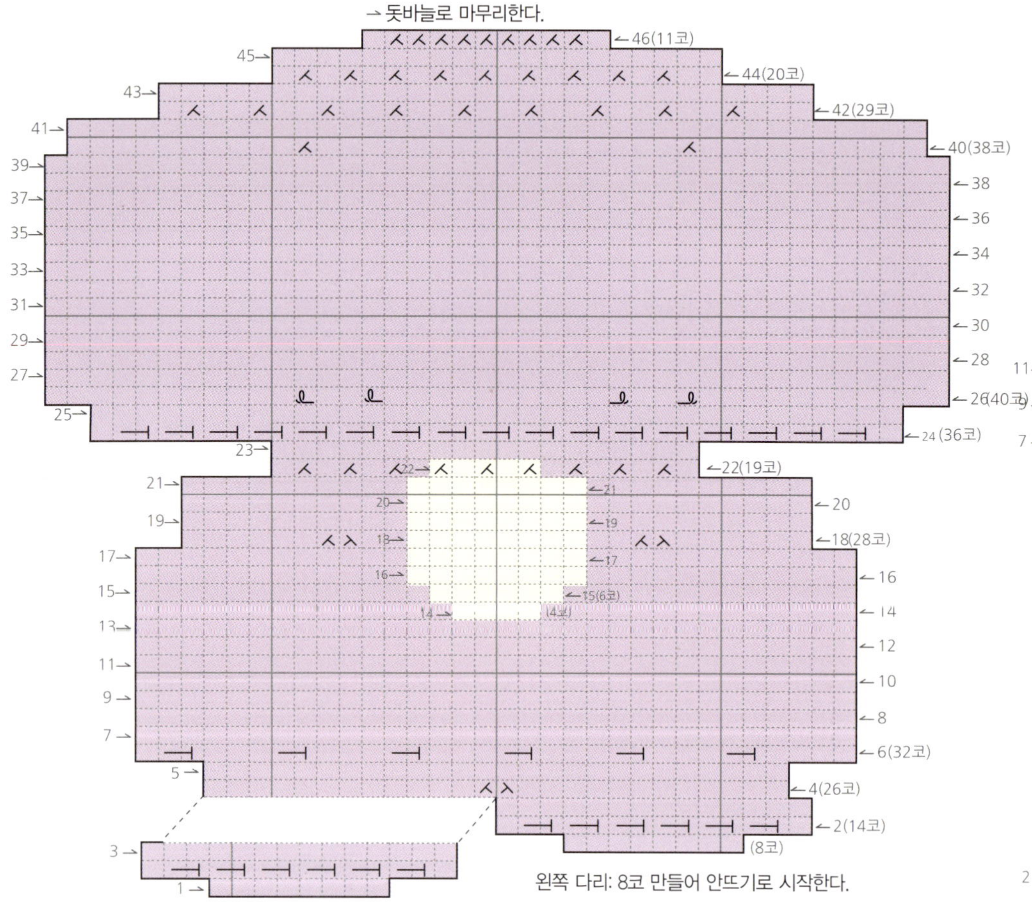

왼쪽 다리: 8코 만들어 안뜨기로 시작한다.

오른쪽 다리: 8코 만들어 안뜨기로 시작한다.

아기 치코
팔(2개)

→ 돗바늘로 마무리한다.

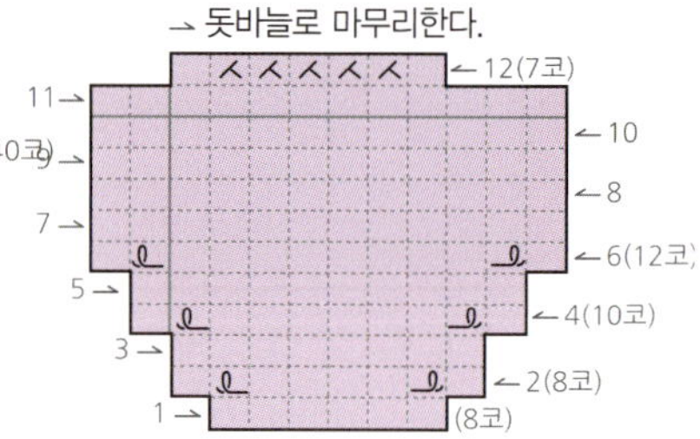

6코 만들어 안뜨기로 시작한다.

아기 치코
귀(2개)

겉뜨기로 코막음한다. ←

10코 만들어 겉뜨기로 시작한다.

코코 완성하기 - 코 조립하기

1. 돗바늘로 마무리한 곳부터 시작단까지 메리야스 잇기를 한다.

※기본 몸통은 16~19쪽을 참조하여 만든다.

2. 솜을 조금 넣은 후, 시작단을 메리야스 잇기로 잇는다.

3. 39단의 표시링을 아래쪽 센터로 하여 위에 코를 올려두고 모양을 따라 수성펜으로 그린다.

4. 수성펜으로 그린 선이 바느질 선이 된다.

5. 코를 얼굴에 꿰매 붙인다. 이때, 꿰매는 실이 보이지 않도록 바짝 당기면서 꿰맨다.

얼굴 수놓기

6. 눈은 코 늘려준 단(34단)에서 10단 올라온 단, 센터에서 각 4코 반씩 떨어진 위치에 단다.(눈과 눈 사이는 9코). 수성펜으로 입과 눈썹 위치에 표시한다.

7. 눈에서 2~3단 올라온 곳에 눈썹을 수놓는다. 입은 얼굴이 시작되는 코늘림 단(34단)에서 1~2단 위에 수놓는다.

8. 패브릭 잉크나 패브릭 색연필 등을 활용하여 볼에 색칠한다.

치코 완성하기 - 얼굴 수놓기

1. 코의 위치는 얼굴이 시작되는 코늘림 단(24단)에서 6단 위쪽이다.

2. 1코 반에 걸쳐 코를 도톰하게 수놓는다.

3. 코의 양끝에서 2코 반씩 떨어진 위치에 각각 눈(5호 단추 눈)을 단다. 입은 얼굴이 시작되는 코늘림 단(24단)에서 1~2단 위에 수놓는다.

4. 눈에서 1~2단 올라온 곳에 눈썹을 수놓는다. 패브릭 잉크나 패브릭 색연필 등을 활용하여 볼에 색칠한다.

귀 조립하기

5. 귀를 반으로 접어 귀의 뒷면의 세로를 감침질한다.

6. 귀를 반으로 접어 귀의 앞면의 세로를 감침질한다.

7. 루프의 중간을 가위로 모두 자른다.

8. 자른 루프들을 슬리커로 빗질하여 올을 푼다.
얼굴 양옆의 가운데에 귀를 시침핀으로 고정하고 꿰매 붙인다.

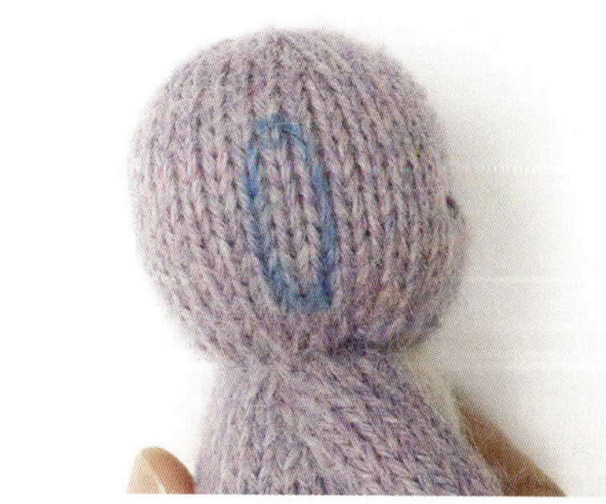

9. 얼굴 양옆의 가운데에 귀를 시침핀으로 고정하고 모양을 따라 수성펜으로 바느질 선을 그린다.

10. 귀를 꿰매 붙인다.
※코코의 귀도 치코를 참조해 붙인다.

루프 뜨기 [U]

1. 겉뜨기 하는 것처럼 오른쪽 바늘을 넣는다.

2. 바늘에 실을 감고 코의 바깥으로 빼내는데 왼쪽 바늘은 빼지 않는다.

3. 바늘과 바늘 사이에 실을 앞으로 가져와 원하는 길이로 고리를 만든다. 고리가 당겨지지 않도록 손가락으로 꼭 잡은 후에 다시 실을 뒤로 보낸다.

4. 왼쪽 바늘에 남아 있는 코의 뒤쪽으로 오른쪽 바늘을 넣러 겉뜨기한다.

5. 겉뜨기로 늘리기와 같이 2코가 만들어지는데 뒤에 있는 코로 앞에 있는 코를 덮어씌운다.

6. 한 코 완성.

10

사자 리온

×××××

채식주의자 사자 리온이는 농부입니다.
수확한 과일이나 채소를 "리온이네" 가게에서 팔고 있답니다.

미리보기

준비물

완성 크기: 15cm

☑ **사자**

실: 킹콜 베이비 알파카 DK(King cole Baby Alpaca DK) 베이지색 / 미셸 베이비 알파카 인디에시타 DK(Michell Baby Alpaca Indiecita DK) 골드 브라운색

바늘: 2.5mm 대바늘

게이지: 메리야스뜨기 31코×39단(10×10cm)

☑ **머플러**

실: 빈센트 8p(Vincent 8p) 빨간색

바늘: 3mm 대바늘

☑ **가판대**

실: 슈퍼 앙고라(Super Angora) 하늘색, 핑크색, 밝은 노란색

바늘: 2.75mm 대바늘

게이지: 메리야스뜨기 30코×40단(10×10cm)

기타: 6mm 단추 눈, 돗바늘, 솜, 자수실(갈색), 안전핀, 표시링, 기화성펜(또는 수성펜), 패브릭 색연필(또는 패브릭 잉크), 두께 0.5cm 우드락, 글루건, 지름 2mm 나무봉, 겸자, 시침핀

도구와 기법: 188~216쪽 참조

패턴 도안 보는 방법

- 기법 용어 중에서 코를 늘리고, 만들고, 줄이는 과정에서 '겉뜨기'는 따로 표시하지 않고, '안뜨기'만 표시했습니다.
- 같은 단에서 동일한 뜨기가 반복될 경우 '[ ] ㅇ회'로 표시했어요.
- 배색이 들어가는 부분에서는 글자에 실과 비슷한 색을 넣어 표시했어요.

모눈 도안 보는 방법

- 모눈 도안은 겉으로 보이는 무늬를 기호로 표기하기 때문에, 겉쪽 면에서는 도안의 기호대로, 안쪽 면에서는 기호의 반대대로 떠야 합니다.
- 도안의 양옆에 있는 화살표는 뜨는 방향, 숫자는 단수와 콧수를 의미합니다.
- 표시링으로 체크해야 하는 부분은 패턴 도안을 참조하세요.

패턴 PATTERN × × × × ×

※사자 리온의 오른쪽 다리, 왼쪽 다리, 몸통, 얼굴, 팔까지 '02. 토끼 슈슈'와 같다. 베이지색 실로 26~29쪽을 참조해 완성한다.

귀(2개)

• 베이지색 실로 14코를 만든다.

1~2단 겉뜨기로 시작하는 메리야스뜨기 2단. (14코)

3단 겉뜨기 1코, [왼코 줄이기, 겉뜨기 2코, 오른코 줄이기] 2회, 겉뜨기 1코. (10코)

4단 안뜨기 1단. (10코)

5단 겉뜨기 1코, [왼코 줄이기, 오른코 줄이기] 2회, 겉뜨기 1코. (6코)

• 돗바늘로 마무리한다.

머즐(코와 주둥이)

• 베이지색 실로 5코를 만든다.

1단 안뜨기 1단. (5코)

2단 겉뜨기 1코, 오른코 만들기, 겉뜨기 3코, 왼코 만들기, 겉뜨기 1코. (7코)

3단 안뜨기 1단. (7코)

4단 겉뜨기 1코, 오른코 만들기, 겉뜨기 5코, 왼코 만들기, 겉뜨기 1코. (9코)

5~7단 메리야스뜨기 3단. (9코)

8단 겉뜨기 1코, 오른코 줄이기, 겉뜨기 3코, 왼코 줄이기, 겉뜨기 1코. (7코)

9단 안뜨기 1단. (7코)

10단 겉뜨기 1코, 오른코 줄이기, 겉뜨기 1코, 왼코 줄이기, 겉뜨기 1코. (5코)

• 안뜨기로 코막음한다.

스카프

• 빨간색 실로 50코를 만든다.

1단 겉뜨기 1단. (50코)

• 겉뜨기로 코막음한다.

가판대 만들기

• 0.5cm 두께 우드락 재단하기

테이블 윗면 1개: 14cm×5cm(가로×세로, 직사각형)

테이블 앞면, 뒷면 각각 1개: 13cm×4.5cm(가로×세로, 직사각형)

테이블 옆면 2개: 2.5cm×4.5cm (가로×세로, 직사각형)

지붕 앞면, 뒷면 각각 1개: 15cm×13.6cm×5cm(아랫변×윗변×높이, 사다리꼴)

지붕 윗면 1개: 13.6cm×4cm(가로×세로, 직사각형)

• 2.75mm 바늘로 원형뜨기한다.

테이블 윗면

• 하늘색으로 80코를 만든다.

원형 1~21단 겉뜨기 21단. (80코)

• 겉뜨기로 코막음한다.

테이블 앞면과 뒷면(2개)

• 하늘색으로 74코를 만든다.

원형 1~20단 겉뜨기 20단. (74코)

• 겉뜨기로 코막음한다.

테이블 옆면(2개)

• 하늘색으로 18코를 만든다.

원형 1~20단 겉뜨기 20단. (18코)

• 겉뜨기로 코막음한다.

지붕

• 밝은 노란색 실로 80코를 만든다.

• 원형 1~18단은 밝은 노란색 실과 핑크색 실로 배색하며 뜬다.

• 밝은 노란색 실은 (노), 핑크색 실은 (핑)로 표현한다.

• 모두 겉뜨기한다.

원형 1단 {(노)2코, [(핑)4코, (노)4코] 4회, (핑)4코, (노)2코} 2회. (80코)

원형 2단 {(노)2코, [(핑)4코, (노)4코] 4회, (핑)4코, (노)2코} 2회. (80코)

원형 3단 {(노)2코, [(핑)4코, (노)4코] 4회, (핑)4코, (노)2코} 2회. (80코)

원형 4단 {(노)1코, (노)오른코 만들기, (노)1코, [(핑)4코, (노)4코] 4회,

(핑)4코, (노)1코, (노)왼코 만들기, (노)1코} 2회. (84코)

원형 5단 {(노)3코, [(핑)4코, (노)4코] 4회, (핑)4코, (노)3코} 2회. (84코)

원형 6단 {(노)3코, [(핑)4코, (노)4코] 4회, (핑)4코, (노)3코} 2회. (84코)

원형 7단 {(노)3코, [(핑)4코, (노)4코] 4회, (핑)4코, (노)3코} 2회. (84코)

원형 8단 {(노)1코, (노)오른코 만들기, (노)2코, [(핑)4코, (노)4코] 4회, (핑)4코, (노)2코, (노)왼코 만들기, (노)1코} 2회. (88코)

원형 9~18단 겉뜨기 10단 {(노)4코, [(핑)4코, (노)4코] 4회, (핑)4코, (노)4코} 2회. (88코)

- 핑크색 실은 끊고 밝은 노란색 실로만 뜬다.

원형 19단 겉뜨기 1단. (88코)

- 겉뜨기로 코막음한다.

지붕 윗면

- 밝은 노란색 실로 78코를 만든다.

원형 1~17단 겉뜨기 17단. (78코)

- 겉뜨기로 코막음한다.

모눈 도안 × × × × ×

※사자 리온의 오른쪽 다리, 왼쪽 다리, 몸통, 얼굴, 팔까지 '02. 토끼 슈슈'와 같다. 베이지색 실로 26~29쪽을 참조해 완성한다.

귀(2개)

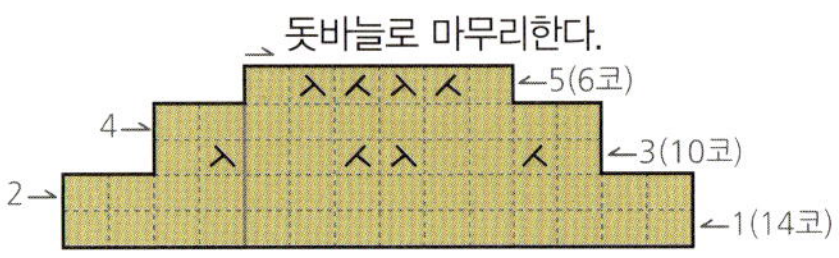

14코 만들어 겉뜨기로 시작한다.

머즐(코와 주둥이 부분)

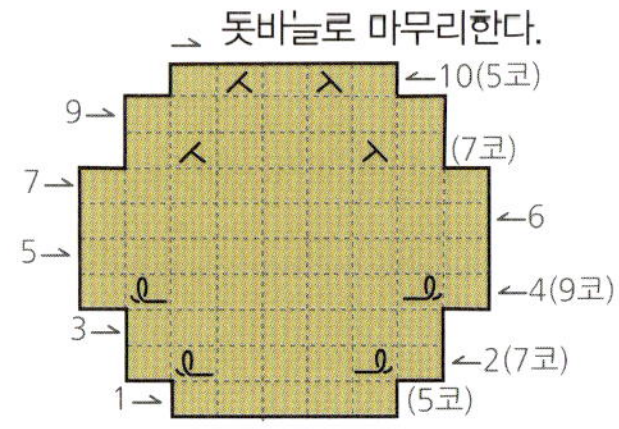

5코 만들어 안뜨기로 시작한다.

스카프

50코 만들어 겉뜨기로 1단을 뜬다.

가판대 만들기

테이블 앞면, 뒷면(각 1개씩)

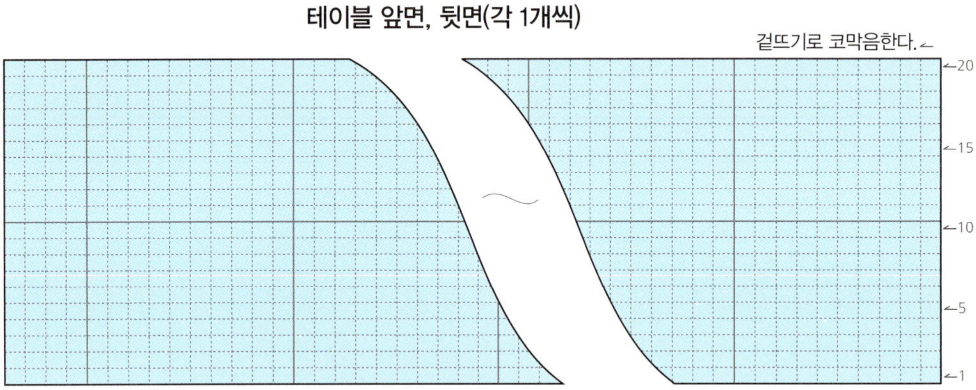

74코 만들어 겉뜨기로 원형뜨기한다.

테이블 옆면(2개)

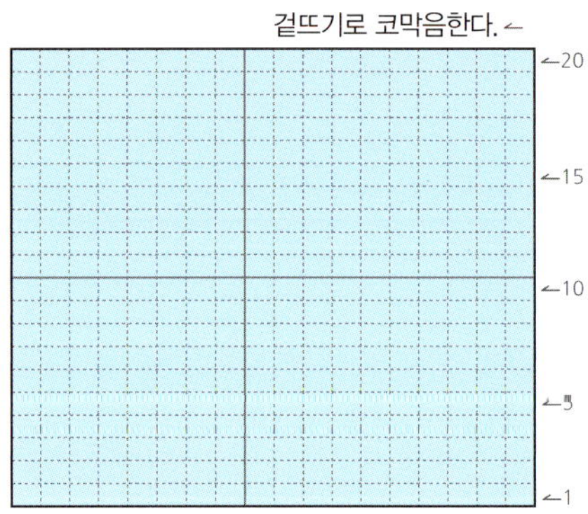

18코 만들어 겉뜨기로 원형뜨기한다.

테이블 윗면

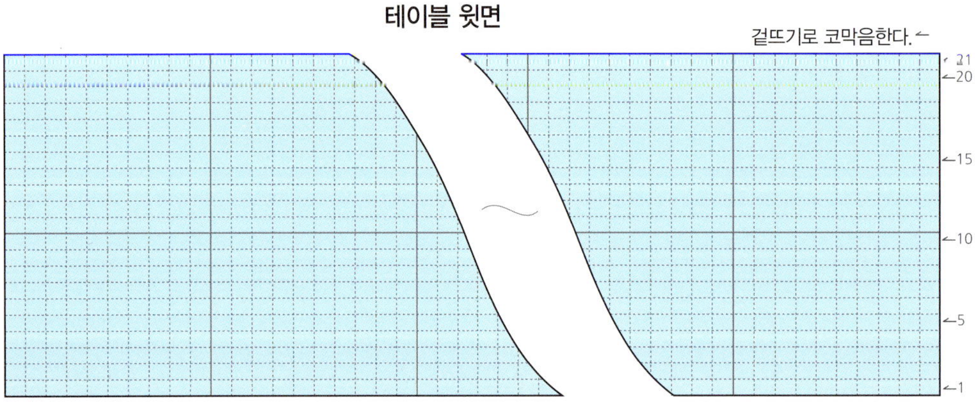

80코 만들어 겉뜨기로 원형뜨기한다.

지붕 윗면

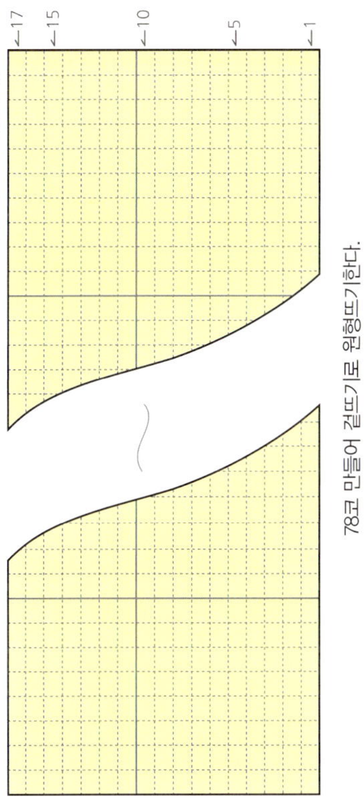

지붕

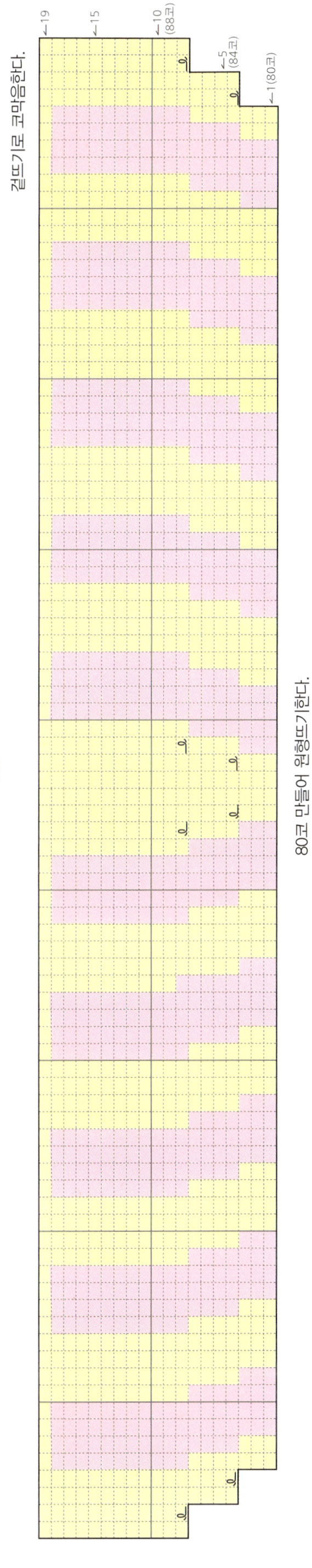

- ▢ = □ 겉뜨기(K)
- ─ 안뜨기(P)
- 겉뜨기로 왼코 만들기(M1L)
- 겉뜨기로 오른코 만들기(M1R)
- ⋏ 겉뜨기로 왼코 줄이기(k2tog)
- ⋋ 겉뜨기로 오른코 줄이기(skpo)

귀 조립하기

1. 귀를 반으로 접어 돗바늘로 마무리한 곳부터 시작단까지 메리야스 잇기를 한다.
※기본 몸통은 16~19쪽을 참조하여 만든다.

2. 얼굴 양쪽의 줄임코(50단)보다 1~2코 앞, 줄임코 단의 1~2단 위에 귀의 아래 중심을 맞추고 시침핀으로 고정한다. 모양을 따라 수성펜으로 바느질 선을 그린다.

3. 귀의 가장 아랫단과 수성펜으로 그린 바느질 선을 따라 한 코씩 꿰매어 이어 붙인다. 이때, 실이 보이지 않도록 바짝 당기면서 바느질한다.

머즐 조립하기

4. 얼굴이 시작되는 코늘림 단(34단)에서 5단 위인 39단(표시링 위치에서 5단 내려온 위치)에 머즐의 아래쪽 중심을 올리고 시침핀으로 고정한다.
모양을 따라 수성펜으로 그린다.

5. 수성펜으로 그린 타원이 바느질 선이 된다.

6. 머즐을 얼굴에 붙이는데, 수성펜으로 그린 선을 따라 꿰매 붙인다.

7. 실이 보이지 않도록 바짝 당기면서 꿰맨다.

8. 창구멍을 남기고 겸자로 솜을 조금 넣은 후, 창구멍을 막는다.

얼굴 수놓기

9. 입의 시작 위치는 머즐의 가장 아랫단, 코는 머즐의 가장 윗단에서 한 단 내려온 위치, 눈은 코 늘림단(34단)에서 12단 올라온 단에 수성펜으로 표시한다.(센터에서 각 4코 떨어진 위치)

10. 플라이 스티치(214쪽 참조)로 Y자가 거꾸로 선 모양이 되도록 입을 수놓는다.

11. 코는 도톰하게 수놓고 눈에서 3~4단 올라온 위치에 눈썹을 수놓는다.

머리카락 심기

12. 헤어라인을 수성펜으로 그린 앞모습.

13. 헤어라인을 수성펜으로 그린 뒷모습.

14. 실을 길게 잘라 매듭을 짓는다. 바늘을 원하는 위치로 빼 올린다. 실을 잡아당겨 매듭이 인형 안으로 쏙 들어가도록 한다.

15. 뺀 실을 기준점으로, 반 땀 뒤에 바늘을 넣고 기준점의 한 땀 앞으로 빼낸다.

16. 이때 실을 끝까지 빼내지 말고 1.5cm~1.8cm 정도의 고리를 만든다.

17. 다음 땀을 뜰 때 고리가 당겨지지 않도록 손가락으로 고리를 꾹 누르면서 작업한다.

18. 바늘에 실을 여러 번 감아 매듭짓는다. 매듭진 자리에 바늘을 넣어 다른 곳으로 바늘을 멀리 보내 빼낸다. 실을 잡아당겨 매듭을 인형 속으로 쏙 숨긴다. 실을 바짝 잡아당겨 가위로 자른다.

19. 그려둔 헤어라인에 머리를 다 심으면, 기존의 헤어라인과 3~4mm 간격으로 다시 선을 그려 같은 방법으로 머리카락을 심는다. 머리카락을 다 채울 때까지 반복한다.

꼬리 조립하기

20. 꼬리 옆선을 메리야스 잇기로 꿰맨다.

21. 여러 가닥으로 자른 실을 묶어 술을 만든 후, 꼬리에 겹자로 술의 매듭을 넣는다.

22. 가장자리의 반 코들을 안에서 밖으로(또는 밖에서 안으로, 단 한 방향으로 꿰맬 것) 바느질하여 바짝 잡아당겨 매듭을 짓는다.

23. 인형 뒷면의 아래쪽 중심에 꿰매어 붙인다.

머플러

24. 머플러는 ×자로 교차하여 중심에 실을 여러 번 감아 묶는다.

가판대 테이블 조립하기

25. 각각의 편물에 오려둔 우드락을 넣고 가장자리를 감침질한다.

26. 테이블 앞면과 옆면의 가장자리를 세로로 메리야스 잇기를 한다.

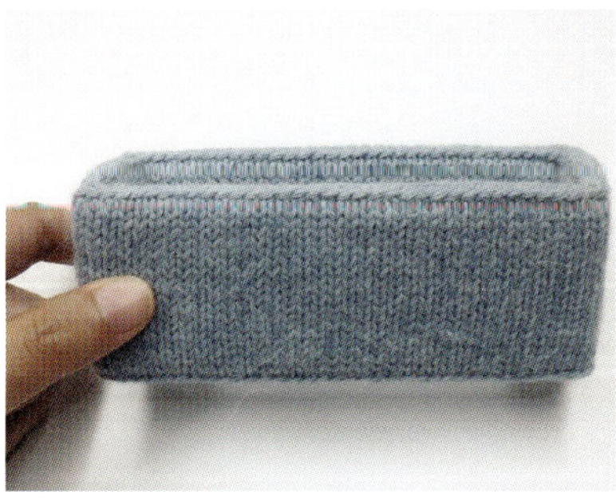

27. 테이블 양쪽 옆면의 가장자리와 뒷면을 세로로 메리야스 잇기한다.

가판대 지붕 조립하기

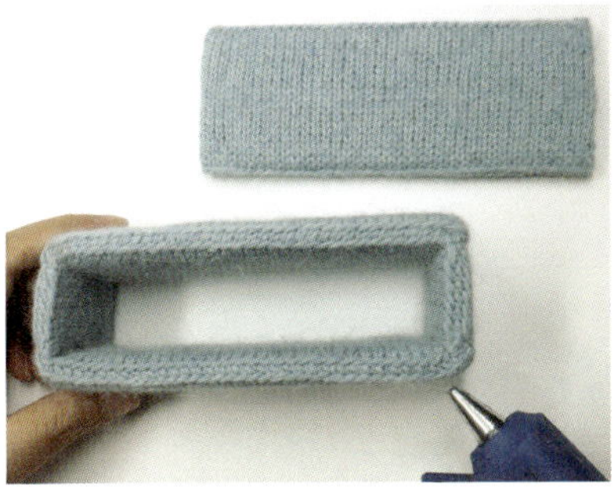

28. 테이블 위쪽 가장자리에 글루건으로 테이블 윗면을 붙인다.

29. 가판대 테이블 완성.

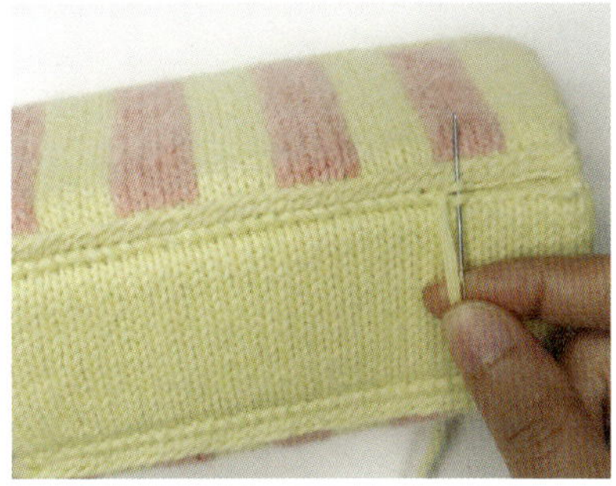

30. (지붕의 겉면) 윗면에 지붕 앞면과 뒷면의 윗변을 각각 감칠질로 붙인다.

31. 지붕의 안쪽은 가로로 메리야스 잇기를 한다. 이때, 지붕의 윗면은 시작 단과 마지막 단을, 지붕의 앞면과 뒷면은 핑크색과 노란색으로 2번째 단을 메리야스 잇기로 잇는다.

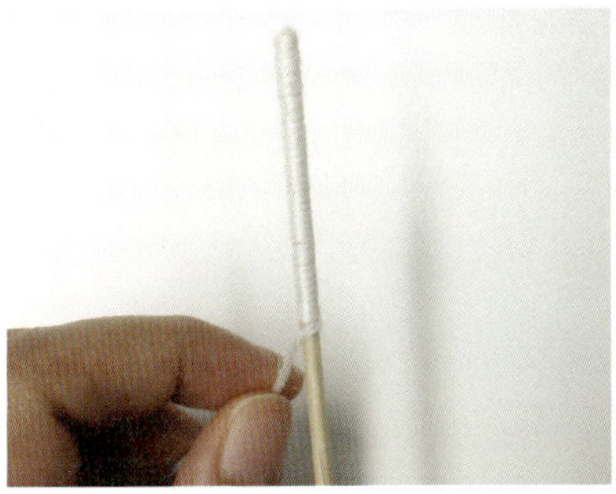

32. 가판대 테이블과 지붕을 연결한다. 지름 2mm의 나무봉에 양면테이프를 붙이고 그 위에 하얀색 가는 실을 감는다.

33. 테이블 윗면에 가장자리에서 1cm 들어온 곳에 직사각형 모양으로 점 4개를 수성펜으로 표시하고, 송곳으로 뚫어 구멍을 만든다.

34. 송곳으로 뚫어 놓은 구멍에 봉을 끼운다.

35. 봉을 글루건을 이용해 테이블에 고정한다.

36. 봉을 글루건을 이용해 지붕 안쪽에 고정하여 붙인다.

11

양 가족

×××××

몽글몽글 털이 앙증맞은 양 가족들은 신선한 풀을 좋아한답니다.
열기구를 타고 신선한 풀을 찾아 여러 초원을 여행하고 있어요.

미리보기

아기 양

아빠 양

엄마 양

준비물

☑ **엄마 양 • 아빠 양, 아기 양**

완성 크기: 엄마 양 · 아빠 양 7cm, 아기 양 5.5cm

실: 미셸 베이비 알파카 인디에시타 DK(Michell Baby Alpaca Indiecita DK) 아이보리색 / 핸드앤핸드 링구사 베이지색, 흰색

바늘: 2.5mm 바늘

게이지: 메리야스뜨기 31코×39단(10×10cm)

링구사 게이지: 메리야스뜨기 23코x35단(10×10cm)

기타: 5mm 단추 눈, 자수실(진갈색), 돗바늘, 솜, 안전핀, 표시링, 기화성펜(또는 수성펜), 패브릭 색연필(또는 패브릭 잉크), 겸자, 시침핀

도구와 기법: 188~216쪽 참조

패턴 도안 보는 방법

- 기법 용어 중에서 코를 늘리고, 만들고, 줄이는 과정에서 '겉뜨기'는 따로 표시하지 않고, '안뜨기'만 표시했습니다.
- 같은 단에서 동일한 뜨기가 반복될 경우 '[ ] ㅇ회'로 표시했어요.
- 배색이 들어가는 부분에서는 글자에 실과 비슷한 색을 넣어 표시했어요.

모눈 도안 보는 방법

- 모눈 도안은 겉으로 보이는 무늬를 기호로 표기하기 때문에, 겉쪽 면에서는 도안의 기호대로, 안쪽 면에서는 기호의 반대대로 떠야 합니다.
- 도안의 양옆에 있는 화살표는 뜨는 방향, 숫자는 단수와 콧수를 의미합니다.
- 표시링으로 체크해야 하는 부분은 패턴 도안을 참조하세요.

패턴 PATTERN × × × × ×

아빠 양

얼굴

• 아이보리색으로 14코를 만든다.

• 7번째 코와 8번째 코 사이를 표시링 또는 다른 색 실로 표시한다.

1단 안뜨기 1단. (8코)

2단 [겉뜨기 1코, 왼코 만들기] 13회, 겉뜨기 1코. (27코)

3~11단 메리야스뜨기 9단. (27코)

• 링구사 실로 바꾼다.

12단 겉뜨기 1단. (27코)

• 링구사로 뜨는 부분은 안쪽 면을 겉면으로 쓴다.

13~14단 겉뜨기 단으로 시작하는 메리야스뜨기 2단. (27코)

15단 겉뜨기 1코, [겉뜨기 4코, 늘리기] 5회, 겉뜨기 1코. (32코)

16~20단 메리야스뜨기 5단. (32코)

21단 겉뜨기 1코, 왼코 줄이기, 겉뜨기 11코, 오른코 줄이기, 왼코 줄이기, 겉뜨기 11코, 오른코 줄이기, 겉뜨기 1코. (28코)

22단 안뜨기 1단. (28코)

23단 겉뜨기 1코, 왼코 줄이기, 겉뜨기 9코, 오른코 줄이기, 왼코 줄이기, 겉뜨기 9코, 오른코 줄이기, 겉뜨기 1코. (24코)

24단 안뜨기 1단. (24코)

25단 [왼코 줄이기] 12회. (12코)

• 돗바늘로 마무리한다.

몸통

• 베이지색 링구사 실로 14코를 만든다.

• 7번째 코와 8번째 코 사이를 표시링 또는 다른 색 실로 표시한다.

• 안쪽 면을 겉면으로 쓴다.

1단 겉뜨기 1코, [늘리기] 12회, 겉뜨기 1코. (26코)

2단 안뜨기 1단. (26코)

3단 겉뜨기 1코, [늘리기, 겉뜨기 1코] 12회, 겉뜨기 1코. (38코)

4~22단 메리야스뜨기 19단. (38코)

23단 겉뜨기 1코, [겉뜨기 1코, 왼코 줄이기, 겉뜨기 1코] 9회, 겉뜨기 1코. (29코)

24단 안뜨기 1단. (29코)

25단 겉뜨기 1코, [겉뜨기 1코, 왼코 줄이기] 9회, 겉뜨기 1코. (20코)

26단 안뜨기 1단. (20코)

• 26단을 뜬 후, 센터(10번째 코와 11번째 코 사이)에 표시링 또는 다른 색 실로 표시한다.

• 겉뜨기로 코막음한다.

귀(2개)

• 아이보리색 실로 8코를 만든다.

1단 안뜨기 1단.

2단 겉뜨기 1코, [겉뜨기 1코, 왼코 만들기] 6회, 겉뜨기 1코. (14코)

3~5단 메리야스뜨기 3단. (14코)

6단 겉뜨기 1코, [왼코 줄이기, 겉뜨기 2코, 오른코 줄이기] 2회, 겉뜨기 1코. (10코)

7단 안뜨기 1단. (10코)

8단 겉뜨기 1코, [왼코 줄이기, 오른코 줄이기] 2회, 겉뜨기 1코. (6코)

• 돗바늘로 마무리한다.

다리(4개)

• 아이보리색 실로 8코를 만든다.

1~3단 안뜨기로 시작하는 메리야스뜨기 3단. (8코)

• 돗바늘로 마무리한다.

※ 엄마 양도 아빠 양과 같은 방법으로 아이보리색 링구사로 뜬다.

아기 양(아이보리색 1마리)

얼굴

• 아이보리색 실로 11코를 만든다.

1단 안뜨기 1단. (11코)

2단 [겉뜨기 1코, 왼코 만들기] 10회, 겉뜨기 1코. (21코)

3~9단 메리야스뜨기 7단. (21코)

• 흰색 링구사 실로 바꾼다.

10단 겉뜨기 1단. (21코)

11~12단 겉뜨기 단으로 시작하는 메리야스뜨기 2단. (21코)

• 링구사로 뜨는 부분은 안쪽 면을 겉면으로 쓴다.

13단 [겉뜨기 2코, 늘리기, 겉뜨기 1코] 5회, 겉뜨기 1코. (26코)

14~16단 메리야스뜨기 3단. (26코)

17단 겉뜨기 1코, 왼코 줄이기, 겉뜨기 8코, 오른코 줄이기, 왼코 줄이기, 겉뜨기 8코, 오른코 줄이기, 겉뜨기 1코. (22코)

18단 안뜨기 1단. (22코)

19단 겉뜨기 1코, 왼코 줄이기, 겉뜨기 6코, 오른코 줄이기, 왼코 줄이기, 겉뜨기 6코, 오른코 줄이기, 겉뜨기 1코. (18코)

20단 안뜨기 1단. (18코)

21단 [왼코 줄이기] 9회. (9코)

• 돗바늘로 마무리한다.

몸통

• 흰색 링구사 실로 12코를 만든다.

• 센터(6번째 코와 7번째 코 사이)에 표시링을 걸어 머리 붙이는 곳을 표시한다.

• 안쪽 면을 겉면으로 쓴다.

1단 겉뜨기 1코, [늘리기] 10회, 겉뜨기 1코. (22코)

2단 안뜨기 1단. (22코)

3단 겉뜨기 1코, [늘리기, 겉뜨기 1코] 10회, 겉뜨기 1코. (32코)

4~18단 메리야스뜨기 15단. (32코)

19단 [겉뜨기 1코, 왼코 줄이기, 겉뜨기 1코] 8회. (24코)

20단 안뜨기 1단. (24코)

21단 [겉뜨기 1코, 왼코 줄이기] 8회. (16코)

22단 안뜨기 1단. (16코)

• 겉뜨기로 코막음한다.

귀(2개)

• 아이보리색 실로 8코를 만든다.

1~3단 안뜨기로 시작하는 메리야스뜨기 3단. (8코)

• 돗바늘로 마무리한다.

다리(4개)

• 아이보리색 실로 8코를 만든다.

1~3단 안뜨기로 시작하는 메리야스뜨기 3단. (8코)

• 돗바늘로 마무리한다.

모눈 도안 × × × × ×

아빠 양 얼굴

돗바늘로 마무리한다.

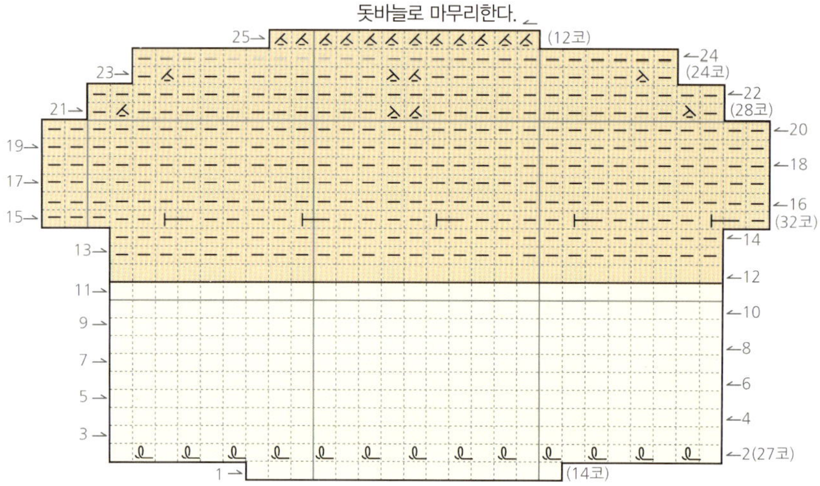

14코 만들어 안뜨기로 시작한다.

- | = □ 겉뜨기(K)
- — 안뜨기(P)
- —|— 겉뜨기로 늘리기(kfb)
- |— 안뜨기로 늘리기(pfb)
- 겉뜨기로 왼코 만들기(M1L)
- 겉뜨기로 오른코 만들기(M1R)
- 겉뜨기로 왼코 줄이기(k2tog)
- 안뜨기로 왼코 줄이기(p2tog)
- 겉뜨기로 오른코 줄이기(skpo)
- 안뜨기로 오른코 줄이기(ssp)

아빠 양 몸통

겉뜨기로 코막음한다.

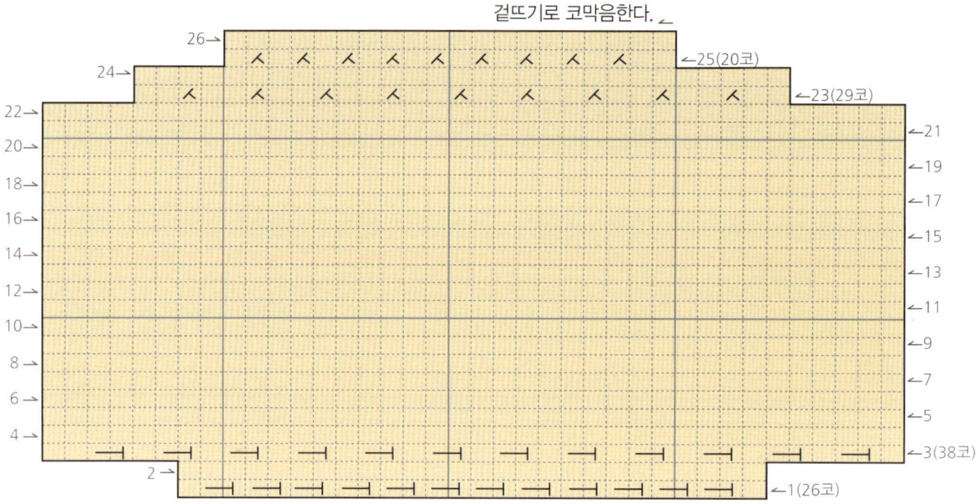

14코 만들어 겉뜨기로 시작한다.

아빠 양 귀(2개)

돗바늘로 마무리한다.

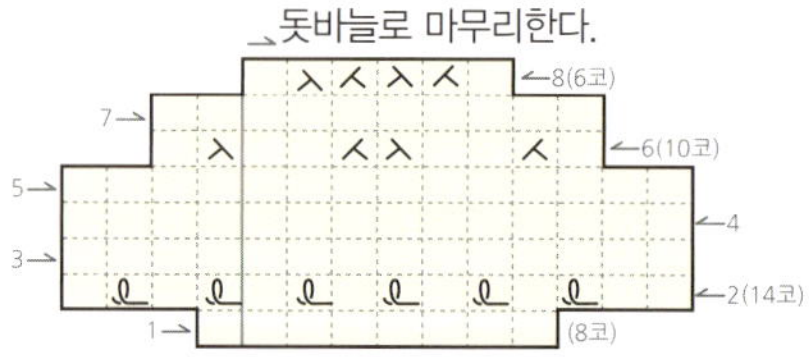

8코 만들어 안뜨기로 시작한다.

아빠 양 다리(4개)

돗바늘로 마무리한다.

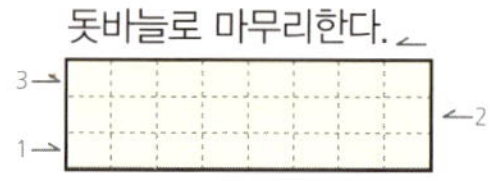

8코 만들어 안뜨기로 시작한다.

아기 양 얼굴

돗바늘로 마무리한다.

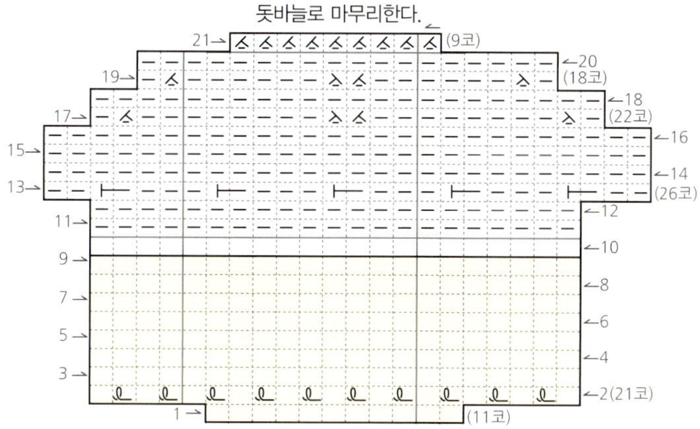

11코 만들어 안뜨기로 시작한다.

아기 양 몸통

겉뜨기로 코막음한다.

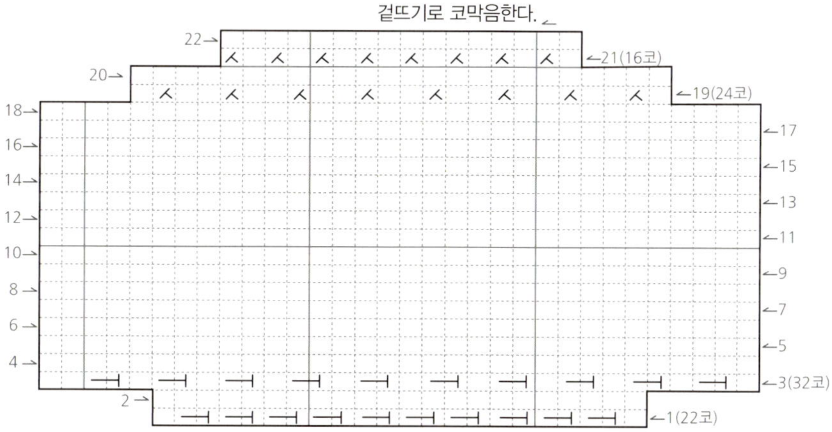

12코 만들어 겉뜨기로 시작한다.

아기 양 귀(2개)

돗바늘로 마무리한다.

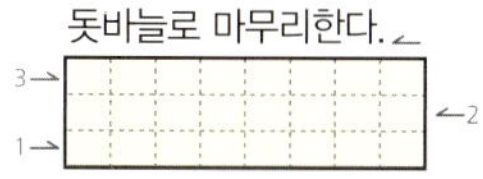

8코 만들어 안뜨기로 시작한다.

아기 양 다리(4개)

돗바늘로 마무리한다.

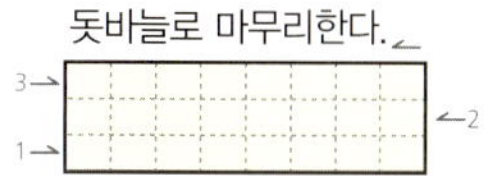

8코 만들어 안뜨기로 시작한다.

얼굴 조립하기

1. 링구사로 뜬 부분은 겉면에서 감침질한다.

2. 아이보리색으로 뜬 부분은 시작단까지 메리야스 잇기로 잇는다.

3. 겸자로 얼굴에 솜을 넣은 후, 시작단을 메리야스 잇기로 잇는다.

얼굴 수놓기

4. 먼저 얼굴 표정을 수성펜으로 그린다.

5. 링구사로 바뀌는 단에서 2단 내려온 위치에 코, 인중은 얼굴 아래까지 길게 플라이 스티치(214쪽 참조)로 수놓는다. 아래 꼭짓점 중 한 점으로 바늘을 빼 올린다.

6. 다른 한 점으로 바늘을 넣은 후, 아래 꼭짓점으로 바늘을 뺀다.

7. 나온 실이 고리의 위로 오도록 하여 잡아당긴다. 긴 인중이 되도록 얼굴 아랫부분에 바늘을 넣고, 눈 위치로 바늘을 빼낸다.

8. 코에서 1코 반씩 떨어진 위치에 스트레이트 스티치로 양쪽 눈을 수놓는다.
그리고 패브릭 잉크나 패브릭 색연필 등을 활용하여 볼에 색칠한다.(212쪽 참조)

9. 아기 양은 단추 눈(5mm)를 단다.

귀 조립하기

10. 돗바늘로 마무리한 곳부터 메리야스 잇기를 한다.

11. 얼굴의 양옆에 귀를 바느질하여 붙인다.

몸통 바느질하기

12. 안뜨기 면이 겉으로 오게 하여 옆선을 감침질로 꿰맨다.

13. 솜을 채운 후, 시작단과 코막음 단은 감침질하여 막는다.

14. 얼굴과 몸통에 달아 놓은 표시링 위치에 같은 크기의 원으로 바느질 선을 그린다. 얼굴은 몸통에 사선으로 비스듬히 붙인다.

15. 얼굴과 몸의 바느질 선이 맞닿게 하여 꿰매 붙인다.

16. 꼼꼼하게 꿰매 붙인다. 꿰매는 실이 보이지 않도록 바짝 당기면서 바느질한다.

다리 조립하기

17. 돗바늘 마무리한 곳부터 메리야스 잇기를 한다.

18. 다리를 붙일 위치를 표시하고 그 위에 다리를 붙인다. 무게 중심이 머리에 있으므로 다리에 와이어나 가느다란 나무봉을 넣어서 설 수 있도록 한다.

12

오리 뽀야

× × × × ×

오리 뽀야는 꼬꼬마 아기 오리예요.
아직 수영을 못하는 뽀야는 튜브를 타고 호수 위를 둥둥 떠다니지요.
하지만 머지않아 숲속 최고의 수영 선수가 될 거예요.

미리보기

준비물

완성 크기: 10cm

☑ 오리

실: 필다르 슈퍼 베이비와 필 라이트(Phildar Super Baby&Phil Light) 합사 연노란색 / 미셸 베이비 알파카 인디에시타 DK(Michell Baby Alpaca Indiecita DK) 옐로우 브라운색 / 빈센트 3p(Vincent 3p) 진노란색 2겹

바늘: 2.5mm 대바늘

게이지: 메리야스뜨기 32.5코×42단(10×10cm)

☑ 튜브

실: 필라투라 디 크로사 뉴 스포트울(Filatura Di Crosa New Sportwool) 아이보리색, 하늘색

바늘: 2.5mm 대바늘

기타: 돗바늘, 자수실(블루 그레이색), 솜, 안전핀, 표시링, 기화성펜(또는 수성펜), 패브릭 색연필(또는 패브릭 잉크), 시침핀, 겸자

도구와 기법: 188~216쪽 참조

패턴 도안 보는 방법

- 기법 용어 중에서 코를 늘리고, 만들고, 줄이는 과정에서 '겉뜨기'는 따로 표시하지 않고, '안뜨기'만 표시했습니다.
- 같은 단에서 동일한 뜨기가 반복될 경우 '[ ] ㅇ회'로 표시했어요.
- 배색이 들어가는 부분에서는 글자에 실과 비슷한 색을 넣어 표시했어요.

모눈 도안 보는 방법

- 모눈 도안은 겉으로 보이는 무늬를 기호로 표기하기 때문에, 겉쪽 면에서는 도안의 기호대로, 안쪽 면에서는 기호의 반대대로 떠야 합니다.
- 도안의 양옆에 있는 화살표는 뜨는 방향, 숫자는 단수와 콧수를 의미합니다.
- 표시링으로 체크해야 하는 부분은 패턴 도안을 참조하세요.

패턴 PATTERN × × × × ×

몸통

• 연노란색 실로 18코를 만든다.

1단 안뜨기 1단. (18코)

2단 겉뜨기 1코, [늘리기] 16회, 겉뜨기 1코. (34코)

3~5단 메리야스뜨기 3단. (34코)

6단 겉뜨기 1코, [겉뜨기 1코, 늘리기] 16회, 겉뜨기 1코. (50코)

7~13단 메리야스뜨기 7단. (50코)

14단 코막음 4코, 겉뜨기 42코, 코막음 4코. (42코)

15단 새로 실을 연결하여 안뜨기 1단. (42코)

16단 겉뜨기 1코, 왼코 줄이기, 겉뜨기 36코, 오른코 줄이기, 겉뜨기 1코. (40코)

17단 안뜨기 1단. (40코)

18단 겉뜨기 1코, 왼코 줄이기, 겉뜨기 34코, 오른코 줄이기, 겉뜨기 1코. (38코)

19단 안뜨기 1단. (38코)

20단 겉뜨기 1코, 왼코 줄이기, 겉뜨기 32코, 오른코 줄이기, 겉뜨기 1코. (36코)

21단 안뜨기 1단. (36코)

22단 겉뜨기 1코, [겉뜨기 1코, 왼코 줄이기, 겉뜨기 2코] 7회. (29코)

23단 안뜨기 1단. (29코)

얼굴

24단 겉뜨기 1코, [늘리기] 27회, 겉뜨기 1코. (56코)

25~29단 메리야스뜨기 5단. (56코)

• 29단을 뜨고 나서 센터(28코와 29코 사이)에 표시링을 건다.

30~39단 메리야스뜨기 10단. (56코)

40단 겉뜨기 12코, 오른코 줄이기, 왼코 줄이기, 겉뜨기 24코, 오른코 줄이기, 왼코 줄이기, 겉뜨기 12코. (52코)

41단 안뜨기 1단. (52코)

42단 겉뜨기 1코, [겉뜨기 3코, 왼코 줄이기] 10회, 겉뜨기 1코. (42코)

43단 안뜨기 1단. (42코)

44단 겉뜨기 1코, [겉뜨기 2코, 왼코 줄이기] 10회, 겉뜨기 1코. (32코)

45단 안뜨기 1단. (32코)

46단 겉뜨기 1코, [겉뜨기 1코, 왼코 줄이기] 10회, 겉뜨기 1코. (22코)

47단 안뜨기 1단. (22코)

48단 겉뜨기 1코, [왼코 줄이기] 10회, 겉뜨기 1코. (12코)

• 돗바늘로 마무리한다.

날개(2개)

• 연노란색 실로 10코를 만든다.

1단 안뜨기 1단. (10코)

2단 겉뜨기 1코, [왼코 만들기, 겉뜨기 1코] 8회, 겉뜨기 1코. (18코)

3단 안뜨기 1단. (18코)

4단 겉뜨기 1코, 왼코 줄이기, 겉뜨기 12코, 오른코 줄이기, 겉뜨기 1코. (16코)

5~7단 메리야스뜨기 3단. (16코)

8단 겉뜨기 1코, 왼코 줄이기, 겉뜨기 3코, 왼코 줄이기, 오른코 줄이기, 겉뜨기 3코, 오른코 줄이기, 겉뜨기 1코. (12코)

9단 안뜨기 1단. (12코)

10단 겉뜨기 1코, 왼코 줄이기, 겉뜨기 6코, 오른코 줄이기, 겉뜨기 1코. (10코)

• 안뜨기로 코막음한다.

부리

• 진노란색 실로 14코를 만든다.

1~2단 겉뜨기로 시작하는 메리야스뜨기 2단. (14코)

3단 겉뜨기 1코, [왼코 줄이기, 겉뜨기 2코, 오른코 줄이기] 2회, 겉뜨기 1코. (10코)

• 안뜨기로 코막음한다.

발(2개)

• 옐로우 브라운색 실로 11코를 만든다.

1단 안뜨기 1단. (11코)

2단 겉뜨기 1코, [겉뜨기 1코, 늘리기, 겉뜨기 1코] 3회, 겉뜨기 1코. (14코)

3~5단 메리야스뜨기 3단. (14코)

6단 겉뜨기 1코, [왼코 줄이기, 겉뜨기 2코, 오른코 줄이기] 2회, 겉뜨기 1코. (10코)

7단 안뜨기 1단. (10코)

8단: 겉뜨기 1코, [왼코 줄이기, 오른코 줄이기] 2회, 겉뜨기 1코. (6코)

• 돗바늘로 마무리한다.

튜브

• 흰색 실로 50코를 만든다.

• 흰색 실과 하늘색 실로 배색하며 뜬다.

• 하얀색 실은 (흰), 하늘색 실은 (하)로 표현한다.

1단 (흰)겉뜨기 9코, (하)겉뜨기 8코, (흰)겉뜨기 8코, (하)겉뜨기 8코, (흰)겉뜨기 8코, (하)겉뜨기 9코. (50코)

2단 (흰)안뜨기 9코, (하)안뜨기 8코, (흰)안뜨기 8코, (하)안뜨기 8코, (흰)안뜨기 8코, (하)안뜨기 9코. (50코)

3단 (흰)겉뜨기 1코, (흰)[늘리기, 겉뜨기 1코] 4회, (하)[늘리기, 겉뜨기 1코] 4회, (흰)[늘리기, 겉뜨기 1코] 4회, (하)[늘리기, 겉뜨기 1코] 4회, (흰)[늘리기, 겉뜨기 1코] 4회, (하)[늘리기, 겉뜨기 1코] 4회, (하)겉뜨기 1코. (74코)

4단 (흰)안뜨기 13코, (하)안뜨기 12코, (흰)안뜨기 12코, (하)안뜨기 12코, (흰)안뜨기 12코, (하)안뜨기 13코. (74코)

5단 (흰)겉뜨기 1코, (흰)[겉뜨기 1코, 늘리기, 겉뜨기 1코] 4회, (하)[겉뜨기 1코, 늘리기, 겉뜨기 1코] 4회, (흰)[겉뜨기 1코, 늘리기, 겉뜨기 1코] 4회, (하)[겉뜨기 1코, 늘리기, 겉뜨기 1코] 4회, (흰)[겉뜨기 1코, 늘리기, 겉뜨기 1코] 4회, (하)[겉뜨기 1코, 늘리기, 겉뜨기 1코] 4회, (하)겉뜨기 1코. (98코)

6단 (흰)안뜨기 17코, (하)안뜨기 16코, (흰)안뜨기 16코, (하)안뜨기 16코, (흰)안뜨기 16코, (하)안뜨기 17코. (98)

7단 (흰)겉뜨기 17코, (하)겉뜨기 16코, (흰)겉뜨기 16코, (하)겉뜨기 16코, (흰)겉뜨기 16코, (하)겉뜨기 17코. (98)

8단 (흰)안뜨기 17코, (하)안뜨기 16코, (흰)안뜨기 16코, (하)안뜨기 16코, (흰)안뜨기 16코, (하)안뜨기 17코. (98코)

9단 (흰)겉뜨기 17코, (하)겉뜨기 16코, (흰)겉뜨기 16코, (하)겉뜨기 16코, (흰)겉뜨기 16코, (하)겉뜨기 17코. (98코)

10단 (흰)안뜨기 17코, (하)안뜨기 16코, (흰)안뜨기 16코, (하)안뜨기 16코, (흰)안뜨기 16코, (하)안뜨기 17코. (98코)

11단 (흰)겉뜨기 17코, (하)겉뜨기 16코, (흰)겉뜨기 16코, (하)겉뜨기 16코, (흰)겉뜨기 16코, (하)겉뜨기 17코. (98코)

12단 (흰)안뜨기 17코, (하)안뜨기 16코, (흰)안뜨기 16코, (하)안뜨기 16코, (흰)안뜨기 16코, (하)안뜨기 17코. (98코)

13단 (흰)겉뜨기 1코, (흰)[겉뜨기 1코, 왼코 줄이기, 겉뜨기 1코] 4회, (하)[겉뜨기 1코, 왼코 줄이기, 겉뜨기 1코] 4회, (흰)[겉뜨기 1코, 왼코 줄이기, 겉뜨기 1코] 4회, (하)[겉뜨기 1코, 왼코 줄이기, 겉뜨기 1코] 4회, (흰)[겉뜨기 1코, 왼코 줄이기, 겉뜨기 1코] 4회, (하)[겉뜨기 1코, 왼코 줄이기, 겉뜨기 1코] 4회, (하)겉뜨기 1코. (74코)

14단 (흰)안뜨기 13코, (하)안뜨기 12코, (흰)안뜨기 12코, (하)안뜨기 12코, (흰)안뜨기 12코, (하)안뜨기 13코. (74코)

15단 (흰)겉뜨기 1코, (흰)[겉뜨기 1코, 왼코 줄이기] 4회, (하)[겉뜨기 1코, 왼코 줄이기] 4회, (흰)[겉뜨기 1코, 왼코 줄이기] 4회, (하)[겉뜨기 1코, 왼코 줄이기] 4회, (흰)[겉뜨기 1코, 왼코 줄이기] 4회, (하)[겉뜨기 1코, 왼코 줄이기] 4회, (하)겉뜨기 1코. (50코)

16단 (흰)안뜨기 9코, (하)안뜨기 8코, (흰)안뜨기 8코, (하)안뜨기 8코, (흰)안뜨기 8코, (하)안뜨기 9코. (50코)

• 흰색실로 겉뜨기로 코막음한다.

모눈 도안 × × × × ×

몸통&얼굴

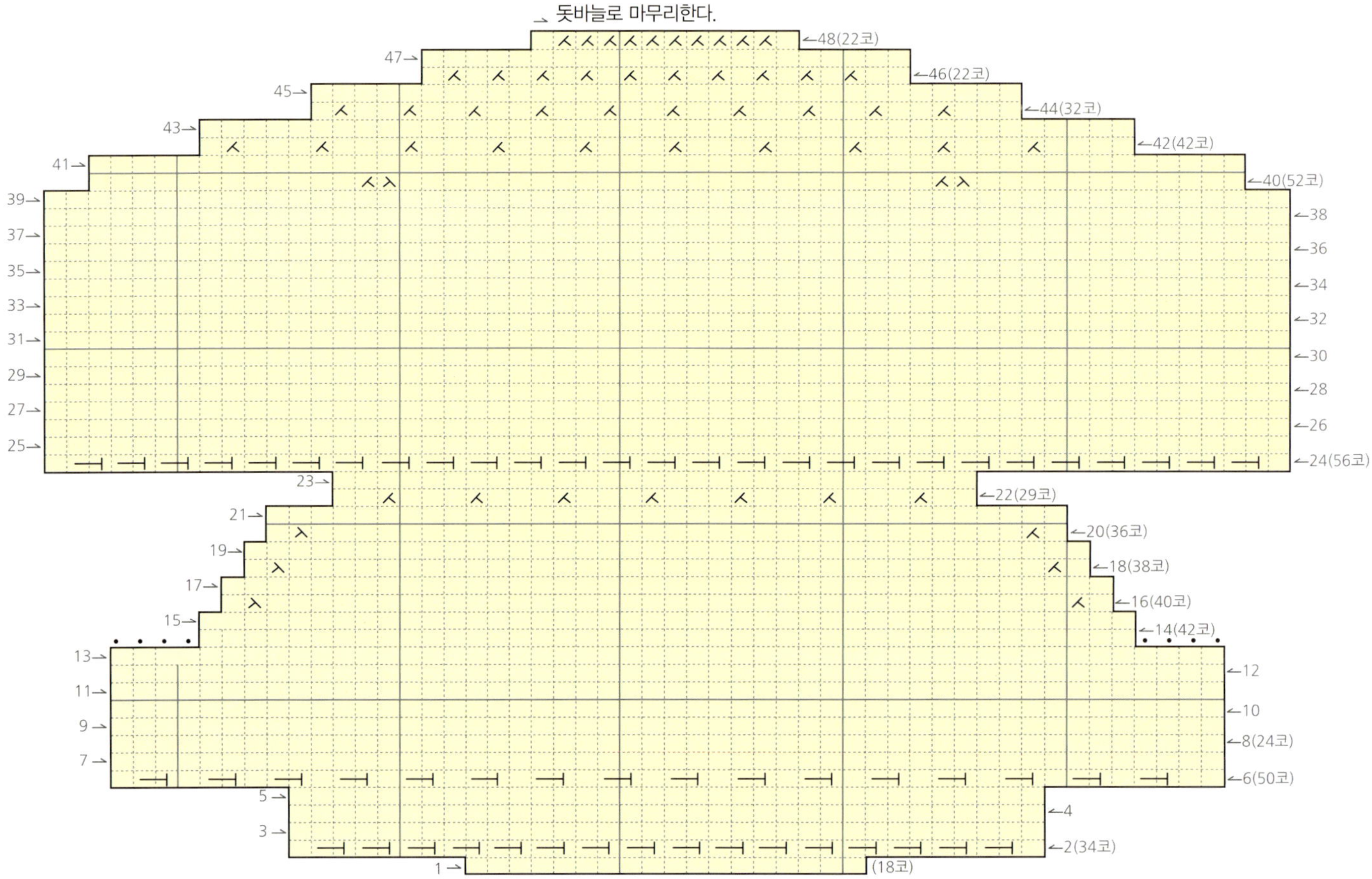

18코 만들어 안뜨기로 시작한다.

*14단에서 코막음한 후, 실을 새로 연결해서 15단을 뜬다.

| = □ 겉뜨기(K)

— 안뜨기(P)

겉뜨기로 늘리기(kfb)

안뜨기로 늘리기(pfb)

겉뜨기로 왼코 만들기(M1L)

겉뜨기로 오른코 만들기(M1R)

겉뜨기로 왼코 줄이기(k2tog)

겉뜨기로 오른코 줄이기(skpo)

날개(2개)

안뜨기로 코막음한다.

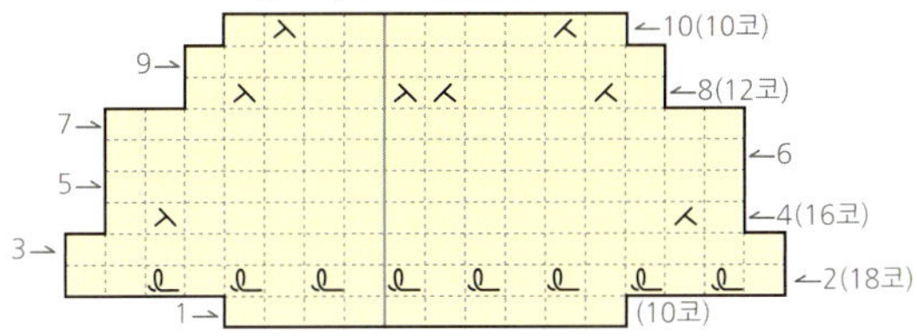

10코 만들어 안뜨기로 시작한다.

부리

안뜨기로 코막음한다.

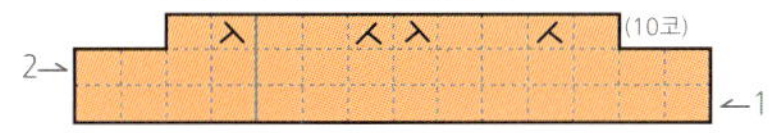

14코 만들어 겉뜨기로 시작한다.

발(2개)

돗바늘로 마무리한다.

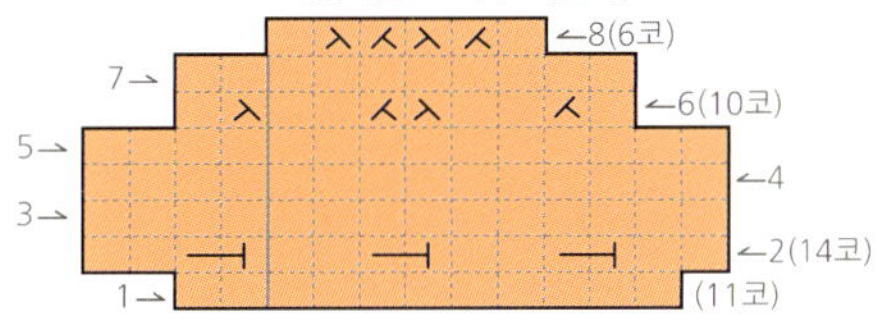

11코 만들어 안뜨기로 시작한다.

튜브

겉뜨기로 코막음한다.

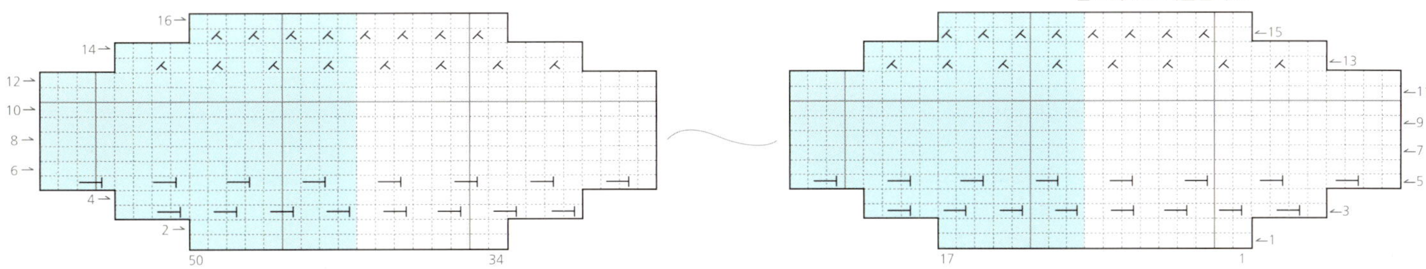

50코 만들어 겉뜨기로 시작한다.

몸통 바느질하기

1. 돗바늘로 마무리한 곳부터 메리야스 잇기를 한다.

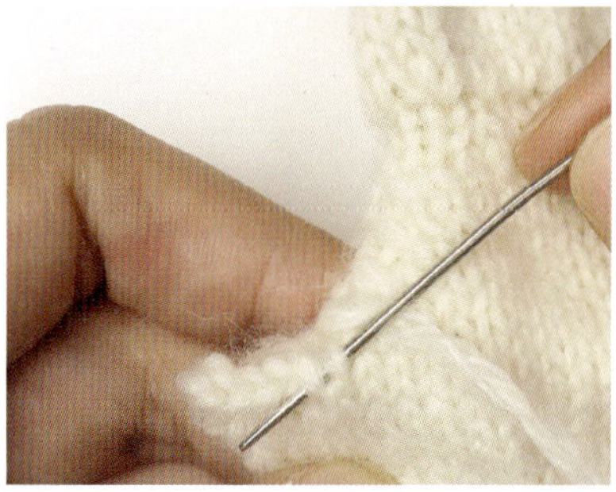

2. 14단의 코막음 부분에서는 가로로 메리야스 잇기를 한다.

3. 얼굴과 몸에 겸자로 솜을 넣고, 돗바늘로 시작단의 반 코들을 감침질한다.

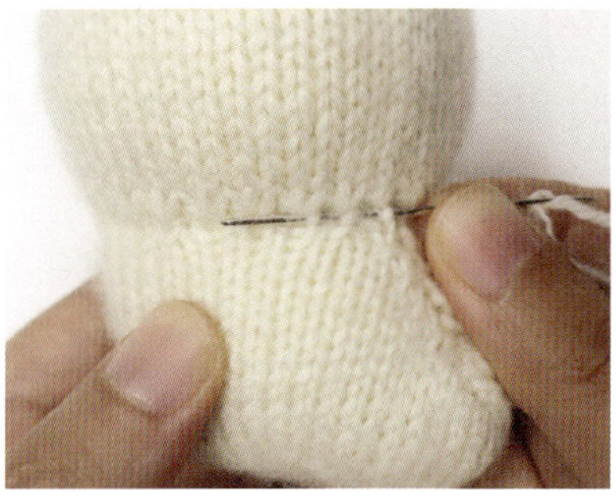

4. 얼굴이 시작되는 코늘림 단(24단)의 전 단(23단)을 반 코씩 홈질하여 최대한 잡아당겨 묶는다.

날개 조립하기

5. 날개를 메리야스 잇기로 연결한다.

6. 40단의 코 줄임 부분에서 수직으로 내려온 위치, 목과 얼굴을 분리한 선에서 한 단 내려온 위치에 날개를 시침핀으로 고정한다.

7. 날개를 몸통에 꿰매 붙인다. 이때, 실이 보이지 않도록 바짝 당기면서 한다.

부리 조립하기

8. 부리를 메리야스 잇기로 연결한다.

9. 얼굴이 시작되는 코늘림 단(24단)에서부터 5단 째(표시링 단 곳)에 부리의 아랫부분을 올려놓고 시침핀으로 고정한다.

발 조립하기

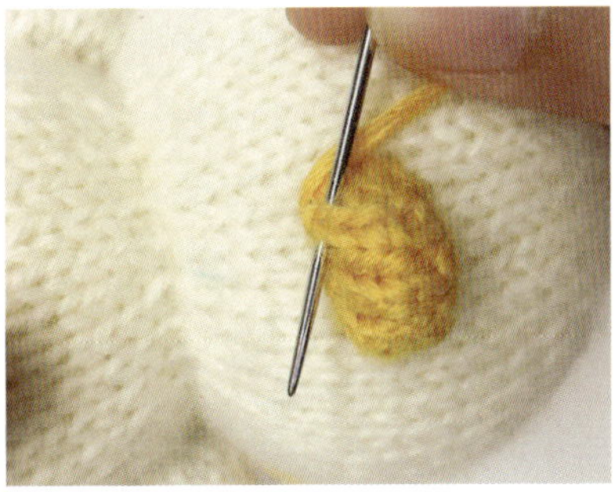

10. 부리 가장 아랫단 코를 한 코씩 차례대로 메리야스 잇기로 얼굴 쪽은 부리 위치에 맞춰서 붙인다. 이때, 실이 보이지 않도록 바짝 당기면서 한다.

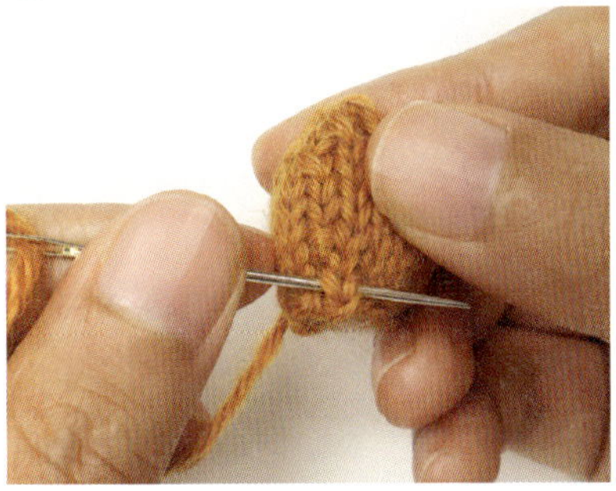

11. 돗바늘 마무리한 곳부터 시작단까지 메리야스 잇기한다. 발 앞부분을 이을 때는 바느질하면서 새로운 한 단을 만드는 것이므로 너무 잡아당기지 않도록 주의한다.

12. 2단의 코늘림 단에 발을 사선으로 올려놓고 시침핀으로 고정하고 꿰매 붙인다. 발과 발 사이는 5코 간격.

눈 수놓기

13. 부리의 양끝에서 한 코 반 떨어진 위치 2코에 걸쳐서 눈을 수놓는다.
아래 꼭짓점 중 한 점으로 바늘을 빼낸다.

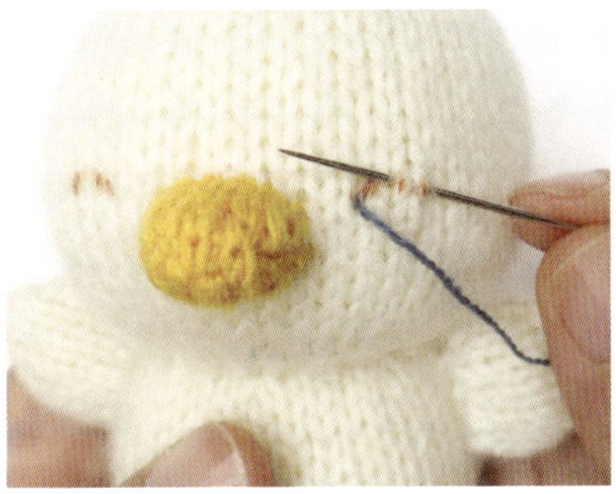

14. 다른 한 점으로 바늘을 넣어 위에 꼭짓점으로 바늘을 뺀다.

15. 실이 고리의 위로 오도록 하고 바늘이 나왔던 자리로 다시 넣는다.
매듭지은 후 실을 정리한다. 반대쪽 눈도 같은 방법으로 수놓는다.

머리카락 만들기

16. 여러 가닥으로 자른 실을 묶어 술을 만든다. 바늘에 꿰어 돗바늘 마무리했던 자리로 빼낸다.

17. 적당한 길이로 자른 후, 바늘 끝을 이용해 실의 올을 푼다.

18. 패브릭 색연필 또는 패브릭 잉크 등을 활용하여 볼에 색칠한다.

13·14·15

달팽이·버섯·벌

×××××

아주 작은 동물 친구들이에요.
예쁜 버섯 근처로 몰려드는 건 어쩔 수 없겠죠?

준비물

☑ 달팽이
완성 크기: 6.5cm
실: 로완 알파카 클래식(Rowan Alpaca Classic) 아이보리색 2겹, 차콜색 2겹
바늘: 2.5mm 대바늘
게이지: 메리야스뜨기 31코×39단(10×10cm)

☑ 큰 버섯
완성 크기: 10cm
실: 리네아 앙고라 80(Linea Angora 80) 빨간색 / 로완 알파카 클래식(Rowan Alpaca Classic) 아이보리색 2겹 / 합사 금색
바늘: 2.75mm 대바늘
게이지: 메리야스뜨기 30코×40단(10×10cm)

☑ 작은 버섯
완성 크기: 8cm
실: 리네아 앙고라 80(Linea Angora 80) 빨간색 / 로완 알파카 클래식(Rowan Alpaca Classic) 아이보리색 2겹
바늘: 2.5mm 대바늘
게이지: 메리야스뜨기 31코×39단(10×10cm)

☑ 벌
완성 크기: 5cm
실: 빈센트 3p(Vincent 3p) 노란색, 하얀색, 흑갈색 2겹씩 / 합사(금색)
바늘: 2.5mm 대바늘
게이지: 메리야스뜨기 33코×43단(10×10cm)

기타: 5mm 단추 눈, 돗바늘, 솜, 안전핀, 표시링, 기화성펜(또는 수성펜), 패브릭 색연필(또는 패브릭 잉크), 자수실(검은색, 흰색, 금색), 딱딱한 심지

도구와 기법: 188~216쪽 참조

패턴 도안 보는 방법

- 기법 용어 중에서 코를 늘리고, 만들고, 줄이는 과정에서 '겉뜨기'는 따로 표시하지 않고, '안뜨기'만 표시했습니다.
- 같은 단에서 동일한 뜨기가 반복될 경우 '[ ] ㅇ회'로 표시했어요.
- 배색이 들어가는 부분에서는 글자에 실과 비슷한 색을 넣어 표시했어요.

모눈 도안 보는 방법

- 모눈 도안은 겉으로 보이는 무늬를 기호로 표기하기 때문에, 겉쪽 면에서는 도안의 기호대로, 안쪽 면에서는 기호의 반대대로 떠야 합니다.
- 도안의 양옆에 있는 화살표는 뜨는 방향, 숫자는 단수와 콧수를 의미합니다.
- 표시링으로 체크해야 하는 부분은 패턴 도안을 참조하세요.

달팽이

몸통

• 아이보리색 실로 16코를 만든다.

1단 안뜨기 1단. (16코)

2단 겉뜨기 1코, [늘리기] 14회, 겉뜨기 1코. (30코)

3단 안뜨기 1단. (30코)

4단 겉뜨기 1코, 왼코 줄이기, 겉뜨기 24코, 오른코 줄이기, 겉뜨기 1코. (28코).

5단 안뜨기 1코, 안뜨기로 오른코 줄이기, 안뜨기 22코, 안뜨기로 왼코 줄이기, 안뜨기 1코. (26코)

6단 겉뜨기 1코, 왼코 줄이기, 겉뜨기 20코, 오른코 줄이기, 겉뜨기 1코. (24코).

7단 안뜨기 1코, 안뜨기로 오른코 줄이기, 안뜨기 18코, 안뜨기로 왼코 줄이기, 안뜨기 1코. (22코)

8단 겉뜨기 1코, 왼코 줄이기, 겉뜨기 16코, 오른코 줄이기, 겉뜨기 1코. (20코).

9단 안뜨기 1코, 안뜨기로 오른쪽 줄이기, 안뜨기 14코, 안뜨기로 왼코 줄이기, 안뜨기 1코. (18코)

10단 겉뜨기 1코, 왼코 줄이기, 겉뜨기 12코, 오른코 줄이기, 겉뜨기 1코. (16코).

11단 안뜨기 1코, 안뜨기로 오른코 줄이기, 안뜨기 10코, 안뜨기로 왼코 줄이기, 안뜨기 1코. (14코)

12단 겉뜨기 1코, 왼코 줄이기, 겉뜨기 8코, 오른코 줄이기, 겉뜨기 1코. (12코).

13~17단:메리야스뜨기 5단. (12코)

얼굴

18단 겉뜨기 1코, [늘리기] 10회, 겉뜨기 1코. (22코)

19~25단 메리야스뜨기 7단. (22코)

26단 겉뜨기 1코, [겉뜨기3코, 왼코 줄이기] 4회, 겉뜨기 1코. (18코)

27단 안뜨기 1단. (18코)

28단 겉뜨기 1코, [왼코 줄이기] 8회, 겉뜨기 1회. (10코)

• 돗바늘로 마무리한다.

더듬이(2개)

• 5코를 만든다.

1단 안뜨기 1단. (5코)

• 돗바늘로 마무리한다.

껍데기

• 차콜색 실로 10코를 만든다.

• 아이보리색 실과 차콜색 실로 배색하며 뜬다.

• 아이보리색 실은 (아), 차콜색 실은 (차)로 표현한다.

• 안뜨기 면을 겉면으로 사용한다.

1단 (차)안뜨기 1단. (10코)

2단 (아)겉뜨기 1코, [왼코 만들기, 겉뜨기 1코] 9회. (19코)

3단 (아)안뜨기 1단. (19코)

4~5단 (차)메리야스뜨기 2단. (19코)

6단 (아)겉뜨기 1코, [왼코 만들기, 겉뜨기 2코] 9회. (28코)

7단 (아)안뜨기 1단. (28코)

8~11단 (차)메리야스뜨기 4단. (28코)

12단 (아)겉뜨기 1코, [왼코 줄이기, 겉뜨기 1코] 9회. (19코)

13단 (아)안뜨기 1단. (19코)

14~15단 (차)메리야스뜨기 2단. (19코)

16단 (아)겉뜨기 1코, [왼코 줄이기] 9회. (10코)

17단 (아)안뜨기 1단. (10코)

• 돗바늘로 마무리한다.

모눈 도안 × × × × ×

몸통&얼굴

→ 돗바늘로 마무리한다.

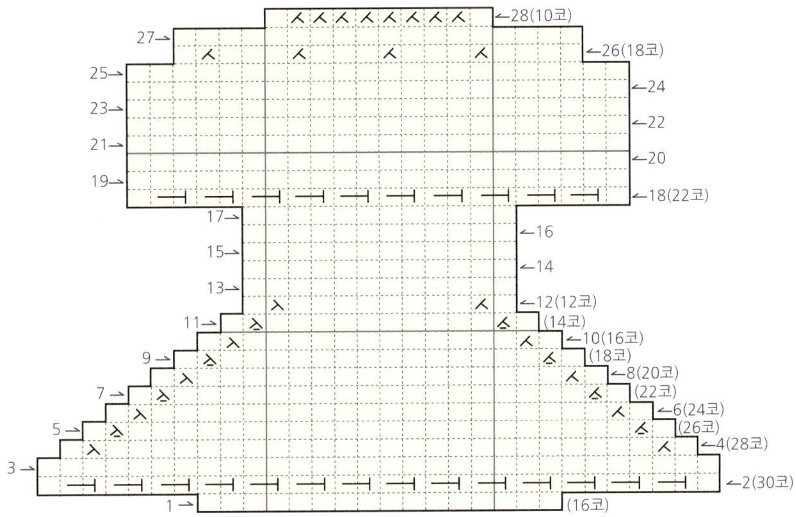

16코 만들어 안뜨기로 시작한다.

더듬이

돗바늘로 마무리한다. ←

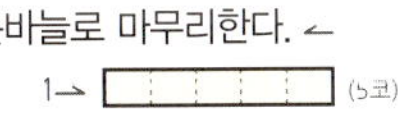

5코 만들어 안뜨기 1단을 뜬다.

- | = □ 겉뜨기(K)
- — 안뜨기(P)
- 겉뜨기로 늘리기(kfb)
- 안뜨기로 늘리기(pfb)
- 겉뜨기로 왼코 만들기(M1L)
- 겉뜨기로 오른코 만들기(M1R)
- 겉뜨기로 왼코 줄이기(k2tog)
- 안뜨기로 왼코 줄이기(p2tog)
- 겉뜨기로 오른코 줄이기(skpo)
- 안뜨기로 오른코 줄이기(ssp)

껍데기

돗바늘로 마무리한다. ←

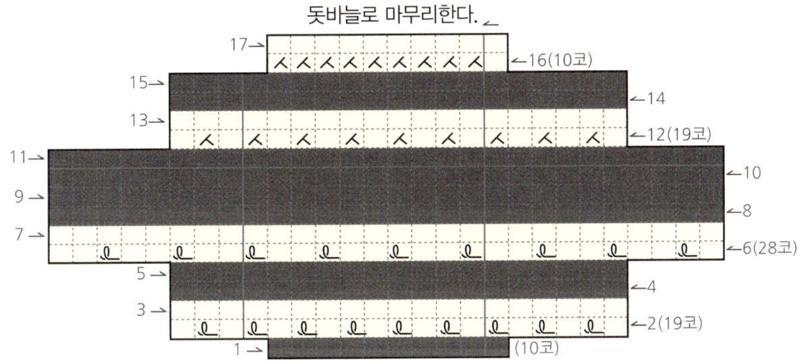

10코 만들어 안뜨기로 시작한다.

1. 달팽이 머리 부분의 돗바늘 마무리한 곳부터 시작단까지 메리야스 잇기를 한다.

2. 겸자를 이용하여 솜을 넣은 후, 시작단의 반 코들을 감침질한다.

3. 얼굴이 시작되는 코늘림 단(18단)의 전 단을 반 코씩 홈질하여 최대한 잡아당겨 묶는다.

4. 껍데기를 꿰맨 후, 겸자로 솜을 넣는다.
※ 안뜨기 면을 겉감 면으로 사용한다.

5. 껍데기를 달팽이의 목에서부터 꼬리에 걸쳐서 꿰매 붙인다.

6. 더듬이의 돗바늘 마무리한 곳부터 시작단까지 메리야스 잇기를 한다.

7. 돗바늘 마무리한 단에서 한 단 내려온 곳에 귀를 붙인다.

8. 코 늘려준 단(18단)에서 5단 올라온 단, 센터에서 각 3코씩 떨어진 위치에 눈을 단다. 눈과 눈 사이는 6코.

9. 패브릭 색연필 또는 패브릭 잉크 등을 활용하여 볼에 색칠한다.

패턴 PATTERN × × × × ×

큰 버섯

• 2.75mm 대바늘과 아이보리색 실로 12코를 만든다.

1단 겉뜨기 1코, [늘리기] 10회, 겉뜨기 1코. (22코)

2단 안뜨기 1단. (22코)

3단 겉뜨기 1코, [겉뜨기 1코, 늘리기] 10회, 겉뜨기 1코. (32코)

4단 안뜨기 1단. (32코)

5단 [겉뜨기 2코, 늘리기] 10회, 겉뜨기 2코. (42코)

6~14단 메리야스뜨기 9단. (42코)

15단 [겉뜨기 2코, 왼코 줄이기, 겉뜨기 2코] 7회. (35코)

16~22단 메리야스뜨기 7단. (35코)

23단 [겉뜨기 1코, 왼코 줄이기, 겉뜨기 2코] 7회. (28코)

24~26단 메리야스뜨기 3단. (28코)

27단 [겉뜨기 1코, 왼코 줄이기, 겉뜨기 1코] 7회. (21코)

28~30단 메리야스뜨기 3단. (21코)

31단 겉뜨기 1코, [늘리기] 19회, 겉뜨기 1코. (40코)

32단 안뜨기 1단. (40코)

33단 겉뜨기 1코, [겉뜨기 1코, 늘리기] 19회, 겉뜨기 1코. (59코)

34단 안뜨기 1단. (59코)

35단 [겉뜨기 2코, 늘리기] 19회, 겉뜨기 2코. (78코)

36~37단 메리야스뜨기 2단. (78코)

• 빨간색 실로 바꾼다.

38~40단 안뜨기 3단. (78코)

41단 [겉뜨기 6코, 왼코 줄이기, 겉뜨기 5코] 6회. (72코)

42단 안뜨기 1단. (72코)

43단 겉뜨기 1코, [겉뜨기 8코, 왼코 줄이기] 7회, 겉뜨기 1코. (65코)

44단 안뜨기 1단. (65코)

45단 겉뜨기 1코, [겉뜨기 7코, 왼코 줄이기] 7회, 겉뜨기 1코. (58코)

46단 안뜨기 1단. (58코)

47단 겉뜨기 1코, [겉뜨기 6코, 왼코 줄이기] 7회, 겉뜨기 1코. (51코)

48단 안뜨기 1단. (51코)

49단 겉뜨기 1코, [겉뜨기 5코, 왼코 줄이기] 7회, 겉뜨기 1코. (44코)

50단 안뜨기 1단. (44코)

51단 겉뜨기 1코, [겉뜨기 4코, 왼코 줄이기] 7회, 겉뜨기 1코. (37코)

52단 안뜨기 1단. (37코)

53단 겉뜨기 1코, [겉뜨기 3코, 왼코 줄이기] 7회, 겉뜨기 1코. (30코)

54단 안뜨기 1단. (30코)

55단 겉뜨기 1코, [겉뜨기 2코, 왼코 줄이기] 7회, 겉뜨기 1코. (23코)

56단 안뜨기 1단. (23코)

57단 겉뜨기 1코, [겉뜨기 1코, 왼코 줄이기] 7회, 겉뜨기 1코. (16코)

58단 안뜨기 1단. (16코)

59단 겉뜨기 1코, [왼코 줄이기] 7회, 겉뜨기 1코. (9코)

60단 안뜨기 1단. (9코)

• 돗바늘로 마무리한다.

작은 버섯

• 2.5mm 대바늘과 아이보리색 실로 10코를 만든다.

1단 겉뜨기 1코, [늘리기] 8회, 겉뜨기 1코. (18코)

2~8단 메리야스뜨기 7단. (18코)

9단 [겉뜨기 2코, 왼코 줄이기, 겉뜨기 2코] 3회. (15코)

10~14단 메리야스뜨기 5단. (15코)

15단 [겉뜨기 2코, 왼코 줄이기, 겉뜨기 1코] 3회. (12코)

16~18단 메리야스뜨기 3단. (12코)

19단 겉뜨기 1코, [늘리기] 10회, 겉뜨기 1코. (22코)

20~22단 메리야스뜨기 3단. (22코)

23단 겉뜨기 1코, [겉뜨기 1코, 늘리기] 10회, 겉뜨기 1코. (32코)

24단 안뜨기 1단. (32코)

• 빨간색 실로 바꾼다.

25~26단 겉뜨기 2단. (32코)

27~28단 겉뜨기로 시작하는 메리야스뜨기 2단. (32코)

29단 [겉뜨기 3코, 왼코 줄이기] 6회, 겉뜨기 2코. (26코)

30단 안뜨기 1단. (26코)

31단 [겉뜨기 2코, 왼코 줄이기] 6회, 겉뜨기 2코. (20코)

32단 안뜨기 1단. (20코)

33단 [겉뜨기 1코, 왼코 줄이기] 6회, 겉뜨기 2코. (14코)

34단 안뜨기 1단. (14코)

35단 겉뜨기 1코, [왼코 줄이기] 6회, 겉뜨기 1코. (8코)

• 돗바늘로 마무리한다.

모눈 도안 × × × × ×

큰 버섯

돗바늘로 마무리한다.

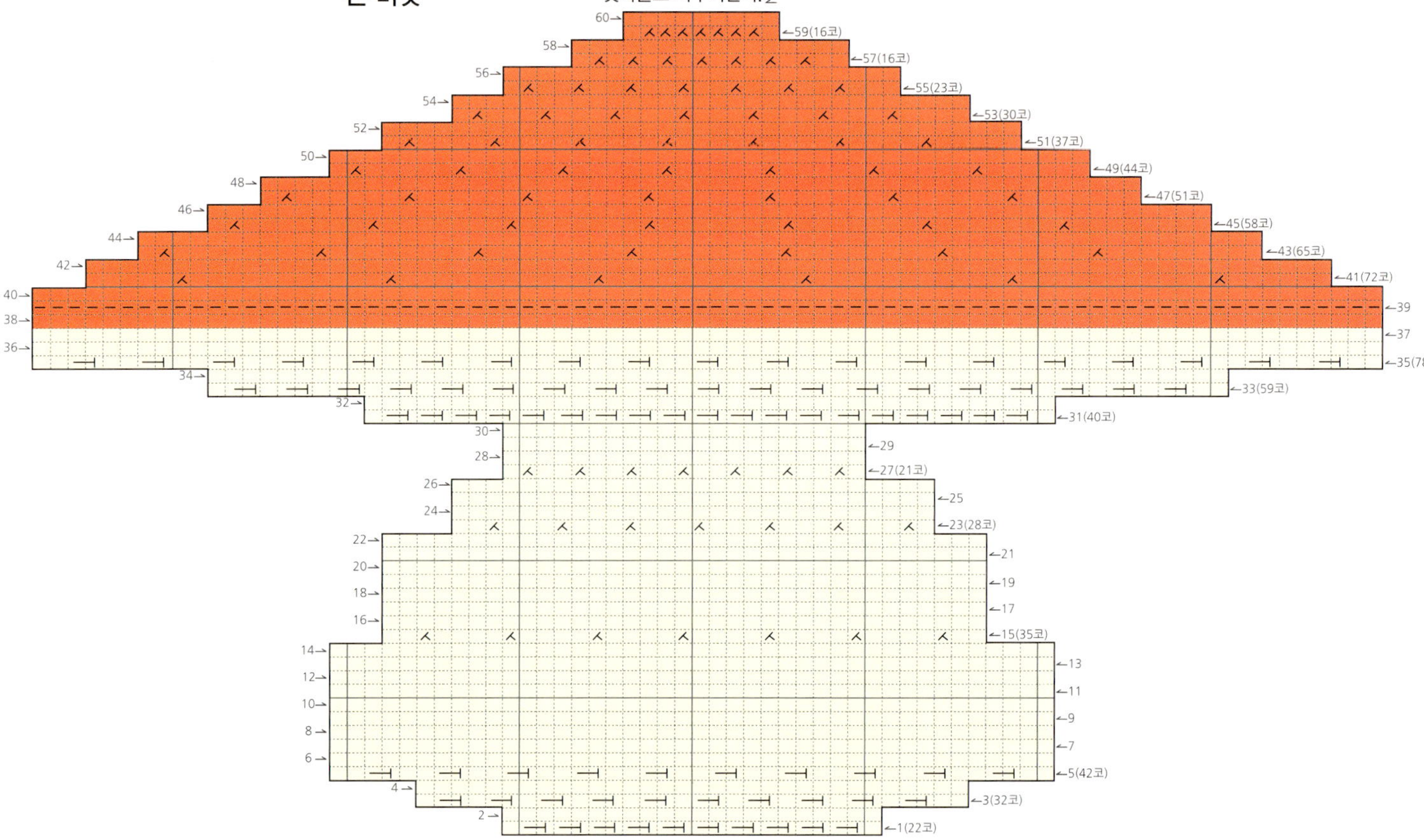

12코 만들어 겉뜨기로 시작한다.

작은 버섯

돗바늘로 마무리한다.

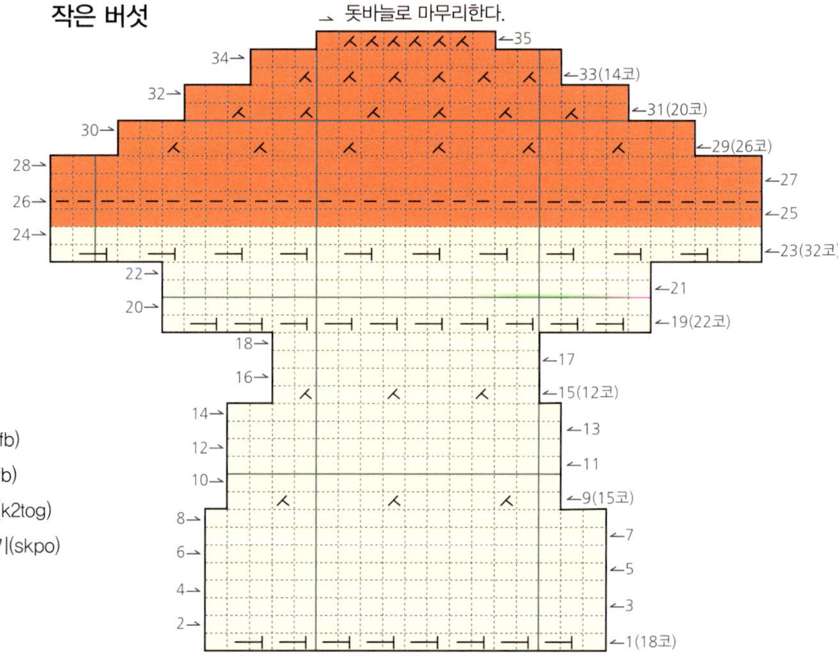

10코 만들어 겉뜨기로 시작한다.

- | = □ 겉뜨기(K)
- — 안뜨기(P)
- 겉뜨기로 늘리기(kfb)
- 안뜨기로 늘리기(pfb)
- 겉뜨기로 왼코 줄이기(k2tog)
- 겉뜨기로 오른코 줄이기(skpo)

1. 빨간색 실로 뜬 버섯의 머리 부분을 돗바늘로 마무리한 부분부터 메리야스 잇기를 하며 내려온다.

2. 아이보리색 실로 바뀌는 부분에서 2~3단 내려온 곳까지 메리야스 잇기를 하고 솜을 넣는다.

3. 심지를 지름 7.5cm(작은 버섯은 3.5cm)의 원으로 잘라 빨간색 실과 하얀색 실 경계 부분에 넣는다.

※ 심지의 크기: 실과 바늘, 또는 사람 솜씨에 뜨개판의 크기가 달라지므로 상황에 맞게 크기를 조절하여 자른다.

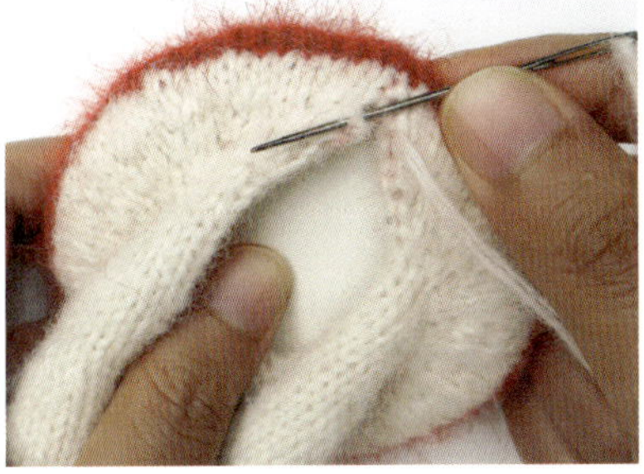

4. 시작단까지 마저 메리야스 잇기를 한다.

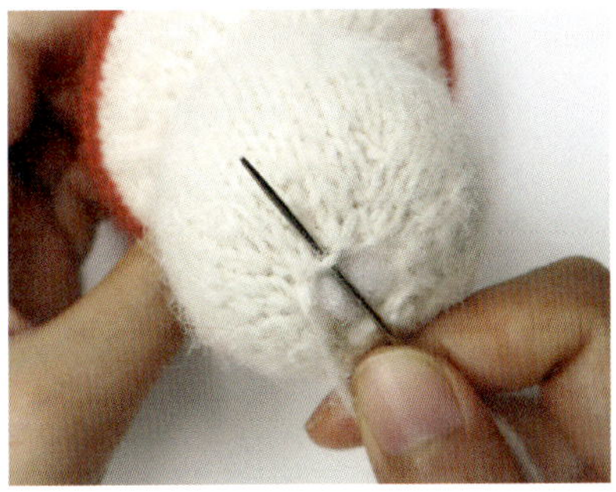

5. 겸자로 솜을 넣는다. 시작단의 반 코들을 감침질해서 막는다.

6. 버섯의 머리에 금색 실로 메리야스 스티치(212쪽 참고)를 수놓는다. V의 아랫 꼭짓점으로 바늘을 빼 올린다.

7. V의 오른쪽 꼭짓점으로 바늘을 넣어 왼쪽 꼭짓점으로 바늘을 뺀다.

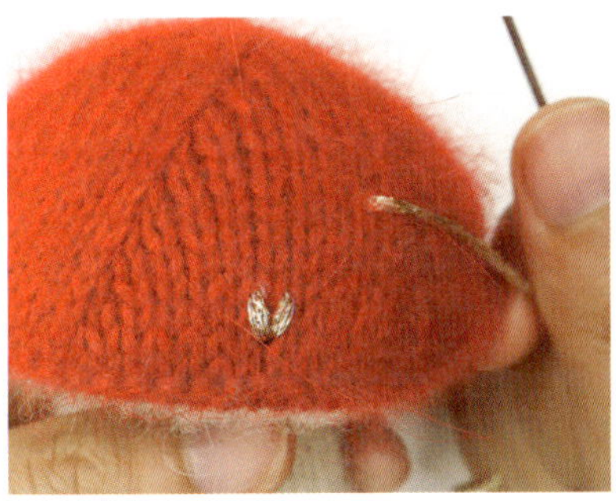

8. 맨 처음 바늘을 빼 올렸던 V의 아래 꼭짓점으로 바늘을 넣고 다른 V의 아래 꼭짓점 위치로 이동하여 바늘을 빼 올려 같은 방법으로 V 모양을 수놓는다.

벌

몸통&얼굴

• 노란색 실로 14코를 만든다.

1단 안뜨기 1단. (14코)

2단 겉뜨기 3코, 늘리기, 겉뜨기 6코, 늘리기, 겉뜨기 3코. (16코)

3단 안뜨기 1단. (16코)

4단 겉뜨기 1코, 늘리기, 겉뜨기 12코, 늘리기, 겉뜨기 1코. (18코)

5단 안뜨기 1단. (18코)

6단 겉뜨기 1코, [겉뜨기 3코, 늘리기] 4회, 겉뜨기 1코. (22코)

• 7~17단은 흙갈색 실과 노란색 실로 배색하며 뜬다.

• 흙갈색 실은 (흙), 노란색 실은 (노)로 표현했다.

7~9단 (흙)메리야스뜨기 3단. (22코)

10~11단 (노)메리야스뜨기 2단. (22코)

12~14단 (흙)메리야스뜨기 3단. (22코)

• 노란색 실로만 뜬다.

15~17단 메리야스뜨기 3단. (22코)

18단 겉뜨기 1코, 왼코 줄이기, 겉뜨기 6코, 오른코 줄이기, 왼코 줄이기, 겉뜨기 6코, 오른코 줄이기, 겉뜨기 1코. (18코)

19~20단 메리야스뜨기 2단. (18코)

21단 안뜨기 1코, 안뜨기로 오른코 줄이기, 안뜨기 4코, 안뜨기로 왼코 줄이기, 안뜨기로 오른코 줄이기, 안뜨기 4코, 안뜨기로 왼코 줄이기, 안뜨기 1코. (14코)

22단 겉뜨기 1코, 왼코 줄이기, 겉뜨기 2코, 오른코 줄이기, 왼코 줄이기, 겉뜨기 2코, 오른코 줄이기, 겉뜨기 1코. (10코)

• 안뜨기로 코막음한다.

벌침

• 금색실로 6코를 만든다.

1단 안뜨기 1단. (6코)

2단 겉뜨기 1코, [왼코 줄이기] 2회, 겉뜨기 1코. (4코)

3단 안뜨기 1단. (4코)

• 돗바늘로 마무리한다.

날개

• 하얀색 실로 14코를 만든다.

1단 안뜨기 1단. (14코)

2단 [겉뜨기 2코, 늘리기] 4회, 겉뜨기 2코. (18코)

3~7단 메리야뜨기 5단. (18코)

8단 [겉뜨기 2코, 왼코 줄이기] 4회, 겉뜨기 2코. (14코)

9단 안뜨기 1단. (14코)

10단 [겉뜨기 1코, 왼코 줄이기] 4회, 겉뜨기 2코. (10코)

11단 안뜨기 1단. (10코)

12단 [겉뜨기 1코, 늘리기] 4회, 겉뜨기 2코. (14코)

13단 안뜨기 1단. (14코)

14단 [겉뜨기 2코, 늘리기] 4회, 겉뜨기 2코. (18코)

15~19단 메리야스뜨기 5단. (18코)

20단 [겉뜨기 2코, 왼코 줄이기] 4회, 겉뜨기 2코. (14코)

21단 안뜨기 1단. (14코)

• 겉뜨기로 코막음한다.

모눈 도안 × × × × ×

몸통&얼굴

안뜨기로 코막음한다.

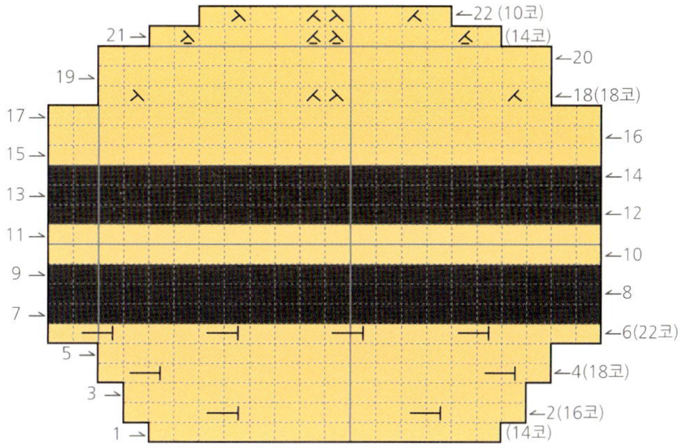

14코 만들어 안뜨기로 시작한다.

- | = □ 겉뜨기(K)
- ㅡ 안뜨기(P)
- 겉뜨기로 늘리기(kfb)
- 안뜨기로 늘리기(pfb)
- 겉뜨기로 왼코 줄이기(k2tog)
- 안뜨기로 왼코 줄이기(p2tog)
- 겉뜨기로 오른코 줄이기(skpo)
- 안뜨기로 오른코 줄이기(ssp)

날개

겉뜨기로 코막음한다.

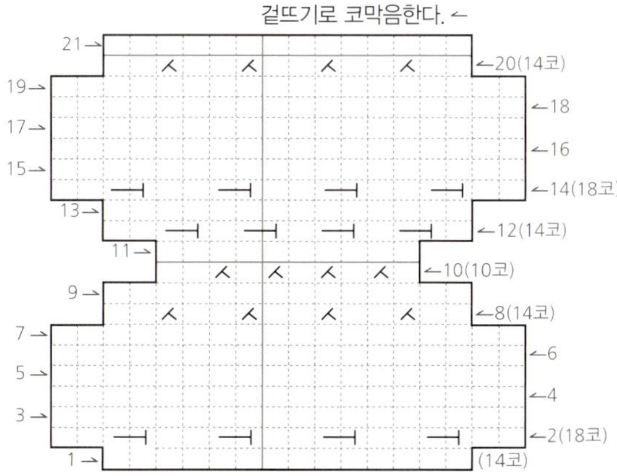

14코 만들어 안뜨기로 시작한다.

벌침

돗바늘로 마무리한다.

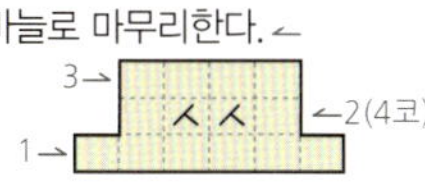

6코 만들어 안뜨기로 시작한다.

1. 시작단부터 코막음한 단까지 메리야스 잇기를 한다.

2. 시접이 옆으로 가도록 하고, 겸자를 이용하여 솜을 넣는다. 시작단과 코막음 단을 각각 메리야스잇기한다.

3. 벌침의 돗바늘로 마무리한 곳부터 시작단까지 메리야스 잇기하고, 벌의 꼬리 부분(코막음한 쪽) 가운데에 꿰매 붙인다.

4. 날개의 시작단부터 코 잡은 단까지 메리야스 잇기를 한다.

5. 날개의 시작단을 메리야스 잇기한다. 마찬가지로 코막음한 단도 메리야스 잇기하여 막는다.

6. 날개를 몸의 흑갈색 스트라이프 사이의 노란색 스트라이프에 맞추어 올린 후, 박음질하여 붙인다.

7. 흑갈색 스트라이프가 시작되는 단의 3단 위, 얼굴의 1/3 지점에 검은색 실로 눈을 수놓는다.

8. 검은색 실 위로 흰색 실을 덧 수놓아 흰자위를 표현한다.

9. 볼터치하여 마무리한다.

16 열기구

×××××

열기구는 동물 친구들의 인기 아이템입니다.
열기구를 타고 하늘로 두둥실 떠오르면 숲속의 멋진 풍경을 볼 수 있거든요.
동물 친구들은 열기구를 타고 종종 여행을 떠나기도 하지요.

미리보기

준비물

완성 크기: 16×26cm

☑ 풍선
실: 슈퍼 앙고라(Super Angora) 핑크색, 하늘색, 연보라색, 아이보리색, 연노란색, 진노란색
바늘: 2.75mm 대바늘
게이지: 메리야스뜨기 30코×40단(10×10cm)

☑ 바구니
실: 슈퍼 앙고라(Super Angora) 밤색
바늘: 3mm 대바늘
기타: 글루건, 2mm 지름 나무봉, 딱딱한 심지, 돗바늘, 솜
도구와 기법: 188~216쪽 참조

패턴 도안 보는 방법

- 기법 용어 중에서 코를 늘리고, 만들고, 줄이는 과정에서 '겉뜨기'는 따로 표시하지 않고, '안뜨기'만 표시했습니다.
- 같은 단에서 동일한 뜨기가 반복될 경우 '[ ] ㅇ회'로 표시했어요.
- 배색이 들어가는 부분에서는 글자에 실과 비슷한 색을 넣어 표시했어요.

모눈 도안 보는 방법

- 모눈 도안은 겉으로 보이는 무늬를 기호로 표기하기 때문에, 겉쪽 면에서는 도안의 기호대로, 안쪽 면에서는 기호의 반대대로 떠야 합니다.
- 도안의 양옆에 있는 화살표는 뜨는 방향, 숫자는 단수와 콧수를 의미합니다.
- 표시링으로 체크해야 하는 부분은 패턴 도안을 참조하세요.

패턴 PATTERN × × × × ×

풍선(8개)

• 아이보리색 4개, 연보라색 1개, 연노란색 1개, 하늘색 1개, 핑크색 1개를 뜬 후, 연결해서 풍선을 만든다.

• 2.75mm 대바늘로 3코를 만든다.

1~2단 겉뜨기로 시작하는 메리야스뜨기 2단. (3코)

3단 겉뜨기 1코, 오른코 만들기, 겉뜨기 1코, 왼코 만들기, 겉뜨기 1코. (5코)

4~6단 메리야스뜨기 3단. (5코)

7단 겉뜨기 1코, 오른코 만들기, 겉뜨기 3코, 왼코 만들기, 겉뜨기 1코. (7코)

8~10단 메리야스뜨기 3단. (7코)

11단 겉뜨기 1코, 오른코 만들기, 겉뜨기 5코, 왼코 만들기, 겉뜨기 1코. (9코)

12~14단 메리야스뜨기 3단. (9코)

15단 겉뜨기 1코, 오른코 만들기, 겉뜨기 7코, 왼코 만들기, 겉뜨기 1코. (11코)

16~18단 메리야스뜨기 3단. (11코)

19단 겉뜨기 1코, 오른코 만들기, 겉뜨기 9코, 왼코 만들기, 겉뜨기 1코. (13코)

20~22단 메리야스뜨기 3단. (13코)

23단 겉뜨기 1코, 오른코 만들기, 겉뜨기 11코, 왼코 만들기, 겉뜨기 1코. (15코)

24~26단 메리야스뜨기 3단. (15코)

27단 겉뜨기 1코, 오른코 만들기, 겉뜨기 13코, 왼코 만들기, 겉뜨기 1코. (17코)

28~64단 메리야스뜨기 37단. (17코)

65단 겉뜨기 1코, 왼코 줄이기, 겉뜨기 11코, 오른코 줄이기, 겉뜨기 1코. (15코)

66~70단 메리야스뜨기 5단. (15코)

71단 겉뜨기 1코, 왼코 줄이기, 겉뜨기 9코, 오른코 줄이기, 겉뜨기 1코. (13코)

72~76단 메리야스뜨기 5단. (13코)

77단 겉뜨기 1코, 왼코 줄이기, 겉뜨기 7코, 오른코 줄이기, 겉뜨기 1코. (11코)

78~90단 메리야스뜨기 13단. (11코)

• 겉뜨기로 코막음한다.

풍선 바닥

• 2.75mm 대바늘과 진노란색 실로 12코를 만들어 원형뜨기한다.

원형 1단 겉뜨기 1단. (12코)

원형 2단 [늘리기] 12회. (24코)

원형 3~4단 겉뜨기 2단. (24코)

원형 5단 [겉뜨기 1코, 늘리기] 12회. (36코)

원형 6~7단 겉뜨기 2단. (36코)

원형 8단 [겉뜨기 2코, 늘리기] 12회. (48코)

원형 9~10단 겉뜨기 2단. (48코)

원형 11단 [겉뜨기 3코, 늘리기] 12회. (60코)

원형 12~13단 겉뜨기 2단. (60코)

원형 14단 [겉뜨기 4코, 늘리기] 12회. (72코)

원형 15~16단 겉뜨기 2단. (72코)

• 겉뜨기로 코막음한다.

바구니

• 3mm 대바늘과 밤색 실로 12코를 만들어 원형뜨기한다.

원형 1단 겉뜨기 1단. (12코)

원형 2단 [늘리기] 12회. (24코)

원형 3단 겉뜨기 1단. (24코)

원형 4단 [겉뜨기 1코, 늘리기] 12회. (36코)

원형 5단 겉뜨기 1단. (36코)

원형 6단 [겉뜨기 2코, 늘리기] 12회. (48코)

원형 7단 겉뜨기 1단. (48코)

원형 8단 [겉뜨기 3코, 늘리기] 12회. (60코)

원형 9단 겉뜨기 1단. (60코)

원형 10단 [겉뜨기 4코, 늘리기] 12회. (72코)

원형 11단 겉뜨기 1단. (72코)

원형 12단 [겉뜨기 5코, 늘리기] 12회. (84코)

원형 13단 겉뜨기 1단. (84코)

원형 14단 [겉뜨기 6코, 늘리기] 12회. (96코)

원형 15~16단 겉뜨기 2단. (96코)

원형 17~18단 안뜨기 1단, 겉뜨기 1단을 순서대로 뜬다. (96코)

원형 19~42단 원형 17단과 원형 18단을 12세트 더 반복한다. (96코)

원형 43~44단 겉뜨기 1단, 안뜨기 1단을 순서대로 뜬다. (96코)

원형 45~64단 겉뜨기 20단. (96코)

• 겉뜨기로 코막음한다.

모눈 도안 × × × × ×

풍선(8개)

겉뜨기로 코막음한다.

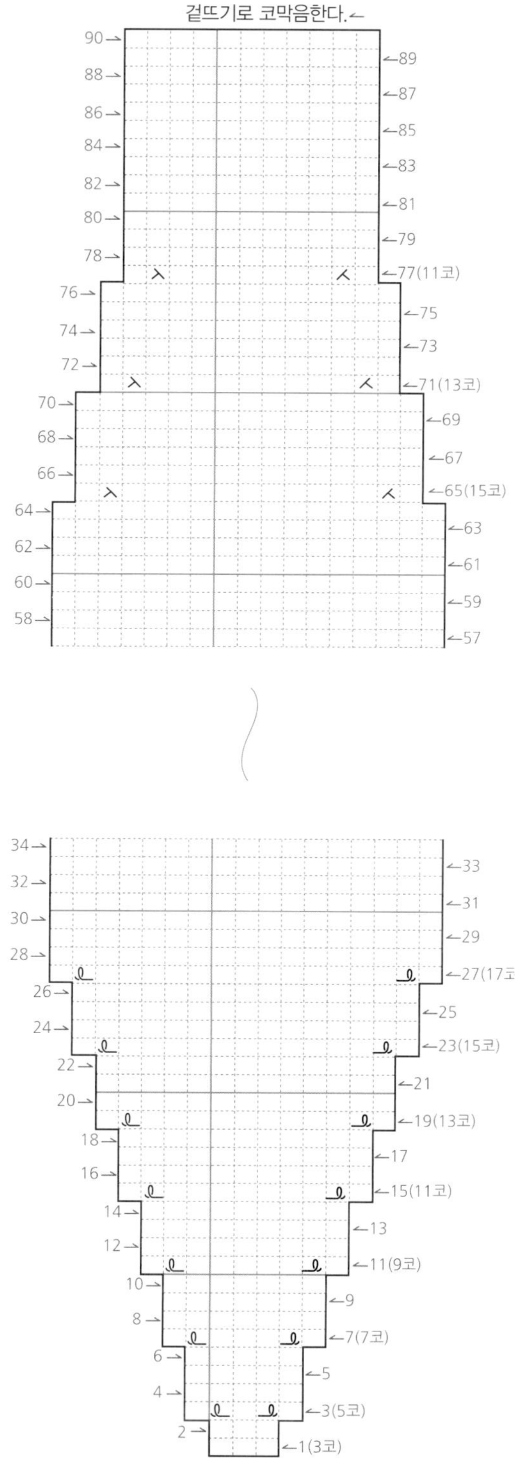

3코 만들어 겉뜨기로 시작한다.

ㅣ = □	겉뜨기(K)
−	안뜨기(P)
	겉뜨기로 늘리기(kfb)
	안뜨기로 늘리기(pfb)
	겉뜨기로 왼코 만들기(M1L)
	겉뜨기로 오른코 만들기(M1R)
ㅅ	겉뜨기로 왼코 줄이기(k2tog)
ㅅ	겉뜨기로 오른코 줄이기(skpo)

바구니

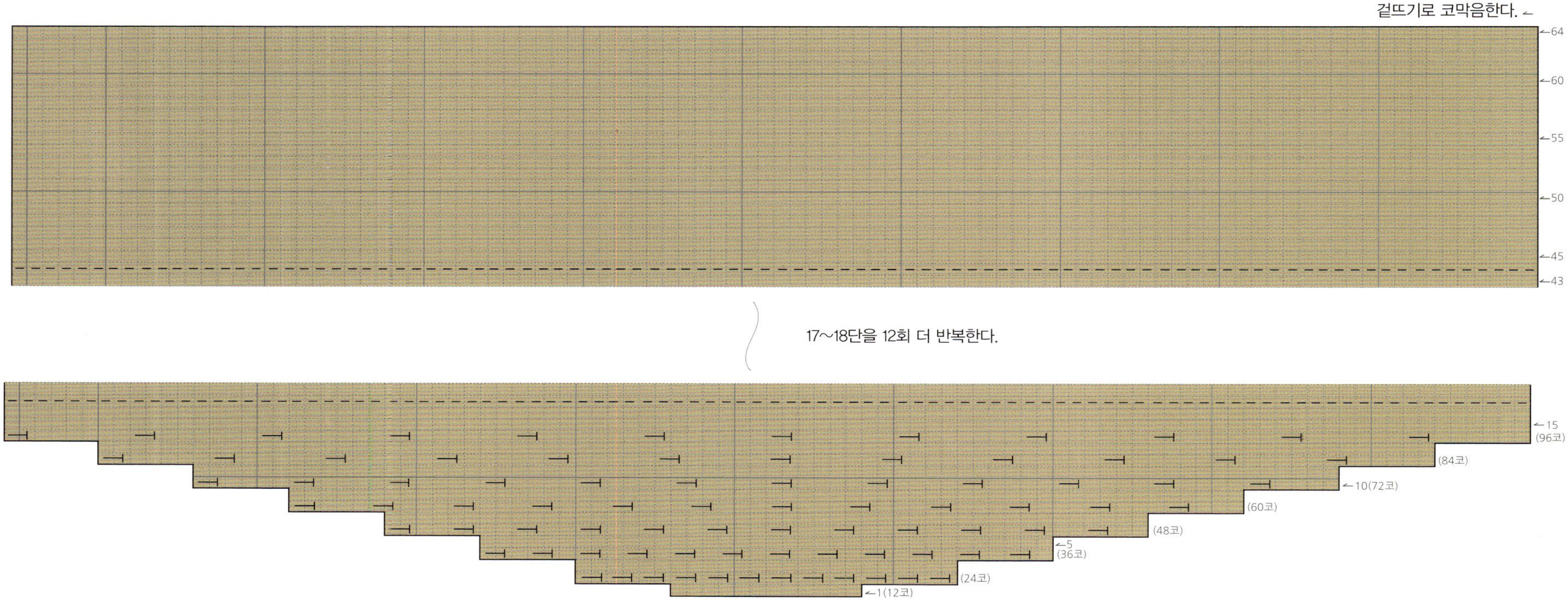

12코 만들어 걸뜨기로 시작해 원형뜨기한다.

풍선 바닥

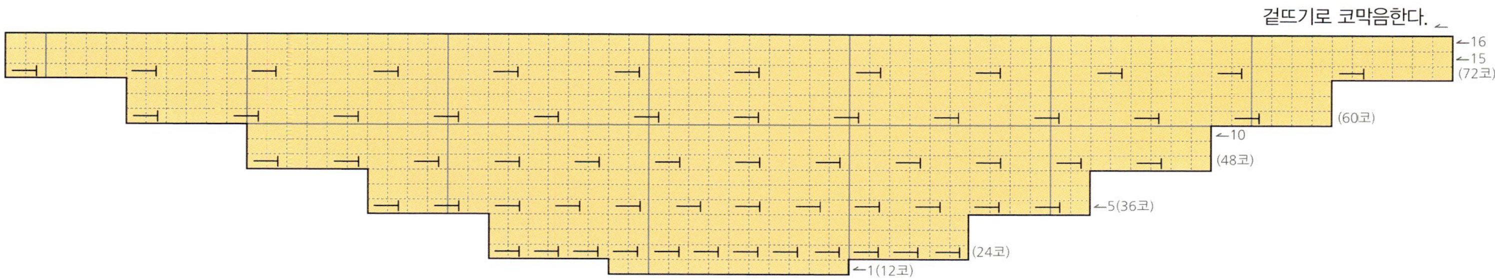

12코 만들어 걸뜨기로 원형뜨기한다.

조립하기

1. 풍선은 코 잡은 부분부터 시작하여, 코 막은 단까지 메리야스 잇기로 잇는다.
: 아이보리색 → 보라색 → 아이보리색 → 핑크색 → 아이보리색 → 연노란색 → 아이보리색 → 하늘색 순서

2. 손으로 모양을 잡으며 솜을 넣는다. 이때, 솜이 뭉쳐지지 않도록 주의하면서 넣는다.

3. 풍선 바닥의 구멍(시작단)에 반 코들을 안에서 밖으로(또는 밖에서 안으로, 단 한 방향으로 꿰맬 것) 하나씩 걸러서 바느질하여 바짝 잡아당겨 매듭을 짓고 마무리한다.

4. 풍선의 바닥에 같은 크기로 자른 심지를 목공풀로 붙인다.

5. 솜을 넣은 풍선의 반 코와 풍선 바닥의 반 코를 잡아 감침질한다.

6. 가터뜨기 부분과 메리야스 부분을 반으로 접는다.

7. 심지(높이 6.5cm)를 준비한다.
※ 심지의 크기: 실과 바늘, 또는 사람 솜씨에 뜨개판의 크기가 달라지므로 상황에 맞게 크기를 조절하여 자른다.

8. 심지를 넣고 위치를 잡는다.

9. 감침질한다.

10. 바구니 바닥의 구멍(시작단)에 반 코들을 안에서 밖으로(또는 밖에서 안으로, 단 한 방향으로 꿰맬 것) 하나씩 걸러서 바느질한다.

11. 실을 바짝 잡아당겨 매듭을 짓고 마무리한다.

12. 풍선의 바닥과 바구니 윗부분에 정사각형 모양으로 점 4개를 수성펜으로 표시한다.

13. 지름 2mm의 나무 봉에 양면테이프를 붙이고 그 위에 마사(또는 마 끈)를 감는다. 바구니 위의 점에 송곳으로 뚫어 구멍을 만들고 실을 감아 두었던 봉을 끼운다.

14. 풍선의 바닥에 표시한 점에 송곳으로 구멍을 뚫는다. 글루건 넣고 봉을 끼워 붙인다.

17·18

산타·루돌프

×××××

루돌프와 산타는 언제나 한 몸이죠. 몸부터 옷까지 한번에 뜨는 산타예요.
트리까지 있다면 멋진 크리스마스 분위기를 낼 수 있어요.

미리보기

준비물

완성 크기: 21cm

☑ 산타

실: 필라투라 디 크로사 뉴 스포트울(Filatura Di Crosa New Sportwool) 빨간색 / 빈센트 3p(Vincent 3p) 라이트 핑크색 2겹 / 로완 키드 클래식(Rowan Kid Classic) 연녹색 / 킹콜 베이비 알파카 DK(King cole Baby Alpaca DK) 차콜색 / 필다르 필 라이트(Phildar Phil Light) 아이보리색 모헤어 2겹 / 필다르 파트너 3.5(Phildar Partner 3.5) 노란색

바늘: 2.5mm 대바늘

게이지: 메리야스뜨기 32코×40단(10×10cm)

☑ 수염

실: 필다르 필 듀스(Phildar Phil Douce) 아이보리색 수면사

바늘: 2.5mm 대바늘

게이지: 메리야스뜨기 23코×37단(10×10cm)

기타: 신발 바닥에 넣을 딱딱한 심지, 6mm 단추 눈, 솜, 돗바늘, 안전핀, 표시링, 시침핀, 겸자, 기화성펜(또는 수성펜), 패브릭 색연필(또는 패브릭 잉크)

도구와 기법: 188~216쪽 참조

패턴 도안 보는 방법

- 기법 용어 중에서 코를 늘리고, 만들고, 줄이는 과정에서 '겉뜨기'는 따로 표시하지 않고, '안뜨기'만 표시했습니다.
- 같은 단에서 동일한 뜨기가 반복될 경우 '[ ] ㅇ회'로 표시했어요.
- 배색이 들어가는 부분에서는 글자에 실과 비슷한 색을 넣어 표시했어요.

모눈 도안 보는 방법

- 모눈 도안은 겉으로 보이는 무늬를 기호로 표기하기 때문에, 겉쪽 면에서는 도안의 기호대로, 안쪽 면에서는 기호의 반대대로 떠야 합니다.
- 도안의 양옆에 있는 화살표는 뜨는 방향, 숫자는 단수와 콧수를 의미합니다.
- 표시링으로 체크해야 하는 부분은 패턴 도안을 참조하세요.

패턴 PATTERN × × × × ×

오른쪽 다리

• 다홍색으로 22코를 만든다.

• 6번째 코와 7번째 코 사이에 표시링 또는 다른 색 실로 표시한다.

1~19단 안뜨기로 시작하는 메리야스뜨기 19단. (22코)

• 19단을 뜨고 나서 첫 번째 코와 두 번째 코 사이, 21번째 코와 22번째 코 사이에 표시링 또는 다른 색 실로 표시한다.

• 실을 자르고 코를 안전핀에 걸어둔다.

왼쪽 다리

• 다홍색으로 22코를 만든다.

• 16번째 코와 17번째 코 사이에 표시링 또는 다른 색 실로 표시한다.

1~19단 안뜨기로 시작하는 메리야스뜨기 19단. (22코)

• 19단을 뜨고 나서 첫 번째 코와 두 번째 코 사이, 21번째 코와 22번째 코 사이에 표시링 또는 다른 색 실로 표시한다.

• 코를 바늘에 그대로 두고 실을 자르지 않는다.

몸통

• 다리 연결하기

20단 바늘에 있는 22코를 겉뜨기, 이어서 안전핀에 걸어둔 22코를 겉뜨기. (44코)

21~27단 메리야스뜨기 7단. (44코)

• 아이보리색 실로 바꾼다.

28~33단 메리야스뜨기 6단. (44코)

34단 겉뜨기 10코, 왼코 줄이기, 겉뜨기 20코, 왼코 줄이기, 겉뜨기 10. (42코)

35~41단 메리야스뜨기 7단. (42코)

42단 겉뜨기 1코, [겉뜨기 7코, 오른코 줄이기, 겉뜨기 2코, 왼코 줄이기, 겉뜨기 7코] 2회, 겉뜨기 1코. (38코)

43~45단 메리야스뜨기 3단. (38코)

46단 겉뜨기 1코, [겉뜨기 7코, 오른코 줄이기, 왼코 줄이기, 겉뜨기 7코] 2회, 겉뜨기 1코. (34코)

47단 안뜨기 1단. (34코)

48단 겉뜨기 1코, [겉뜨기 1코, 왼코 줄이기, 겉뜨기 1코] 8회, 겉뜨기 1코. (26코)

49~50단 메리야스뜨기 2단. (26코)

얼굴

• 라이트 핑크색 실로 바꾼다.

51단 안뜨기 1단. (26코)

52단 겉뜨기 1코, [겉뜨기 1코, 늘리기] 12회, 겉뜨기 1코. (38코)

53~55단 메리야스뜨기 3단. (38코)

56단 겉뜨기 1코, [겉뜨기 1코, 왼코 늘리기, 겉뜨기 2코] 12회, 겉뜨기 1코. (50코)

57~59단 메리야스뜨기 3단. (50코)

60단 겉뜨기 14코, [겉뜨기 1코, 오른코 늘리기] 5회, 겉뜨기 12코, [왼코 늘리기, 겉뜨기 1코] 5회, 겉뜨기 14코. (60코)

61~66단 메리야스뜨기 6단. (60코)

• 66단을 뜨고 나서 30번째 코와 31번째 코 사이에 표시링 또는 다른 색 실로 표시한다.

67~83단 메리야스뜨기 17단. (60코)

84단 [겉뜨기 3코, 왼코 줄이기] 12회. (48코)

85단 안뜨기 1단. (48코)

86단 [겉뜨기 2코, 왼코 줄이기] 12회. (36코)

87단 안뜨기 1단. (36코)

88단 [겉뜨기 1코, 왼코 줄이기] 12회. (24코)

89단 안뜨기 1단. (24코)

90단 [왼코 줄이기] 12회. (12코)

• 돗바늘로 마무리한다.

신발(2개)

• 차콜색 실로 20코를 만든다.

1단 겉뜨기 1코, [늘리기] 2회, 겉뜨기 5코, [늘리기] 4회, 겉뜨기 5코, [늘리기] 2회, 겉뜨기 1코. (28코)

2단 안뜨기 1단. (28코)

3단 겉뜨기 1코, [늘리기, 겉뜨기 1코] 2회, 겉뜨기 5코, [늘리기, 겉뜨기 1코] 4회, 겉뜨기 5코, [겉뜨기 1코, 늘리기] 2회, 겉뜨기 1코. (36코)

4단 안뜨기 1단. (36코)

5~6단 겉뜨기 2단. (36코)

7~12단 겉뜨기로 시작하는 메리야스 6단. (36코)

13단 겉뜨기 11코, [왼코 줄이기] 2회, [세코 모아뜨기] 2회, [왼코 줄이기] 2회, 겉뜨기 11코. (28코)

14단 겉뜨기 1단. (28코)

15단 겉뜨기 8코, [왼코 줄이기] 6회, 겉뜨기 8코. (22코)

• 안뜨기로 코막음한다.

코

• 라이트 핑크색 실로 8코를 만든다.

1~3단 안뜨기로 시작하는 메리야스뜨기 3단. (8코)

• 돗바늘로 마무리한다.

팔(2개)

• 다홍색 실로 8코를 만든다.

1단 안뜨기 1단. (8코)

2단 겉뜨기 1코, 오른코 만들기, 겉뜨기 6코, 왼코 만들기, 겉뜨기 1코. (10코)

3단 안뜨기 1단. (10코)

4단 겉뜨기 1코, 오른코 만들기, 겉뜨기 8코, 왼코 만들기, 겉뜨기 1코. (12코)

5단 안뜨기 1단. (12코)

6단 겉뜨기 1코, 오른코 만들기, 겉뜨기 10코, 왼코 만들기, 겉뜨기 1코. (14코)

7단 안뜨기 1단. (14코)

8단 감아코로 2코 만들기, 겉뜨기 16코. (16코)

• 첫 번째 감아코와 두 번째 감아코 사이에 표시링 또는 다른 색 실로 표시한다.

9단 감아코로 2코 만들기, 안뜨기 18코. (18코)

• 첫 번째 감아코와 두 번째 감아코 사이에 표시링 또는 다른 색 실로 표시한다.

10~25단 메리야스뜨기 16단. (18코)

• 아이보리색 모헤어 실로 바꾼다.

26~28단 겉뜨기 3단. (18코)

29단 [겉뜨기 2코, 왼코 줄이기, 겉뜨기 2코] 3회. (15코)

• 연녹색 실로 바꾼다.

30단 [겉뜨기 1코, 왼코 줄이기, 겉뜨기 2코] 3회. (12코)

31단 안뜨기 1단. (12코)

32단 [겉뜨기 1코, 늘리기, 겉뜨기 1코] 4회. (16코)

33~39단 메리야스뜨기 7단. (16코)

40단 겉뜨기 1코, [왼코 줄이기] 7회, 겉뜨기 1코. (9코)

• 돗바늘로 마무리한다.

귀(2개)

• 라이트 핑크색 실로 12코를 만든다.

1~2단 겉뜨기로 시작하는 메리야스뜨기 2단. (12코)

3단 [왼코 줄이기] 6회. (6코)

• 돗바늘로 마무리한다.

수염

• 아이보리색 수면사로 20코를 만든다.

1단 늘리기, 겉뜨기 18코, 늘리기. (22코)

2~4단 메리야스뜨기 3단. (22코)

5단 늘리기, 겉뜨기 20코, 늘리기. (24코)

6~8단 메리야스뜨기 3단. (24코)

9단 늘리기, 겉뜨기 22코, 늘리기. (26코)

10~12단 메리야스뜨기 3단. (26코)

13단 늘리기, 겉뜨기 24코, 늘리기. (28코)

14단 안뜨기 1단. (28코)

15단 ❶ 겉뜨기 4코.

16단 ❶ 뜨고 있던 편물을 돌려(안뜨기 면이 앞에 오도록) 왼쪽 바늘에 있는 4코(15단에서 떴던 4코)만 안뜨기 4코를 한다.

15단 ❷ 코막음 12코, 겉뜨기 4코(오른쪽 바늘에 있는 코를 막고 남아있던 1코를 포함하여 4코).

16단 ❷ 뜨고 있던 편물을 돌려(안뜨기 면이 앞에 오도록) 왼쪽 바늘에 있는 4코(15단에서 떴던 4코)만 안뜨기 4코를 한다.

15단 ❸ 코막음 12코, 겉뜨기 4코(오른쪽 바늘에 있는 코를 막고 남아있던 1코를 포함하여 4코).

16단 ❸ 안뜨기 4코.

• 남은 4코를 모두 코막음한다.

벨트

• 노란색 실로 22코를 만든다.

• 안뜨기로 코막음한다.

자켓

• 아이보리색 모헤어 실로 31코를 만든다.

1단 겉뜨기 1코, [늘리기, 겉뜨기 2코] 10회. (41코)

• 2단부터 19단은 아이보리색 모헤어 실과 다홍색 실로 배색하며 뜬다.

• 아이보리색 실은 (아), 다홍색 실은 (홍)으로 표현한다.

2단 (홍)겉뜨기 19코, (아)겉뜨기 3코, (홍)겉뜨기 19코. (41코)

3단 (홍)안뜨기 19코, (아)겉뜨기 3코, (홍)안뜨기 19코. (41코)

4단 (홍)겉뜨기 9코, (홍)[왼코 만들기, 겉뜨기 2코] 5회, (아)겉뜨기 3코, (홍)[겉뜨기2코, 왼코 만들기] 5회, (홍)겉뜨기 9코. (51코)

5단 (홍)안뜨기 24코, (아)겉뜨기 3코, (홍)안뜨기 24코. (51코)

6단 (홍)겉뜨기 24코, (아)겉뜨기 3코, (홍)겉뜨기 24코. (51코)

7단 (홍)안뜨기 24코, (아)겉뜨기 3코, (홍)안뜨기 24코. (51코)

8단 (홍)겉뜨기 24코, (아)겉뜨기 3코, (홍)겉뜨기 24코. (51코)

9단 (홍)안뜨기 24코, (아)겉뜨기 3코, (홍)안뜨기 24코. (51코)

10단 (홍)겉뜨기 24코, (아)겉뜨기 3코, (홍)겉뜨기 24코. (51코)

11단 (홍)안뜨기 24코, (아)겉뜨기 3코, (홍)안뜨기 24코. (51코)

12단 (홍)겉뜨기 9코, (홍)[왼코 만들기, 겉뜨기 3코] 5회, (아)겉뜨기 3코, (홍)[겉뜨기3코, 왼코 만들기] 5회, (홍)겉뜨기 9코. (61코)

13단 (홍)안뜨기 29코, (아)겉뜨기 3코, (홍)안뜨기 29코. (61코)

14단 (홍)겉뜨기 29코, (아)겉뜨기 3코, (홍)겉뜨기 29코. (61코)

15단 (홍)안뜨기 29코, (아)겉뜨기 3코, (홍)안뜨기 29코. (61코)

16단 (홍)겉뜨기 29코, (아)겉뜨기 3코, (홍)겉뜨기 29코. (61코)

17단 (홍)안뜨기 29코, (아)겉뜨기 3코, (홍)안뜨기 29코. (61코)

18단 (홍)겉뜨기 29코, (아)겉뜨기 3코, (홍)겉뜨기 29코. (61코)

19단 (홍)안뜨기 29코, (아)겉뜨기 3코, (홍)안뜨기 29코. (61코)

• 차콜색 실로 바꾼다.

20~21단 겉뜨기 2단. (61코)

22단 겉뜨기 9코, [왼코 만들기, 겉뜨기 4코] 5회, 겉뜨기 3코, [겉뜨기4코, 왼코 만들기] 5회, 겉뜨기 9코. (71코)

23단 안뜨기 1단. (71코)

24~25단 겉뜨기 2단. (71코)

• 26단부터 29단은 아이보리색 모헤어 실과 다홍색 실로 배색하며 뜬다.

• 아이보리색 실은 (아), 다홍색 실은 (홍)으로 표현한다.

26단 (홍)겉뜨기 34코, (아)겉뜨기 3코, (홍)겉뜨기 34코. (71코)

27단 (홍)안뜨기 34코, (아)겉뜨기 3코, (홍)안뜨기 34코. (71코)

28단 (홍)겉뜨기 34코, (아)겉뜨기 3코, (홍)겉뜨기 34코. (71코)

29단 (홍)안뜨기 34코, (아)겉뜨기 3코, (홍)안뜨기 34코. (71코)

• 아이보리색 모헤어 실로 바꾼다.

30~32단 겉뜨기 3단. (71코)

• 겉뜨기로 코막음한다.

모자

• 아이보리색 모헤어 실로 66코를 만든다.

원형 1단 안뜨기 1단. (66코)

원형 2단 겉뜨기 1단. (66코)

원형 3단 안뜨기 1단. (66코)

• 다홍색 실로 바꾼다.

원형 4~7단 겉뜨기 4단. (66코)

원형 8단 [겉뜨기 4코, 왼코 줄이기, 겉뜨기 5코] 6회 . (60코)

원형 9~15단 겉뜨기 7단. (60코)

원형 16단 [겉뜨기 2코, 왼코 줄이기, 겉뜨기 2코] 10회. (50코)

원형 17~21단 겉뜨기 5단. (50코)

원형 22단 [겉뜨기 2코, 왼코 줄이기, 겉뜨기 1코] 10회. (40코)

원형 23~27단 겉뜨기 5단. (40코)

원형 28단 [겉뜨기 1코, 왼코 줄이기, 겉뜨기 1코] 10회. (30코)

원형 29~33단 겉뜨기 5단. (30코)

원형 34단 [왼코 줄이기, 겉뜨기 1코] 10회. (20코)

원형 35~41단 겉뜨기 7단. (20코)

원형 42단 [왼코 줄이기] 10회. (10코)

원형 43~51단 겉뜨기 9단. (10코)

• 아이보리색 모헤어 실로 바꾼다.

원형 52단 겉뜨기 1단. (10코)

원형 53단 [안뜨기 1코, 안뜨기로 늘리기] 5회. (15코)

원형 54단 겉뜨기 1단. (15코)

원형 55단 안뜨기 1단. (15코)

원형 56단 겉뜨기 1단. (15코)

원형 57단 안뜨기 1단. (15코)

원형 58단 겉뜨기 1단. (15코)

원형 59단 안뜨기 1단. (15코)

원형 60단 겉뜨기 1코, [왼코 줄이기] 7회. (8코)

• 돗바늘로 마무리.

모눈 도안 × × × × ×

다리&몸통&얼굴

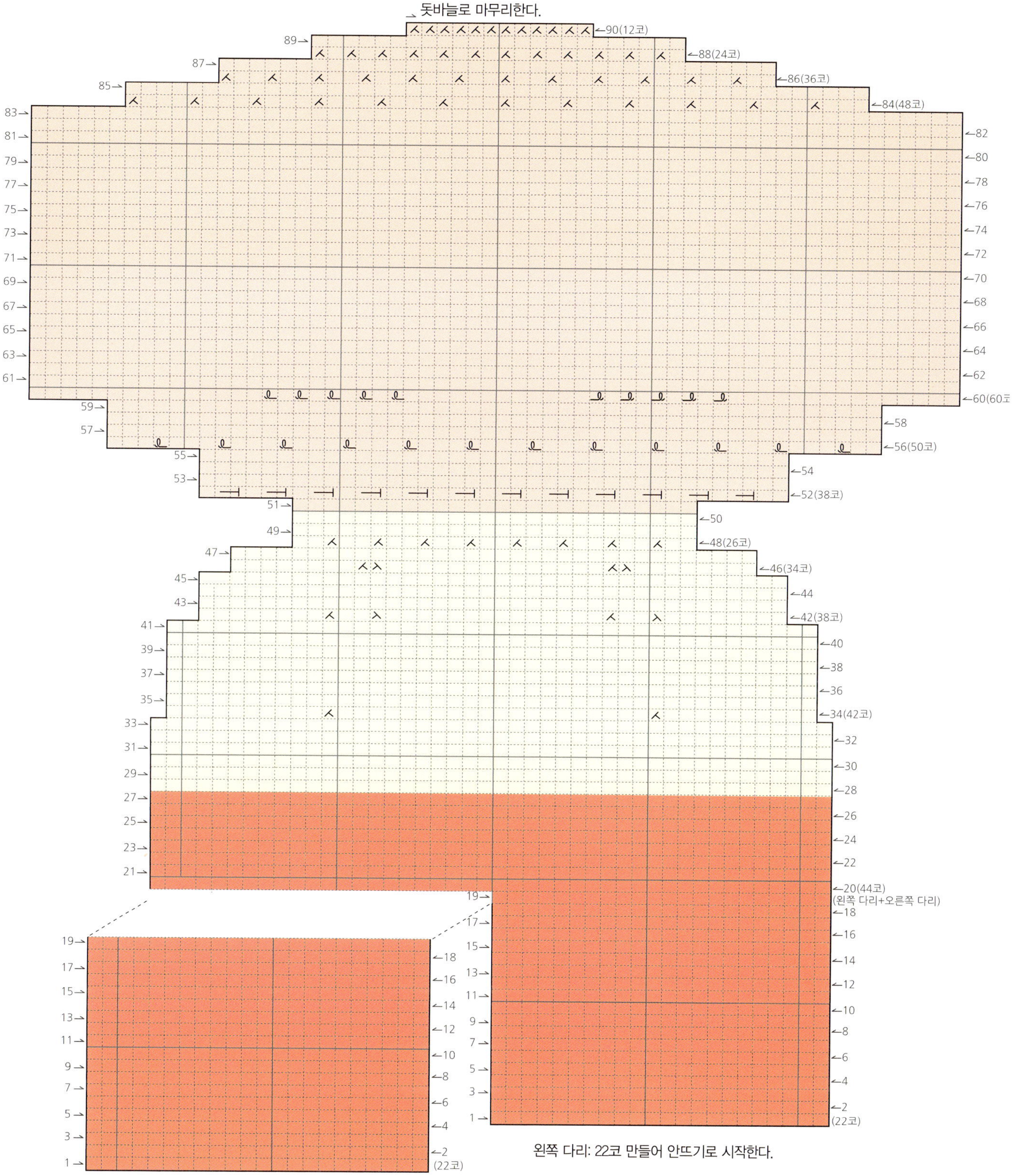

왼쪽 다리: 22코 만들어 안뜨기로 시작한다.

오른쪽 다리: 22코 만들어 안뜨기로 시작한다.

모자

- | = □ 겉뜨기(K)
- — 안뜨기(P)
- 겉뜨기로 늘리기(kfb)
- 안뜨기로 늘리기(pfb)
- 겉뜨기로 왼코 만들기(M1L)
- 겉뜨기로 오른코 만들기(M1R)
- 겉뜨기로 왼코 줄이기(k2tog)
- 안뜨기로 왼코 줄이기(p2tog)
- 겉뜨기로 오른코 줄이기(skpo)
- 안뜨기로 오른코 줄이기(ssp)
- 3코 모아뜨기(k3tog)
- 감아코 만들기(backward loop cast on)

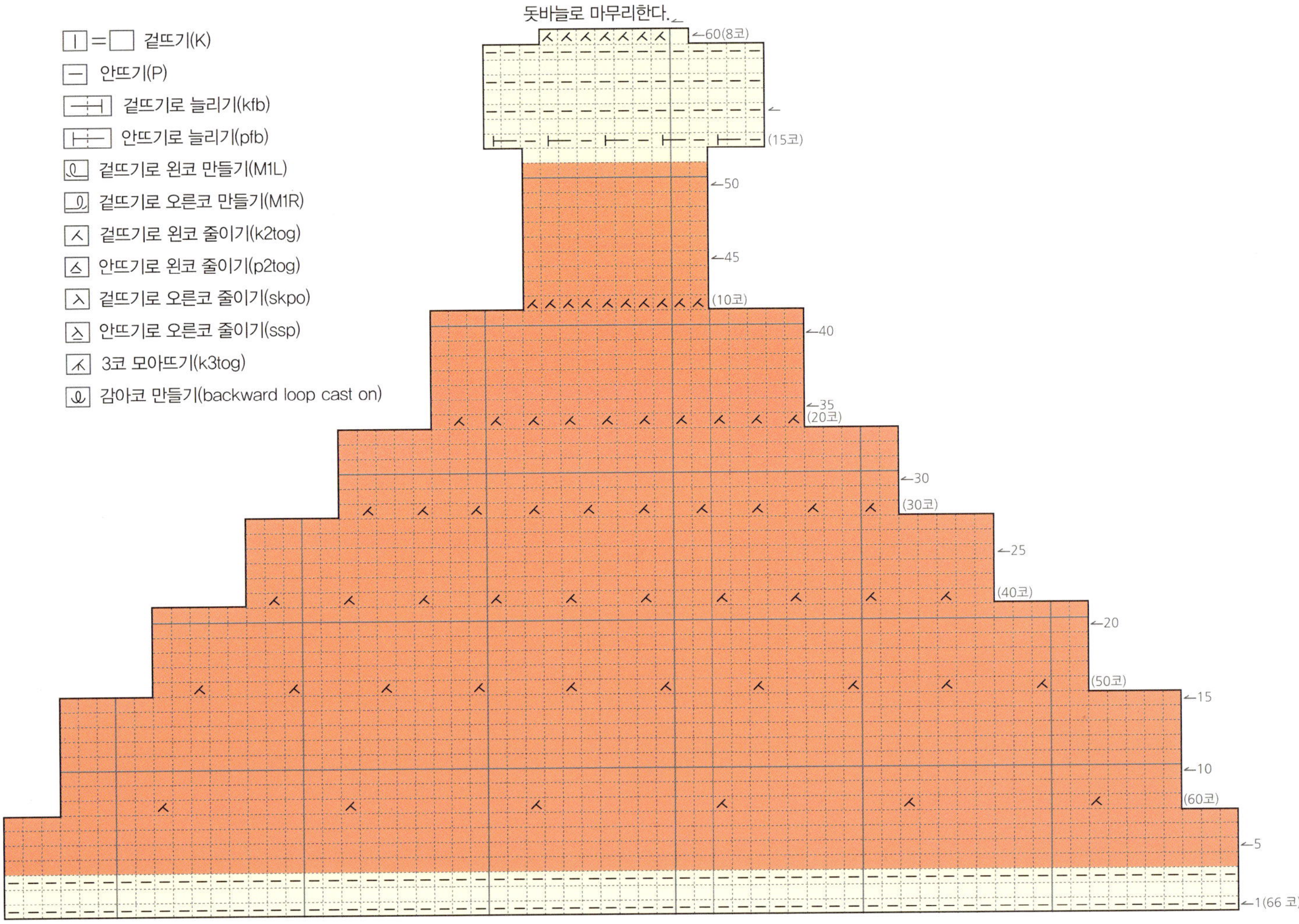

66코 만들어 안뜨기로 시작해 원형뜨기한다.

자켓

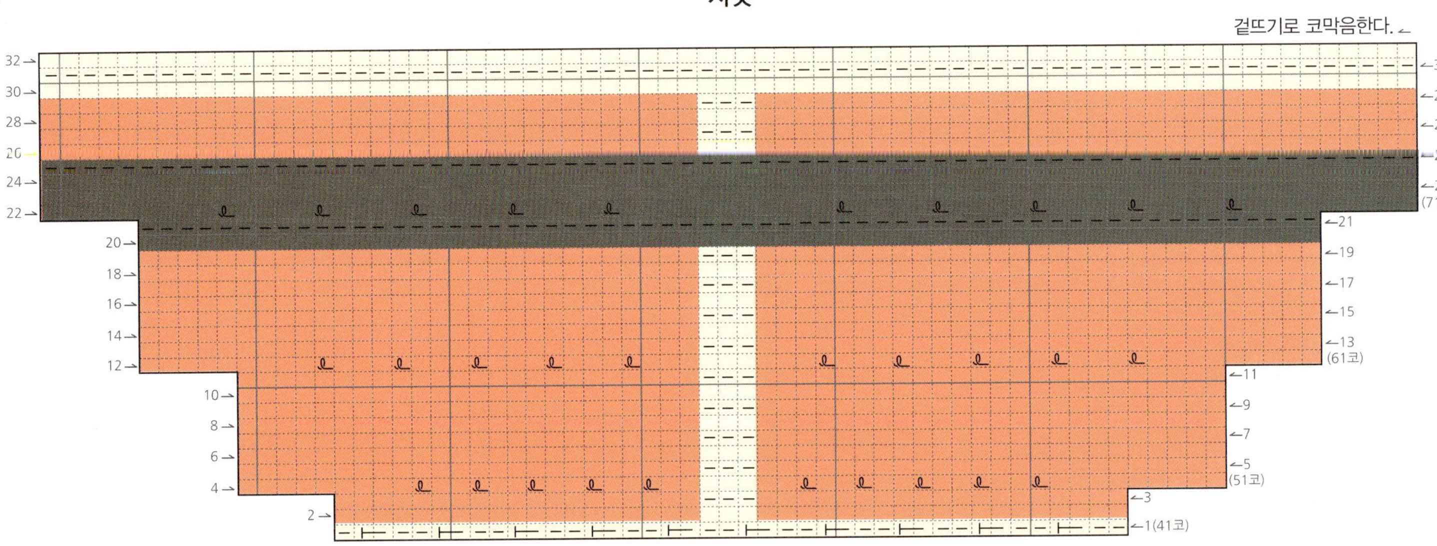

31코 만들어 겉뜨기로 시작한다.

신발(2개)

안뜨기로 코막음한다.

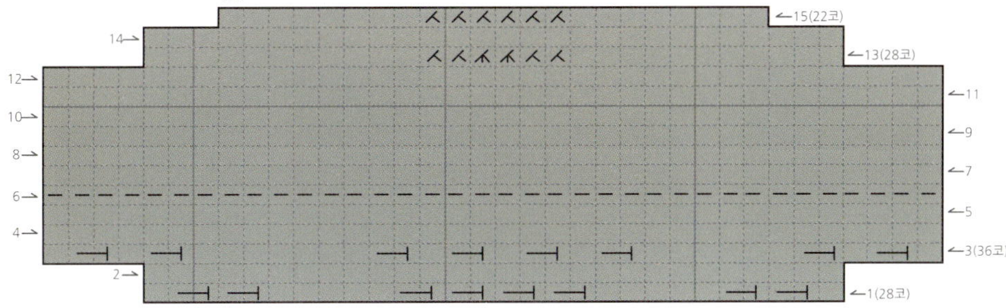

20코 만들어 겉뜨기로 시작한다.

수염

겉뜨기로 코막음한다.

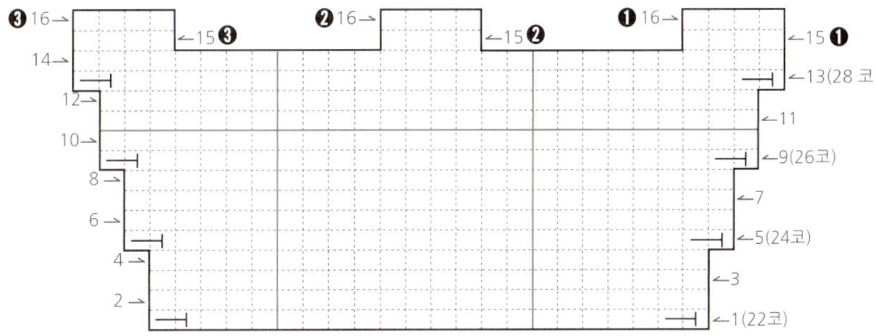

20코 만들어 겉뜨기로 시작한다.

팔(2개)

돗바늘로 마무리한다.

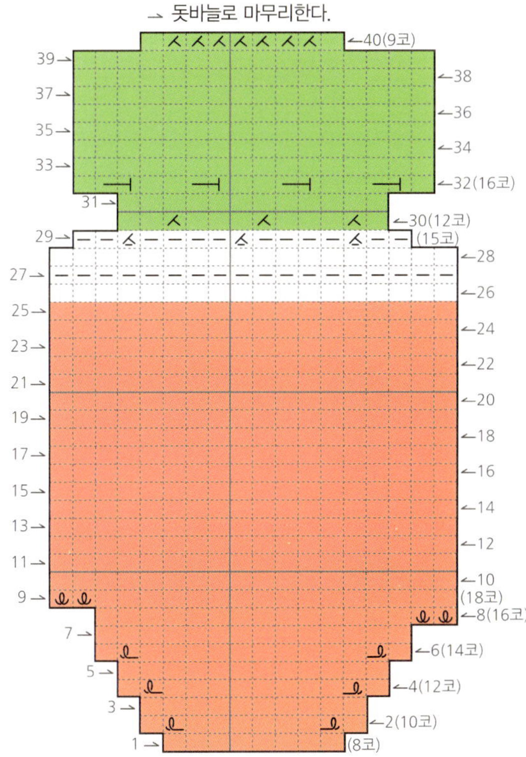

8코 만들어 안뜨기로 시작한다.

귀(2개)

돗바늘로 마무리한다.

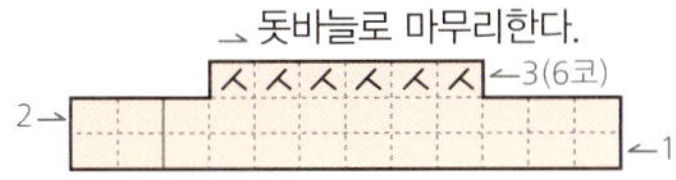

12코 만들어 겉뜨기로 시작한다.

코

돗바늘로 마무리한다.

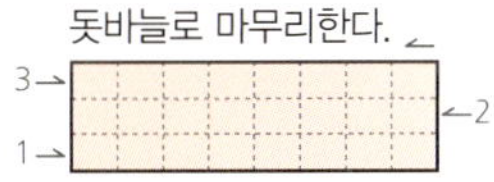

8코 만들어 안뜨기로 시작한다.

※벨트는 147쪽 패턴 도안을 참조하세요.

몸통 조립하기

1. 머리의 돗바늘로 마무리한 부분부터 시작하여, 얼굴이 시작되는 코늘림 단에서 1cm 정도 내려온 곳까지 메리야스 잇기로 잇는다.

2. 각각의 다리끼리 표시링으로 표시한 부분까지 메리야스 잇기로 잇는다.

3. 몸통을 바느질해서 잇는다.

목과 얼굴 분리

4. 창구멍이 2~3cm 남을 때까지 잇고 솜을 넣는다. 솜을 다 넣은 후 창구멍을 마저 바느질하여 막는다.

5. 얼굴이 시작되기 전 단(50단, 얼굴색으로 바뀌기 전 마지막 아이보리색 단)을 반 코씩 홈질한다.

6. 최대한 잡아당겨 묶는다.

코 조립하기

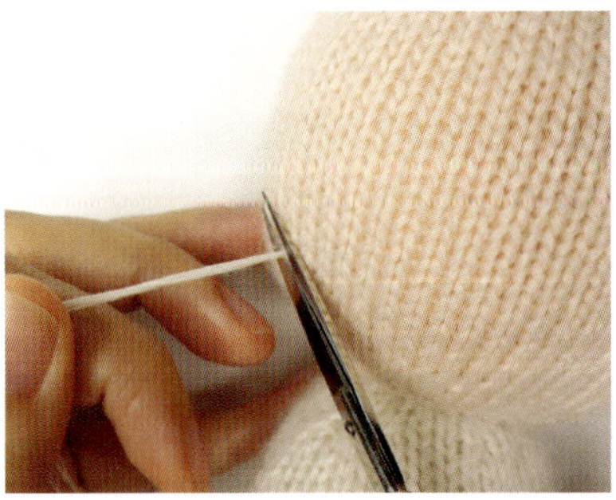

7. 매듭지은 자리에 바늘을 넣고 다른 곳으로 바늘을 멀리 보내 빼낸다. 실을 잡아 당겨 매듭을 인형 속으로 쏙 숨긴다.

8. 코를 돗바늘로 마무리한 곳부터 시작단까지 메리야스 잇기로 잇는다. 66단에서 걸어둔 표시링을 아래쪽 센터로 하여 위에 코를 올리고 시침핀으로 고정한다.

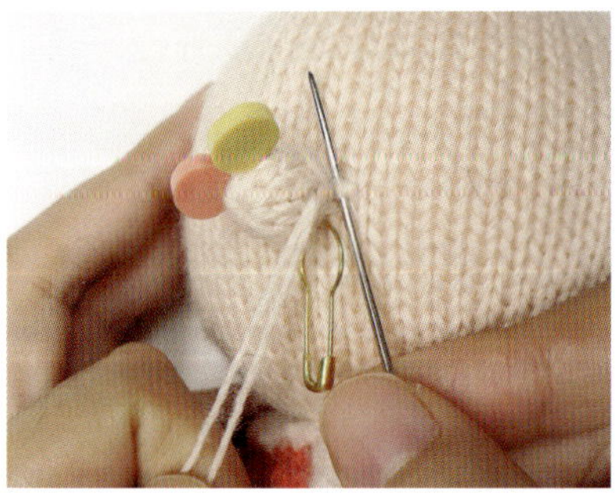

9. 코를 얼굴에 꿰매 붙인다. 코의 가장 아랫단 코를 한 코씩 차례대로 꿰맨다. 이때, 꿰매는 실이 보이지 않도록 바짝 당기면서 한다.

눈 달기

10. 센터에서 각각 4코 떨어진 위치에 눈을 단다.(눈과 눈 사이는 8코)
눈 아래에 볼터치를 한다.

귀 조립하기

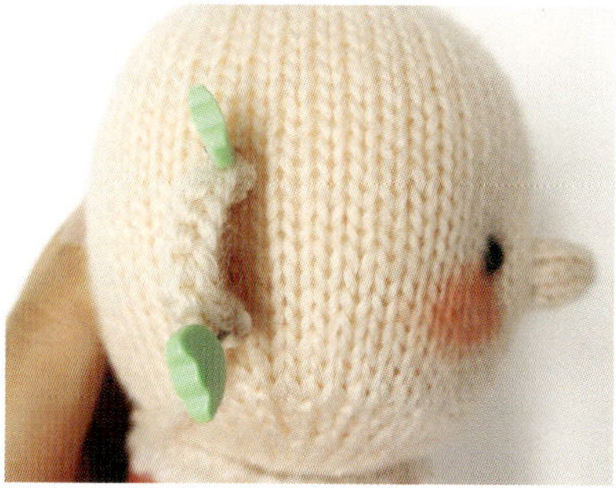

11. 얼굴 양쪽 옆면에 시침핀으로 귀를 각각 고정한다.

12. 귀의 양쪽 끝을 꿰매 얼굴에 고정한다.

수염 조립하기

13. 수염의 중심을 코의 아랫부분에 바짝 붙이고, 얼굴 아래턱까지 감싸도록 하여 시침핀으로 고정한다.

14. 수염을 얼굴에 얇은 실로 바느질하여 꿰맨다. 창구멍을 남기고 얼굴과 수염 사이에 솜을 넣는다.

15. 수염의 중앙에 스트레이트 스티치(212쪽 참조)로 입을 수놓는다.

신발 조립하기

16. 코 막은 단에서 코 잡은 단까지 세로로 메리야스 잇기로 잇는다.

17. 코 잡은 단(신발 바닥)을 감침질한다.

18. 신발 바느질한 모습.

19. 딱딱한 심지를 신발 바닥 모양으로 잘라 바닥에 넣고 솜을 채운다.

20. 신발의 중심과 표시링을 걸어둔 다리의 중심을 맞추어 시침핀으로 고정한다.

21. 다리의 가장 아랫단 한 코에 바늘을 넣고 빼낸다.

자켓 조립하기

22. 신발의 가장 윗단 한 코에 바늘을 넣고 빼낸다. 과정 21~22를 반복해서 꿰매 붙인다.

23. 자켓의 시작단부터 세로로 메리야스 잇기를 한다.

24. 자켓의 절반쯤 바느질하고 나서 산타의 몸에 입힌 채 꿰맨다.

팔 조립하기

25. 돗바늘로 마무리한 곳부터 표시링을 걸어둔 곳까지 메리야스 잇기하여 솜을 넣는다.

26. 자켓의 다홍색 끝단에 팔을 시침핀으로 고정한다.

27. 팔의 가장자리 단을 한 코씩 차례대로 꿰매 몸에 붙인다.

미리보기

준비물

☑ **루돌프**

완성 크기: 15cm

실: 킹콜 베이비 알파카 DK(King cole Baby Alpaca DK) 회갈색, 갈색, 아이보리색, 초록색, 다홍색, 오렌지 레드색, 금색

바늘: 2.5mm 대바늘

게이지: 메리야스뜨기 31코×39단(10×10cm)

☑ **트리**

완성 크기: 19cm

바늘: 2.5mm 대바늘

실: 킹콜 베이비 알파카 DK(King cole Baby Alpaca DK) 오렌지 레드색, 초록색 / 합사(금색)

바늘: 2.5mm 대바늘

게이지: 메리야스뜨기 31코×39단(10×10cm)

기타: 6mm 유리 눈, 공예용 와이어, 돗바늘, 솜, 안전핀, 표시링, 기화성펜(또는 수성펜), 패브릭 색연필(또는 패브릭 잉크), 부직포, 시침핀, 겸자

도구와 기법: 188~216쪽 참조

패턴 도안 보는 방법

- 기법 용어 중에서 코를 늘리고, 만들고, 줄이는 과정에서 '겉뜨기'는 따로 표시하지 않고, '안뜨기'만 표시했습니다.
- 같은 단에서 동일한 뜨기가 반복될 경우 '[ ] ㅇ회'로 표시했어요.
- 배색이 들어가는 부분에서는 글자에 실과 비슷한 색을 넣어 표시했어요.

모눈 도안 보는 방법

- 모눈 도안은 겉으로 보이는 무늬를 기호로 표기하기 때문에, 겉쪽 면에서는 도안의 기호대로, 안쪽 면에서는 기호의 반대대로 떠야 합니다.
- 도안의 양옆에 있는 화살표는 뜨는 방향, 숫자는 단수와 콧수를 의미합니다.
- 표시링으로 체크해야 하는 부분은 패턴 도안을 참조하세요.

패턴 PATTERN × × × × ×

오른쪽 다리

• * 회갈색 실로 12코를 만든다.

1단 안뜨기. (12코)

2단 겉뜨기 1코, 늘리기 10회, 겉뜨기 1코. (22코)

3~4단 메리야스뜨기 2단. (22코)

• 갈색 실로 바꾼다.

5단 안뜨기 1단. (22코)

• 5단을 뜨고 나서 첫 번째 코와 두 번째 코 사이, 21번째 코와 그 22번째 코 사이를 표시링 또는 다른 색 실로 표시한다. * *

• 실을 자르고 코를 안전핀이나 다른 바늘에 옮겨둔다.

왼쪽 다리

• 첫 번째 다리의 *부터 * *까지 똑같이 뜬다.

• 코를 바늘에 그대로 두고 실을 자르지 않는다.

몸통

• 다리 연결하기

6단 바늘에 있는 22코를 겉뜨기 20코, 오른코 줄이기를 하고, 이어서 안전핀에 걸어둔 22코를 왼코 줄이기, 겉뜨기20코. (42코)

7단 안뜨기 1단. (42코)

8단 겉뜨기 1코, [겉뜨기 3코, 늘리기] 10회, 겉뜨기 1코. (52코)

9~21단 메리야스뜨기 13단. (52코)

• 22단부터 48단은 아이보리색 실과 갈색 실로 배색하며 뜬다.
• 아이보리색 실은 (아), 갈색 실은 (갈)로 표현한다.

22단 (갈)겉뜨기 25코, (아)겉뜨기 2코, (갈)겉뜨기 25코. (52코)

23단 (갈)안뜨기 25코, (아)안뜨기 2코, (갈)안뜨기 25코. (52코)

24단 (갈)겉뜨기 12코, (갈)오른코 줄이기, (갈)왼코 줄이기, (갈)겉뜨기 8코, (아)겉뜨기 4코, (갈)겉뜨기 8코, (갈)오른코 줄이기, (갈)왼코 줄이기, (갈)겉뜨기 12코. (48코)

25단 (갈)안뜨기 22코, (아)안뜨기 4코, (갈)안뜨기 22코. (48코)

26단 (갈)겉뜨기 21코, (아)겉뜨기 6코, (갈)겉뜨기 21코. (48코)

27단 (갈)안뜨기 21코, (아)안뜨기 6코, (갈)안뜨기 21코. (48코)

28단 (갈)겉뜨기 11코, (갈)오른코 줄이기, (갈)왼코 줄이기, (갈)겉뜨기 5코, (아)겉뜨기 8코, (갈)겉뜨기 5코, (갈)오른코 줄이기, (갈)왼코 줄이기, (갈)겉뜨기 11코. (44코)

29단 (갈)안뜨기 18코, (아)안뜨기 8코, (갈)안뜨기 18코. (44코)

30단 (갈)겉뜨기 17코, (아)겉뜨기 10코, (갈)겉뜨기 17코. (44코)

31단 (갈)안뜨기 17코, (아)안뜨기 10코, (갈)안뜨기 17코. (44코)

32단 (갈)[겉뜨기 2코, 왼코 줄이기] 2회, (갈)겉뜨기 2코, (갈)오른코 줄이기, (갈)왼코 줄이기, (갈)겉뜨기 1코, (아)[겉뜨기 2코, 왼코 줄이기] 3회, (아)겉뜨기 2코, (갈)겉뜨기 1코, (갈)오른코 줄이기, (갈)[왼코 줄이기, 겉뜨기 2코] 3회. (33코)

33단 (갈)안뜨기 11코, (아)안뜨기 11코, (갈)안뜨기 11코. (33코)

얼굴

34단 (갈)겉뜨기 1코, (갈)[늘리기] 10회, (아)[늘리기] 11회, (갈)[늘리기] 10회, 겉뜨기 1코. (64)

35단 (갈)안뜨기 21코, (아)안뜨기 22코, (갈)안뜨기 21코. (64코)

36단 (갈)겉뜨기 21코, (아)겉뜨기 22코, (갈)겉뜨기 21코. (64코)

37단 (갈)안뜨기 21코, (아)안뜨기 22코, (갈)안뜨기 21코. (64코)

38단 (갈)겉뜨기 22코, (아)겉뜨기 20코, (갈)겉뜨기 22코. (64코)

39단 (갈)안뜨기 23코, (아)안뜨기 18코, (갈)안뜨기 23코. (64코)

40단 (갈)겉뜨기 24코, (아)겉뜨기 16코, (갈)겉뜨기 24코. (64코)

41단 (갈)안뜨기 26코, (아)안뜨기 12코, (갈)안뜨기 26코. (64코)

42단 (갈)겉뜨기 28코, (아)겉뜨기 8코, (갈)겉뜨기 28코. (64코)

43단 (갈)안뜨기 30코, (아)안뜨기 4코, (갈)안뜨기 30코. (64코)

• 아이보리색 실은 끊고 갈색 실로만 뜬다.

44~49단 메리야스뜨기 6단. (64코)

50단 겉뜨기 15코, 오른코 줄이기, 왼코 줄이기, 겉뜨기 26코, 오른코 줄이기, 왼코 줄이기, 겉뜨기 15코. (60코)

51단 안뜨기 1단. (60코)

52단 겉뜨기 14코, 오른코 줄이기, 왼코 줄이기, 겉뜨기 24코, 오른코 줄이기, 왼코 줄이기, 겉뜨기 14코. (56코)

53~55단 메리야스뜨기 3단. (56코)

56단 겉뜨기 1코, [겉뜨기 4코, 왼코 줄이기] 9회, 겉뜨기 1코. (47코)

57단 안뜨기 1단. (47코)

58단 겉뜨기 1코, [겉뜨기 3코, 왼코 줄이기] 9회, 겉뜨기 1코. (38코)

59단 안뜨기 1단. (38코)

60단 겉뜨기 1코, [겉뜨기 2코, 왼코 줄이기] 9회, 겉뜨기 1코. (29코)

61단 안뜨기 1단. (29코)

62단 겉뜨기 1코, [겉뜨기 1코, 왼코 줄이기] 9회, 겉뜨기 1코. (20코)

63단 안뜨기 1단. (20코)

64단 겉뜨기 1코, [왼코 줄이기] 9회, 겉뜨기 1코. (11코)

• 돗바늘로 마무리한 후, 바느질할 만큼의 여유를 두고 실을 자른다.

팔(2개)

• 갈색 실로 8코를 만든다.

1단 안뜨기 1단. (8코)

2단 겉뜨기 1코, 오른코 만들기, 겉뜨기 6코, 왼코 만들기, 겉뜨기 1코. (10코)

3단 안뜨기 1단. (10코)

4단 겉뜨기 1코, 오른코 만들기, 겉뜨기 8코, 왼코 만들기, 겉뜨기 1코. (12코)

5단 안뜨기 1단. (12코)

6단 겉뜨기 1코, 오른코 만들기, [겉뜨기 3코, 왼코 만들기, 겉뜨기 2코] 2회, 왼코 만들기, 겉뜨기 1코. (16코)

7~14단 메리야스뜨기 8단. (16코)

• 회갈색 실로 바꾼다.

15~17단 메리야스뜨기 3단. (16코)

18단 겉뜨기 1코, [왼코 줄이기] 7회, 겉뜨기 1코. (9코)

• 돗바늘로 마무리한다.

귀 뒷면(2개)

• 갈색 실로 12코를 만든다.

1단 안뜨기 1단. (12코)

2단 겉뜨기 1코, [늘리기, 겉뜨기 1코] 5회, 겉뜨기 1코. (17코)

3~5단 메리야스뜨기 3단. (17코)

6단 겉뜨기 1코, 왼코 줄이기, 겉뜨기 11코, 오른코 줄이기, 겉뜨기 1코. (15코)

7~9단 메리야스뜨기 3단. (15코)

10단 겉뜨기 1코, 왼코 줄이기, [겉뜨기 2코, 왼코 줄이기] 2회, 겉뜨기 1코, 오른코 줄이기, 겉뜨기 1코. (11코)

11~13단 메리야스뜨기 3단. (11코)

14단 겉뜨기 1코, 왼코 줄이기, 겉뜨기 1코, 3코 모아뜨기, 겉뜨기 1코, 오른코 줄이기, 겉뜨기 1코. (7코)

15단 안뜨기 1단. (7코)

16단 겉뜨기 1코, 왼코 줄이기, 겉뜨기 1코, 오른코 줄이기, 겉뜨기 1코. (5코)

• 돗바늘로 마무리한다.

귀 앞면(2개)

• 아이보리색 실로 6코를 만든다.

1단 안뜨기 1단. (6코)

2단 [겉뜨기 1코, 늘리기] 3회 (9코)

3~5단 메리야스뜨기 3단. (9코)

6단 겉뜨기 1코, 왼코 줄이기, 겉뜨기 3코, 오른코 줄이기, 겉뜨기 1코. (7코)

7~13단 메리야스뜨기 7단. (7코)

14단 겉뜨기 1코, 왼코 줄이기, 겉뜨기 1코, 오른코 줄이기, 겉뜨기 1코. (5코)

15~16단 메리야스뜨기 2단. (5코)

• 돗바늘로 마무리한다.

꼬리

• 갈색 실로 12코를 만든다.

1단 안뜨기 1단. (12코)

2단 [겉뜨기 1코, 왼코 만들기, 겉뜨기 1코] 6회. (18코)

3~5단 메리야스뜨기 3단. (18코)

6단 겉뜨기1코, [왼코 줄이기, 겉뜨기 4코, 오른코 줄이기] 2회, 겉뜨기 1코. (14코)

7단 안뜨기 1단. (14코)

8단 겉뜨기1코, [왼코 줄이기, 겉뜨기 2코, 오른코 줄이기] 2회, 겉뜨기 1코. (10코)

• 안뜨기로 코막음한다.

코

• 오렌지 레드색 실로 4코를 만든다.

1단 안뜨기 1단. (4코)

• 겉뜨기로 코막음한다.

큰 뿔

• 금색 실로 7코를 만든다.

1~14단 안뜨기로 시작하는 메리야스뜨기 14단. (7코)

• 돗바늘로 마무리한다.

작은 뿔

• 금색실로 7코를 만든다.

1~4단 안뜨기로 시작하는 메리야스뜨기 4단. (7코)

• 돗바늘로 마무리한다.

머플러

• 초록색 실로 8코를 만든다.

• 1~69단까지 초록색 실과 다홍색 실로 배색하며 뜬다.

• 초록색 실은 (초), 다홍색 실은 (다)로 표현한다.

1~3단 (초)겉뜨기로 시작하는 메리야스뜨기 3단. (8코)

4~6단 (다)메리야스뜨기 3단. (8코)

7~66단 1~6단을 10번 더 반복한다. (8코)

67~69단 (초)메리야스뜨기 3단. (8코)

• 겉뜨기로 코막음한다.

※ 바꿀 실이 뜨개판의 반대쪽 끝에 있을 때는 코들을 바늘 반대쪽 끝으로 보내서 뜬다. 안뜨기 뜰 차례였으면 겉뜨기로, 겉뜨기 뜰 차례였으면 안뜨기로 뜬다. (배색은 211쪽 참조)

나무

• 초록색 실로 11코를 만든다.

• 금색 실과 초록색 실로 배색하면서 뜨는데, 금색 실이라고 쓰지 않은 부분은 초록색 실로 뜬다.

1단 안뜨기 1단. (11코)

2단 겉뜨기 1코, [늘리기] 9회, 겉뜨기 1코. (20코)

3단 안뜨기 1단. (20코)

4단 [겉뜨기 1코, 늘리기] 10회. (30코)

5~7단 메리야스뜨기 3단. (30코)

8단 [겉뜨기 1코, 늘리기, 겉뜨기 1코] 10회. (40코)

9단 안뜨기 1단. (40코)

10단 [겉뜨기 1코, 늘리기, 겉뜨기 2코] 10회. (50코)

11단 안뜨기 1단. (50코)

12단 [겉뜨기 2코, 늘리기, 겉뜨기 2코] 10회. (60코)

13단 안뜨기 1단. (60코)

14~17단 가터뜨기 4단. (60코)

18~19단 금색 실로 가터뜨기 2단. (60코)

20단 [겉뜨기 4코, 왼코 줄이기, 겉뜨기 4코] 6회. (54코)

21~23단 가터뜨기 3단. (54코)

24~25단 금색 실로 가터뜨기 2단. (54코)

26단 [겉뜨기 4코, 왼코 줄이기, 겉뜨기 3코] 6회. (48코)

27~29단 가터뜨기 3단. (48코)

30~31단 금색 실로 가터뜨기 2단. (48코)

32단 [겉뜨기 3코, 왼코 줄이기, 겉뜨기 3코] 6회. (42코)

33~35단 가터뜨기 3단. (42코)

36~37단 금색 실로 가터뜨기 2단. (42코)

38단 [겉뜨기 2코, 왼코 줄이기, 겉뜨기 3코] 6회. (36코)

39~43단 가터뜨기 5단. (36코)

44~45단 금색 실로 가터뜨기 2단. (36코)

46단 [겉뜨기 2코, 왼코 줄이기, 겉뜨기 2코] 6회. (30코)

47~51단 가터뜨기 5단. (30코)

52~53단 금색 실로 가터뜨기 2단. (30코)

54단 [겉뜨기 1코, 왼코 줄이기, 겉뜨기 2코] 6회. (24코)

55~59단 가터뜨기 5단. (24코)

60~61단 금색 실로 가터뜨기 2단. (24코)

62단 [겉뜨기 1코, 왼코 줄이기, 겉뜨기 1코] 6회. (18코)

63~65단 가터뜨기 3단. (18코)

66단 [왼코 줄이기] 9회. (9코)

67단 가터뜨기 1단. (9코)

68~69단 금색 실로 가터뜨기 2단. (9코)

70~73단 가터뜨기 4단. (9코)

• 돗바늘로 마무리한다.

나무 기둥

• 오렌지 레드색 실로 11코를 만든다.

1단 안뜨기 1단. (11코)

2단 겉뜨기 1코, [늘리기] 9회, 겉뜨기 1코. (20코)

3단 안뜨기 1단. (20코)

4단 [겉뜨기 1코, 늘리기] 10회. (30코)

5~6단 메리야스뜨기 2단. (30코)

7단 겉뜨기 1단. (30코)

8~19단 겉뜨기로 시작하는 메리야스뜨기 12단. (30코)

20~22단 겉뜨기 3단. (30코)

23단 안뜨기 1단. (30코)

24단 [겉뜨기 1코, 왼코 줄이기] 10회. (20코)

25단 안뜨기 1단. (20코)

26단 겉뜨기 1코, [왼코 줄이기] 9회, 겉뜨기 1코. (11코)

27단 안뜨기 1단. (11코)

• 겉뜨기로 코막음한다.

별(2개)

• 노란색 실로 17코를 만들고 원형뜨기(209쪽 참조)한다.

1단 원형뜨기로 겉뜨기 1단. (17코)

2단 원형뜨기로 [겉뜨기 2코, 왼코 만들기] 8회, 겉뜨기 1코. (25코)

3단 * 겉뜨기 5코(이 다섯 코로 코막음 단까지 평면뜨기한다.)

4단 안뜨기 1단. (5코)

5단 겉뜨기 1코, 3코 모아뜨기, 겉뜨기 1코. (3코)

• 안뜨기로 코막음한다 * *

• 20코 남은 곳에 새로 실 걸고 * 부터 * * 까지 반복한다.

• 15코 남은 곳에 새로 실 걸고 * 부터 * * 까지 반복한다.

• 10코 남은 곳에 새로 실 걸고 * 부터 * * 까지 반복한다.

• 5코 남은 곳에 새로 실 걸고 * 부터 * * 까지 반복한다.

모눈 도안 × × × × ×

다리&몸통&얼굴

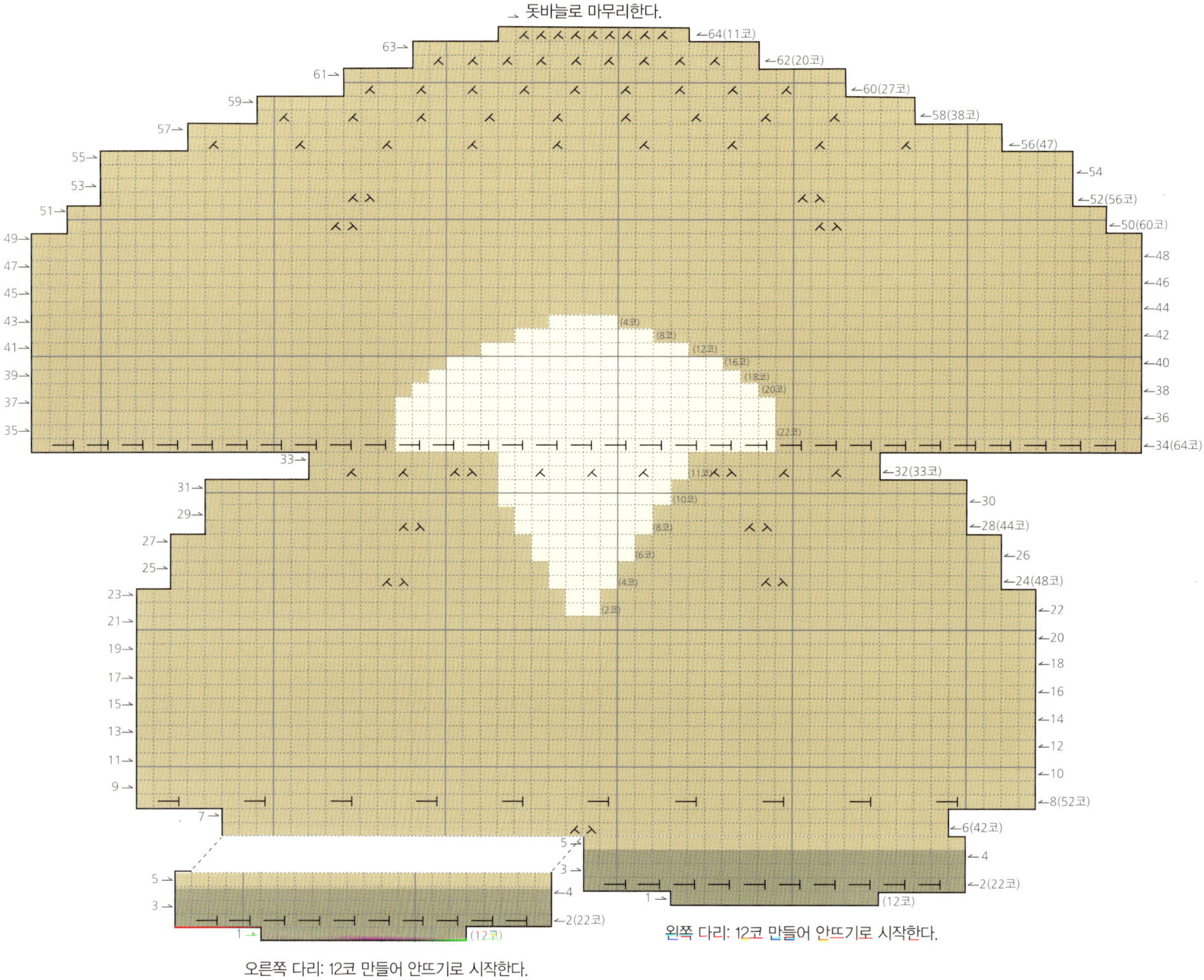

- | = □ 겉뜨기(K)
- — 안뜨기(P)
- 겉뜨기로 늘리기(kfb)
- 안뜨기로 늘리기(pfb)
- 겉뜨기로 왼코 만들기(M1L)
- 겉뜨기로 오른코 만들기(M1R)
- 겉뜨기로 왼코 줄이기(k2tog)
- 겉뜨기로 오른코 줄이기(skpo)
- 3코 모아뜨기(k3tog)

귀 뒷면(2개)

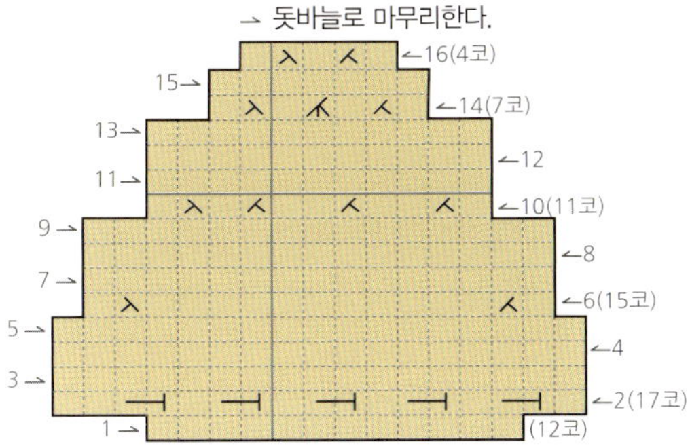

12코 만들어 안뜨기로 시작한다.

귀 앞면(2개)

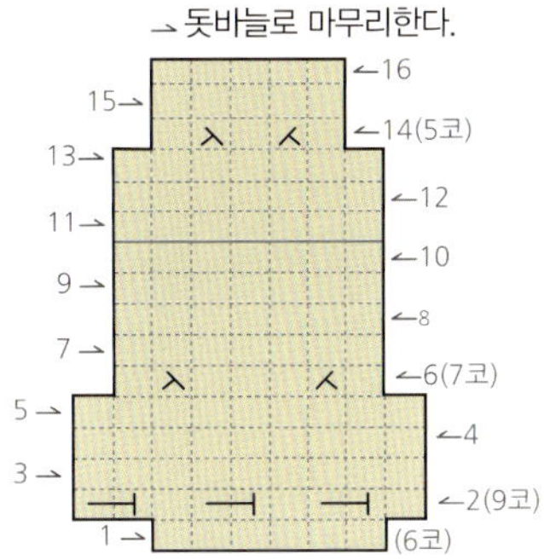

6코 만들어 안뜨기로 시작한다.

팔(2개)

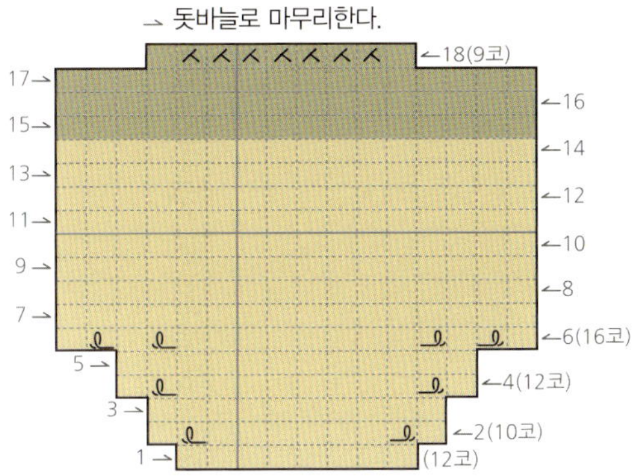

8코 만들어 안뜨기로 시작한다.

꼬리

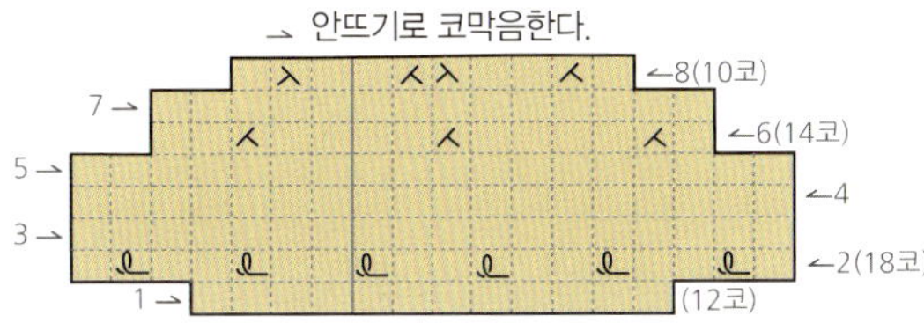

12코 만들어 안뜨기로 시작한다.

머플러

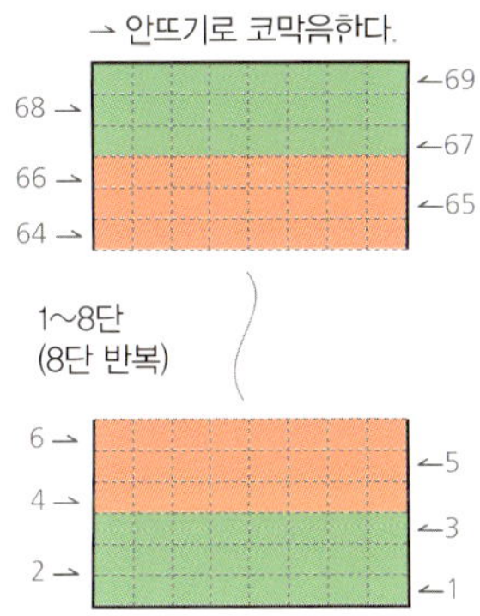

8코 만들어 겉뜨기로 시작한다.

큰 뿔

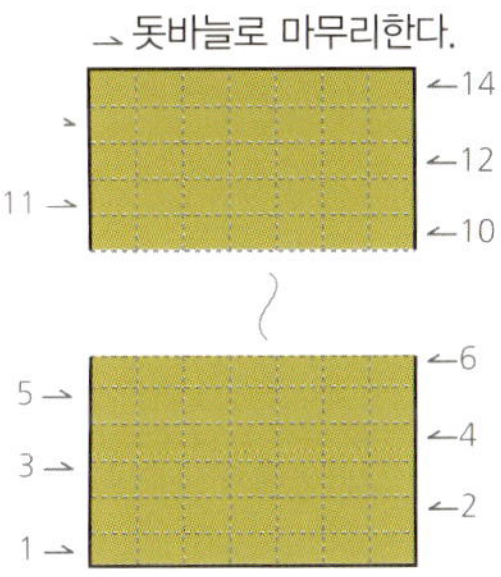

7코 만들어 안뜨기로 시작한다.

코

4코 만들어 안뜨기로 시작한다.

작은 뿔

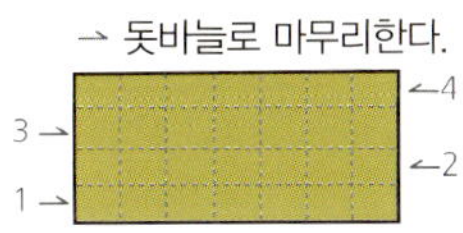

7코 만들어 안뜨기로 시작한다.

나무

돗바늘로 마무리한다.

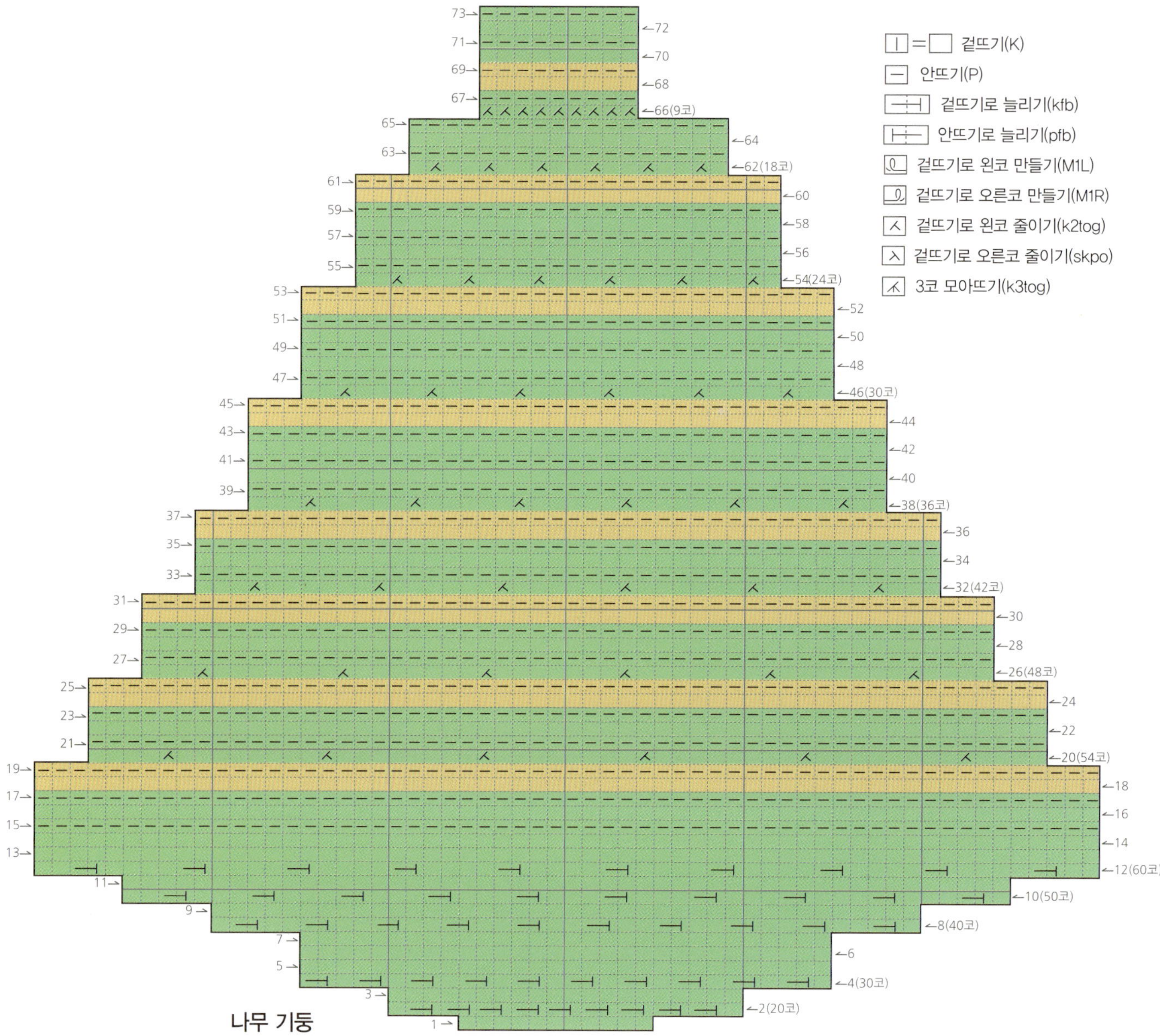

11코 만들어 안뜨기로 시작한다.

- 겉뜨기(K)
- 안뜨기(P)
- 겉뜨기로 늘리기(kfb)
- 안뜨기로 늘리기(pfb)
- 겉뜨기로 왼코 만들기(M1L)
- 겉뜨기로 오른코 만들기(M1R)
- 겉뜨기로 왼코 줄이기(k2tog)
- 겉뜨기로 오른코 줄이기(skpo)
- 3코 모아뜨기(k3tog)

나무 기둥

겉뜨기로 코막음한다.

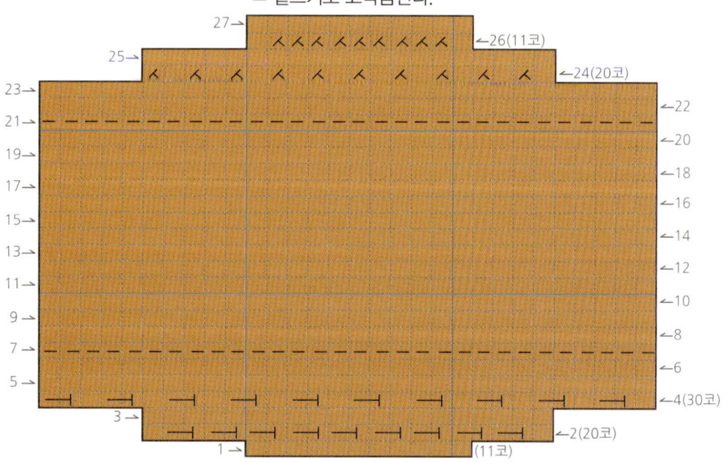

11코 만들어 안뜨기로 시작한다.

별(2개)

안뜨기로 코막음한다.

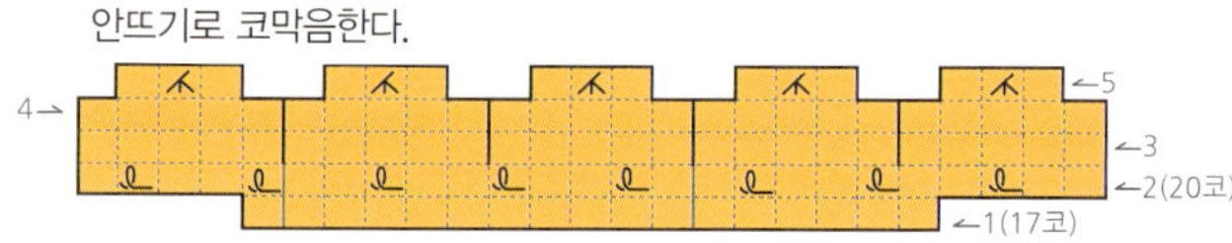

17코 만들어 1~2단은 원형뜨기로 뜨고 3~5단은 평으로 뜬다.

얼굴 수놓기

1. 코는 42~44단, 눈은 센터에서 각각 4코씩 떨어진 위치, 입은 얼굴이 시작되는 단에서부터 3단 위(37단)의 위치를 수성펜으로 그린다.
※기본 몸통은 16~19쪽을 참조하여 만든다.

2. 코는 갈색실로 바뀌는 44단과 그 아래 아이보리색 2단(42~44단)에 걸쳐서 꿰매 붙인다.

3. 코를 얼굴에 붙인 모습.

4. 센터에서 각각 4코씩 떨어진 위치(눈과 눈 사이는 8코)에 눈을 단다.

5. 아래 꼭짓점 중 한 점으로 바늘을 빼 올린다.

6. 다른 한 점으로 바늘을 넣는다.: A
위에 꼭짓점으로 바늘을 빼낸다.: B

7. 지금 나온 실(B)을 A 실의 위에 두고, 바늘이 나왔던 위에 꼭짓점으로 다시 바늘을 넣어 잡아당긴다(플라이 스티치 214쪽 참조).

뿔 달기

8. 큰 뿔과 작은 뿔 모두 돗바늘 마무리한 곳에서 코 잡은 단까지 메리야스 잇기한다. 큰 뿔 중간에 작은 뿔의 시작단을 꿰매 붙인다.

9. 1mm 공예용 와이어를 반으로 접어서 꼬은 후, 큰 뿔에 끼워 넣는다.

10. 뿔이 달릴 위치를 송곳으로 뚫어 와이어가 들어갈 구멍을 만든다.

11. 구멍에 글루건을 쏘고 뿔을 끼운 후, 뿔 모양으로 구부린다.

12. 뿔을 꿰매 붙인다.

귀 조립하기

13. 귀 두 장을 안쪽 면끼리 마주보도록 포갠 후, 코 잡은 단에서 시작하여 돗바늘 마무리한 곳까지 옆선을 메리야스 잇기한다.

14. 돗바늘 마무리한 바느질 선을 따라 다시 한 번 돗바늘로 마무리한다.

15. 돗바늘 마무리한 곳부터 시작단까지 메리야스 잇기한다.

16. 귀를 반으로 접어 양쪽 가장자리의 갈색 코 한 땀씩 떠서 잡아당긴다.

17. 귀 완성.

18. 얼굴 양쪽 옆면, 코 줄인 곳(50단 코 줄임) 윗단에서 한 땀을 잡는다.

19. 반대쪽 코 줄인 곳으로 바늘을 빼낸 후, 똑같이 한 땀을 잡는다.

20. 실을 잡아 당겨 오목하게 들어가도록 한다.

21. 얼굴 양쪽 옆면, 코 줄인 곳(50단 코 줄임) 위의 단에 귀 아래쪽 중심을 댄다.

22. 귀를 시침핀으로 고정한 후, 귀의 가장 아랫단 코를 한 코씩 차례대로 꿰맨다.

23. 꿰매는 실이 보이지 않도록 바짝 당기면서 바느질한다.

꼬리 조립하기

24. 코 잡은 단부터 코 막은 단까지 메리야스 잇기를 한다.

25. 코 막은 단을 메리야스 잇기한다. 이때, 바느질하면서 새로운 한 단을 만드는 것이므로 너무 잡아당기지 않도록 주의.

26. 인형 뒷면의 아래쪽 중심에 꿰매서 붙인다.

나무 조립하기

27. 돗바늘 마무리 부분부터 시작하여, 가터뜨기가 시작되는 단까지 가터잇기(215쪽 참조)로 꿰맨다.

28. 겸자로 솜을 넣고, 나무의 아랫부분 크기에 맞게 심지를 동그랗게 잘라 넣는다.

29. 나머지 메리야스 부분을 메리야스 잇기로 꿰맨다.

30. 돗바늘로 시작단의 반 코들을 안에서 밖으로(또는 밖에서 안으로, 단 한 방향으로 꿰맬 것) 하나씩 걸러서 꿰맨 후, 바짝 잡아당겨 매듭지어 마무리한다.

나무 기둥 조립하기

31. 옆선을 메리야스 잇기한다.

32. 부직포를 나무기둥 크기로 감아 심지를 만들어 편물 안에 넣고 꿰맨다.

33. 돗바늘로 시작단의 반 코들을 안에서 밖으로(또는 밖에서 안으로, 단 한 방향으로 꿰맬 것) 하나씩 걸러서 꿰맨 후, 바짝 잡아당겨 매듭지어 마무리한다.

34. 나무 아랫부분 중앙에 나무 기둥을 시침핀으로 고정한다.

35. 꿰매서 붙인다.

별 조립하기

36. 돗바늘로 시작단의 반 코들을 안에서 밖으로(또는 밖에서 안으로, 단 한 방향으로 꿰맬 것) 꿰맨다.

37. 실을 바짝 잡아당겨 오므린다.

38. 별 두 장을 안쪽 면끼리 마주보도록 포갠 후, 별의 가장자리를 메리야스 잇기로 잇는다. 이때, 시접이 작아지도록 한 코가 아니라 반 코 들어가서 꿰맨 후, 솜을 조금 넣는다.

39. 별을 나무의 꼭대기에 붙여 완성한다.

19

눈사람

× × × × ×

너무너무 추운 날 귀마개와 목도리는 필수겠죠?
동글동글 귀여운 눈사람은 만들기도 쉽답니다.

미리보기

준비물

완성 크기: 13cm

실: 슈퍼 앙고라(Super Angora) 하얀색, 진하늘색

바늘: 2.75mm 대바늘

게이지: 메리야스뜨기 31코×39단(10×10cm)

기타: 5mm 단추 눈, 단추, 돗바늘, 솜, 자수실(빨간색), 안전핀, 표시링, 기화성펜(또는 수성펜), 패브릭 색연필(또는 패브릭 잉크), 나뭇가지(또는 지철사)

도구와 기법: 188~216쪽 참조

패턴 도안 보는 방법

- 기법 용어 중에서 코를 늘리고, 만들고, 줄이는 과정에서 '겉뜨기'는 따로 표시하지 않고, '안뜨기'만 표시했습니다.
- 같은 단에서 동일한 뜨기가 반복될 경우 '[ ] ㅇ회'로 표시했어요.
- 배색이 들어가는 부분에서는 글자에 실과 비슷한 색을 넣어 표시했어요.

모눈 도안 보는 방법

- 모눈 도안은 겉으로 보이는 무늬를 기호로 표기하기 때문에, 겉쪽 면에서는 도안의 기호대로, 안쪽 면에서는 기호의 반대대로 떠야 합니다.
- 도안의 양옆에 있는 화살표는 뜨는 방향, 숫자는 단수와 콧수를 의미합니다.
- 표시링으로 체크해야 하는 부분은 패턴 도안을 참조하세요.

패턴 PATTERN × × × × ×

몸통

• 하얀색 실로 12코를 만든다.

1단 안뜨기 1단. (12코)

2단 겉뜨기 1코, [늘리기] 10회, 겉뜨기 1코. (22코)

3단 안뜨기 1단. (22코)

4단 겉뜨기 1코, [늘리기, 겉뜨기 1코] 10회, 겉뜨기 1코. (32코)

5단 안뜨기 1단. (32코)

6단 [겉뜨기 2코, 늘리기] 10회, 겉뜨기 2코. (42코)

7~25단 메리야스뜨기 19단. (42코)

26단 겉뜨기 1코, [왼코 줄이기, 겉뜨기 1코, 왼코 줄이기] 8회, 겉뜨기 1코. (26코)

27단 안뜨기 1단. (26코)

얼굴

28단 겉뜨기 1코, [늘리기] 24회, 겉뜨기 1코. (50코)

29~35단 메리야스뜨기 7단. 35단을 뜨고 나서 센터(25코와 26코 사이)에 표시링을 건다. (50코)

36~43단 메리야스뜨기 8단. (50코)

44단 겉뜨기 11코, 오른코 줄이기, 왼코 줄이기, 겉뜨기 20코, 오른코 줄이기, 왼코 줄이기, 겉뜨기 11코. (46코)

45단 안뜨기 1단. (46코)

46단 겉뜨기 1코, [겉뜨기 2코, 왼코 줄이기] 11회, 겉뜨기 1코. (35코)

47단 안뜨기 1단. (35코)

48단 겉뜨기 1코, [겉뜨기 1코, 왼코 줄이기] 11회, 겉뜨기 1코. (24코)

49단 안뜨기 1단. (24코)

50단 겉뜨기 1코, [왼코 줄이기] 10회, 겉뜨기 1코. (12코)

• 돗바늘로 마무리한다.

귀마개(2개)

• 진하늘색 실로 7코를 만든다.

1단 안뜨기 1단. (7코)

2단 겉뜨기 1코, [늘리기] 5회, 겉뜨기 1코. (12코)

3단 안뜨기 1단. (12코)

4단 겉뜨기 1코, [겉뜨기 1코, 늘리기] 5회, 겉뜨기 1코. (17코)

5~6단 메리야스뜨기 2단. (17코)

7단 겉뜨기 1단. (17코)

8~9단 겉뜨기로 시작하는 메리야스뜨기 2단. (17코)

10단 겉뜨기 1코, [겉뜨기 1코, 왼코 줄이기] 5회, 겉뜨기 1코. (12코)

11단 안뜨기 1단. (12코)

12단 겉뜨기 1코, [왼코 줄이기] 5회, 겉뜨기 1코. (7코)

• 돗바늘로 마무리한다.

귀마개 끈

• 28코를 만든다.

1~2단 겉뜨기 2단. (28코)

• 겉뜨기로 코막음한다.

머플러

• 파란색 실로 8코를 만든다.

• 파란색 실과 하얀색 실로 배색하며 뜬다.

• 파란색 실은 (파), 하얀색 실은 (하)로 표현한다.

1~2단 (파)겉뜨기로 시작하는 메리야스뜨기 2단.

3~4단 (하)메리야스뜨기 2단.

5~116단 1~4단을 28번 반복한다.

117~118단 (파)메리야스뜨기 2단.

• 겉뜨기로 코막음한다.

모눈 도안 × × × × ×

몸통&얼굴

돗바늘로 마무리한다.

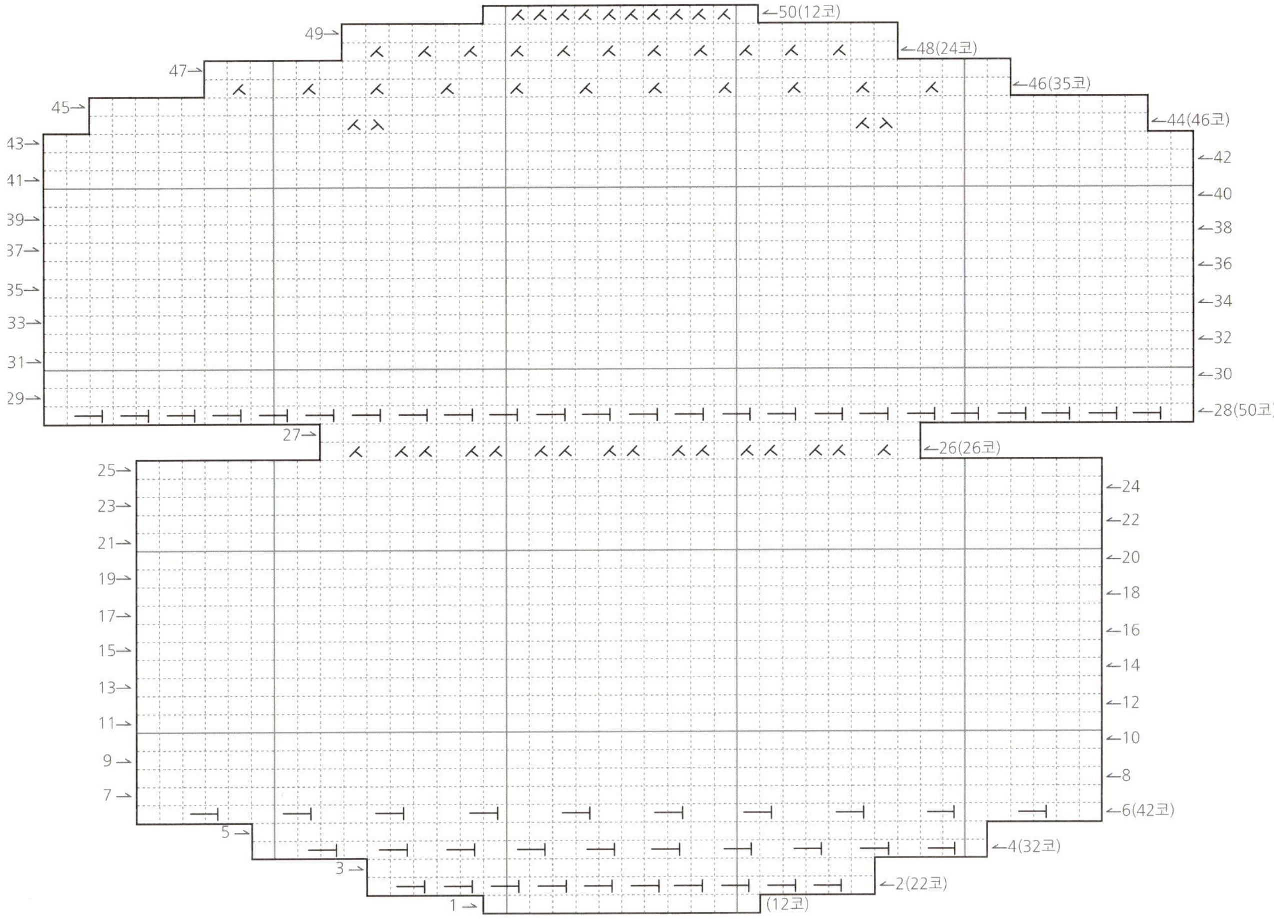

12코 만들어 안뜨기로 시작한다.

귀마개 끈

겉뜨기로 코막음한다.

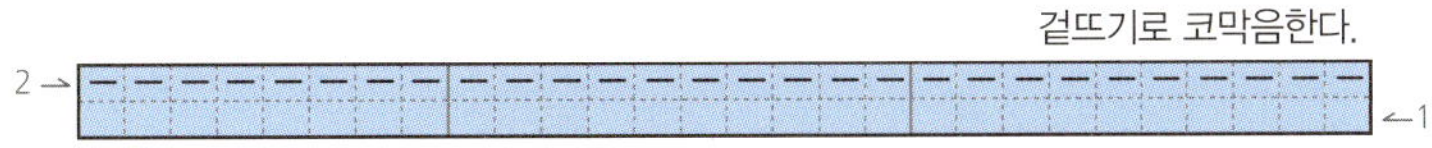

28코 만들어 겉뜨기로 시작한다.

머플러

겉뜨기로 코막음한다.

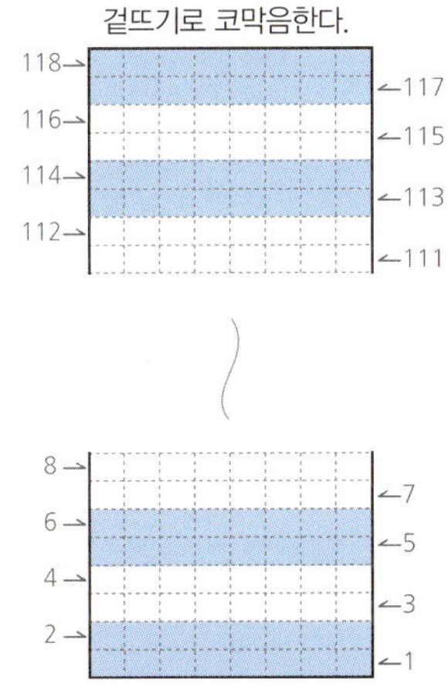

파란색 실로 8코 만들어 겉뜨기로 시작한다.

귀마개(2개)

돗바늘로 마무리한다.

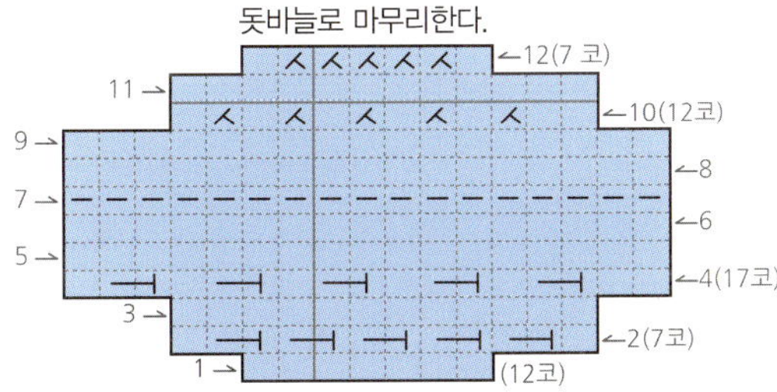

7코 만들어 안뜨기로 시작한다.

- | = □ 겉뜨기(K)
- – 안뜨기(P)
- 겉뜨기로 늘리기(kfb)
- 안뜨기로 늘리기(pfb)
- 겉뜨기로 왼코 줄이기(k2tog)
- 겉뜨기로 오른코 줄이기(skpo)

몸통 조립하기

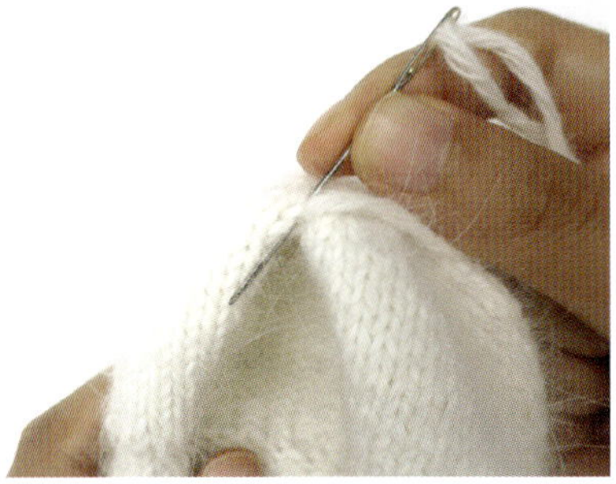

1. 돗바늘 마무리한 곳부터 메리야스 잇기를 하고 솜을 넣는다. 이때, 3분의 1쯤 남겨 두고 얼굴에 솜을 넣고, 다시 시작단까지 마저 바느질하여 몸에 솜을 넣는 것이 좋다.

2. 눈사람의 아래 바닥 부분을 꿰맨다. 이때, 돗바늘로 시작단의 반 코들을 안에서 밖으로(또는 밖에서 안으로, 단 한 방향으로 꿰맬 것) 하나씩 걸러서 꿰맨다.

3. 바짝 잡아당겨 매듭을 지어 마무리한다.

얼굴 수놓기

4. 목과 얼굴 분리한다. 얼굴이 시작되는 코늘림 단(28단)의 전단(27단)을 반 코씩 홈질하여 최대한 잡아당겨 묶는다.

5. 코는 35단의 표시링, 입은 얼굴이 시작되는 코 늘려준 단(28단)에서 3단 올라온 단(30단)에 두 코에 걸쳐, 눈은 얼굴이 시작되는 코 늘려준 단(28단)에서 7단 올라온 단(35단)에 단다.(센터에서 양쪽으로 3코 떨어진 위치)

6. 아래 꼭짓점 중 한 점으로 바늘을 빼 올린다.

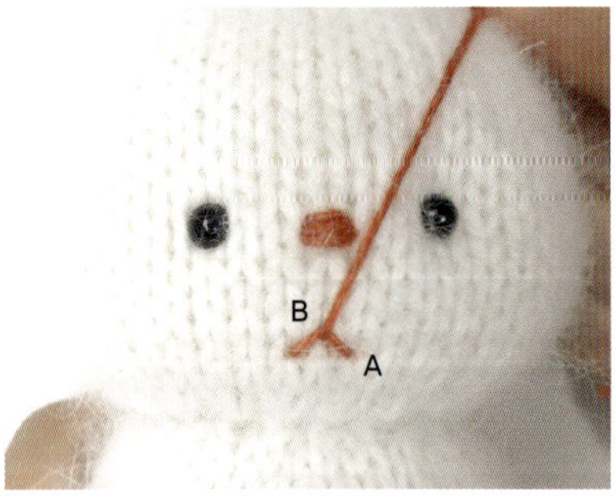

7. 다른 한 점으로 바늘을 넣는다.: A
위에 꼭짓점으로 바늘을 뺀다.: B

8. 지금 나온 실(B)을 A실의 위에 두고, 바늘이 나왔던 위에 꼭짓점으로 다시 바늘을 넣어 잡아당긴다(플라이 스티치 214쪽 참조).

귀마개 조립하기

9. 돗바늘로 마무리한 곳에서부터 시작하여 시작단까지 메리야스 잇기한 후 솜을 약간 넣는다.

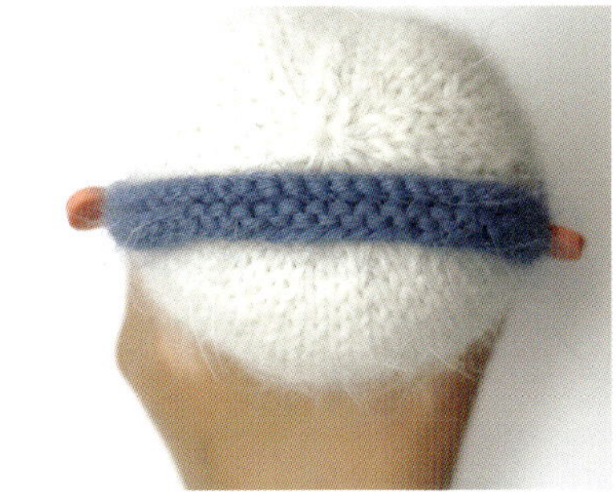

10. 귀마개 끈을 머리 중심보다 살짝 앞(얼굴 쪽)으로 고정한다.

11. 귀마개 끈을 고정한 앞모습.

12. 귀마개 끈의 양쪽을 머리에 꿰매 붙인다.

13. 끈의 끝에 귀마개를 각각 고정한다.

14. 귀마개를 꿰매 붙인다.

팔 만들기

15. 지철사를 꼬아 팔 모양을 만든다.

16. 팔 위치에 송곳으로 구멍을 뚫고 팔을 꽂은 후, 몸에 단추를 단다.

20

로빈

× × × × ×

로빈은 숲속의 작은 집에 사는 엉뚱하고 발랄한 친구예요.
호기심이 많아 늘 새로운 모험을 찾아 떠나는 상상을 한답니다.
"풍선을 타고 하늘의 끝까지 오르면 어떤 세상이 펼쳐질까? 무지개 끝에는 보물이 있을까?"

미리보기

준비물

☑ 로빈

완성 크기: 22cm

실: 킹콜 베이비 알파카 DK(King cole Baby Alpaca DK) 팥죽색, 아이보리색, 검은 갈색, 갈색 / 빈센트 3p(Vincent 3p) 라이트 핑크색 2겹 / 필다르 필 카레스(Phildar Phil Caresse) 빨간색, 하얀색 / 베이비 알파카 DK 민트색

바늘: 머플러 2mm, 나머지 2.5mm

게이지: 메리야스뜨기 31코×39단(10×10cm)

☑ 풍선

실: 킹콜 베이비 알파카 DK(King cole Baby Alpaca DK) 분홍색, 민트색, 보라색

바늘: 2.5mm 대바늘

기타: 6mm 단추 눈, 돗바늘, 솜, 자수실(갈색), 안전핀, 표시링, 공예용 와이어, 기화성펜(또는 수성펜), 양면테이프, 글루건, 신발 바닥에 넣을 딱딱한 심지, 시침핀, 겸자

도구와 기법: 188~216쪽 참조

패턴 도안 보는 방법

- 기법 용어 중에서 코를 늘리고, 만들고, 줄이는 과정에서 '겉뜨기'는 따로 표시하지 않고, '안뜨기'만 표시했습니다.
- 같은 단에서 동일한 뜨기가 반복될 경우 '[ ] ㅇ회'로 표시했어요.
- 배색이 들어가는 부분에서는 글자에 실과 비슷한 색을 넣어 표시했어요.

모눈 도안 보는 방법

- 모눈 도안은 겉으로 보이는 무늬를 기호로 표기하기 때문에, 겉쪽 면에서는 도안의 기호대로, 안쪽 면에서는 기호의 반대대로 떠야 합니다.
- 도안의 양옆에 있는 화살표는 뜨는 방향, 숫자는 단수와 콧수를 의미합니다.
- 표시링으로 체크해야 하는 부분은 패턴 도안을 참조하세요.

패턴 PATTERN × × × × ×

오른쪽 다리

• 갈색으로 22코를 만든다.

• 6번째 코와 7번째 코 사이에 표시링 또는 다른 색 실로 표시한다.

1~19단 안뜨기로 시작하는 메리야스뜨기 19단. (22코)

• 19단을 뜨고 나서 첫 번째 코와 두 번째 코 사이, 21번째 코와 22번째 코 사이에 표시링 또는 다른 색 실로 표시한다.

• 실을 자르고 코를 안전핀에 걸어둔다.

왼쪽 다리

• 갈색으로 22코를 만든다.

• 16번째 코와 17번째 코 사이에 표시링 또는 다른 색 실로 표시한다.

1~19단 안뜨기로 시작하는 메리야스뜨기 19단. (22코)

• 19단을 뜨고 나서 첫 번째 코와 두 번째 코 사이, 21번째 코와 22번째 코 사이에 표시링 또는 다른 색 실로 표시한다.

• 코를 바늘에 그대로 두고 실을 자르지 않는다.

몸통

• 다리 연결하기

20단 바늘에 있는 22코를 겉뜨기, 이어서 안전핀에 걸어둔 22코를 겉뜨기. (44코)

21~27단 메리야스뜨기 7단. (44코)

• 28단부터 47단은 아이보리색 2단, 팥죽색으로 2단씩 스트라이프로 배색하며 뜬다.

28~33단 메리야스뜨기 6단. (44코)

34단 겉뜨기 10코, 왼코 줄이기, 겉뜨기 20코, 왼코 줄이기, 겉뜨기 10코. (42코)

35~41단 메리야스뜨기 7단. (42코)

42단 겉뜨기 1코, [겉뜨기 7코, 오른코 줄이기, 겉뜨기 2코, 왼코 줄이기, 겉뜨기 7코] 2회, 겉뜨기 1코. (38코)

43~45단 메리야스뜨기 3단. (38코)

46단 겉뜨기 1코, [겉뜨기 7코, 오른코 줄이기, 왼코 줄이기, 겉뜨기 7코] 2회, 겉뜨기 1코. (34코)

47단 안뜨기 1단. (34코)

• 팥죽색 실은 끊고 아이보리색으로 뜬다.

48단 겉뜨기 1코, [겉뜨기 1코, 왼코 줄이기, 겉뜨기 1코] 8회, 겉뜨기 1코. (26코)

49~50단 메리야스뜨기 2단. (26코)

얼굴

• 라이트 핑크색 실로 바꾼다.

51단 안뜨기 1단. (26코)

52단 겉뜨기 1코, [겉뜨기 1코, 늘리기] 12회, 겉뜨기 1코. (38)

53~55단 메리야스뜨기 3단. (38코)

56단 겉뜨기 1코, [겉뜨기 1코, 왼코 늘리기, 겉뜨기 2코] 12회, 겉뜨기 1코. (50코)

57~59단 메리야스뜨기 3단. (50코)

60단 겉뜨기 14코, [겉뜨기 1코, 오른코 늘리기] 5회, 겉뜨기 12코, [왼코 늘리기, 겉뜨기 1코] 5회, 겉뜨기 14코. (60코)

61~66단 메리야스뜨기 6단. (60코)

• 66단을 뜨고 나서 30번째 코와 31번째 코 사이에 표시링 또는 다른 색 실로 표시한다.

67~83단 메리야스뜨기 17단. (60코)

84단 [겉뜨기 3코, 왼코 줄이기] 12회. (48코)

85단 안뜨기 1단. (48코)

86단 [겉뜨기 2코, 왼코 줄이기] 12회. (36코)

87단 안뜨기 1단. (36코)

88단 [겉뜨기 1코, 왼코 줄이기] 12회. (24코)

89단 안뜨기 1단. (24코)

90단 [왼코 줄이기] 12회. (12코)

• 돗바늘로 마무리한다.

팔(2개)

• 민트색 실로 8코를 만든다.

1단 안뜨기 1단. (8코)

2단 겉뜨기 1코, 오른코 만들기, 겉뜨기 6코, 왼코 만들기, 겉뜨기 1코. (10코)

3단 안뜨기 1단. (10코)

4단 겉뜨기 1코, 오른코 만들기, 겉뜨기 8코, 왼코 만들기, 겉뜨기 1코. (12코)

5단 안뜨기 1단. (12코)

6단 겉뜨기 1코, 오른코 만들기, 겉뜨기 10코, 왼코 만들기, 겉뜨기

1코. (14코)

7단 안뜨기 1단. (14코)

8단 감아코 3코, 감아코 포함하여 겉뜨기 17코. (17코)

• 첫 번째 코와 그 두 번째 코 사이에 표시링 또는 다른 색 실로 표시한다.

9단 감아코 3코, 감아코 포함하여 안뜨기 20코. (20코)

• 첫 번째 코와 그 두 번째 코 사이에 표시링 또는 다른 색 실로 표시한다.

10~23단 메리야스뜨기 14단. (20코)

24단 겉뜨기 5코, 왼코 줄이기, 겉뜨기 7코, 왼코 줄이기, 겉뜨기 4코. (18코)

25~26단 겉뜨기 2단. (18코)

27단 겉뜨기 1코, [겉뜨기 1코, 왼코 줄이기, 겉뜨기 1코] 4회, 겉뜨기 1코. (14코)

• 라이트 핑크색 실로 바꾼다.

28단 겉뜨기 1단. (14코)

29단 안뜨기 4코, 안뜨기로 오른코 만들기, 안뜨기 6코, 안뜨기로 오른코 만들기, 겉뜨기 4코. (16코)

30~35단 메리야스뜨기 6단. (16코)

36단 겉뜨기 1코, [왼코 줄이기] 7회, 겉뜨기 1코. (9코)

• 돗바늘로 마무리한다.

자켓

• 민트색 실로 56코를 만든다.

1단 겉뜨기 3코, [안뜨기 2코, 겉뜨기 2코] 12회, 안뜨기 2코, 겉뜨기 3코. (56코)

2단 겉뜨기 3코, [겉뜨기 2코, 안뜨기 2코] 12회, 겉뜨기 5코. (56코)

3단 겉뜨기 3코, [안뜨기 2코, 겉뜨기 2코] 12회, 안뜨기 2코, 겉뜨기 3코. (56코)

4단 겉뜨기 56코. (56코)

5단 겉뜨기 3코, 안뜨기 50코, 겉뜨기 3코. (56코)

6~19단 4~5단을 7번 더 반복한다.

20단 겉뜨기 5코, 왼코 줄이기, [겉뜨기 4코, 왼코 줄이기, 겉뜨기 3코, 왼코 줄이기] 4회, 겉뜨기 5코. (47코)

21단 겉뜨기 3코, 안뜨기 41코, 겉뜨기 3코. (47코)

22단 겉뜨기 1단. (47코)

23단 겉뜨기 3코, 안뜨기 41코, 겉뜨기 3코. (47코)

24단 겉뜨기 4코, 왼코 줄이기, [겉뜨기 3코, 왼코 줄이기, 겉뜨기 2코, 왼코 줄이기] 4회, 겉뜨기 5코. (38코)

25단 겉뜨기 3코, 안뜨기 32코, 겉뜨기 3코. (38코)

26단 겉뜨기 1단. (38코)

27단 겉뜨기 3코, 안뜨기 32코, 겉뜨기 3코. (38코)

28단 겉뜨기 3코, [겉뜨기 1코, 왼코 줄이기, 겉뜨기 1코] 8회, 겉뜨기 3코. (30코)

29단 겉뜨기 3코, 안뜨기 24코, 겉뜨기 3코. (30코)

30단 겉뜨기 1단. (30코)

31단 겉뜨기 3코, 안뜨기 24코, 겉뜨기 3코. (30코)

32단 겉뜨기 3코, [겉뜨기 1코, 왼코 줄이기, 겉뜨기 1코] 6회, 겉뜨기 3코. (24코)

• 겉뜨기로 코막음한다.

신발(2개)

• 아이보리색 실로 20코를 만든다.

1단 안뜨기 1단. (20코)

2단 겉뜨기 1코, [늘리기] 18회, 겉뜨기 1코. (38코)

3~5단 메리야스뜨기 3단. (38코)

6단 안뜨기 1단. (38코)

7단 겉뜨기 1단. (38코)

• 8단부터 13단은 아이보리색 실과 검은 갈색 실로 배색하며 뜬다.
• 아이보리색 실은 (아), 검은 갈색 실은 (갈)로 표현한다.

8단 (갈)겉뜨기 14코, (아)겉뜨기 10코, (갈)겉뜨기 14코. (38코)

9단 (갈)안뜨기 14코, (아)안뜨기 10코, (갈)안뜨기 14코. (38코)

10단 (갈)겉뜨기 14코, (아)겉뜨기 10코, (갈)겉뜨기 14코. (38코)

11단 (갈)안뜨기 14코, (아)안뜨기 10코, (갈)안뜨기 14코. (38코)

12단 (갈)겉뜨기 14코, (아)겉뜨기 1코, (아)[오른코 줄이기] 2회, (아)[왼코 줄이기] 2회, (아)겉뜨기 1코, (갈)겉뜨기 14코. (34코)

13단 (갈)안뜨기 14코, (아)안뜨기 6코, (갈)안뜨기 14코. (34코)

• 아이보리색 실은 끊고 검은 갈색 실로만 뜬다.

14단 겉뜨기 1코, 왼코 줄이기, 겉뜨기 9코, 왼코 줄이기, [3코 모아뜨기] 2회, 왼코 줄이기, 겉뜨기 9코, 오른코 줄이기, 겉뜨기 1코. (26코)

15단 안뜨기 1코, [안뜨기 2코, 안뜨기로 왼코 줄이기, 안뜨기 2코] 4회, 안뜨기 1코. (22코)

• 겉뜨기로 코막음한다.

머플러

• 2mm 대바늘과 빨간색 실로 12코를 만든다.

• 메리야스뜨기: 빨간색 실로 3단, 하얀색 실로 1단을 번갈아 30cm가 될 때까지 스트라이프 무늬로 뜬다. 마지막 3단은 빨간색 실로 끝나도록 하고 코막음하여 마무리한다.

• 바꿀 실이 편물의 반대쪽 끝에 있을 때는 코들을 바늘 반대쪽 끝으로 보내서 뜬다(안뜨기 뜰 차례였으면 겉뜨기로, 겉뜨기 뜰 차례였으면 안뜨기로).

풍선(보라색, 민트색, 분홍색 1개씩)

• 10코를 만든다.

1단 안뜨기 1단. (10코)

2단 겉뜨기 1코, [겉뜨기 1코, 왼코 만들기] 8회, 겉뜨기 1코. (18코)

3~5단 메리야스뜨기 3단. (18코)

6단 [겉뜨기 2코, 왼코 만들기] 8회, 겉뜨기 2코. (26코)

7~17단 메리야스뜨기 11단. (26코)

18단 [왼코 줄이기] 13회. (13코)

• 돗바늘로 마무리한다.

풍선 꼭지

• 16코를 만든다.

1단 안뜨기 1단. (16코)

2단 겉뜨기 2코, [왼코 줄이기] 3회, 겉뜨기 1코, [왼코 줄이기] 3회, 겉뜨기 1코. (10코)

• 안뜨기로 코막음한다.

모눈 도안 × × × × ×

다리&몸통&얼굴

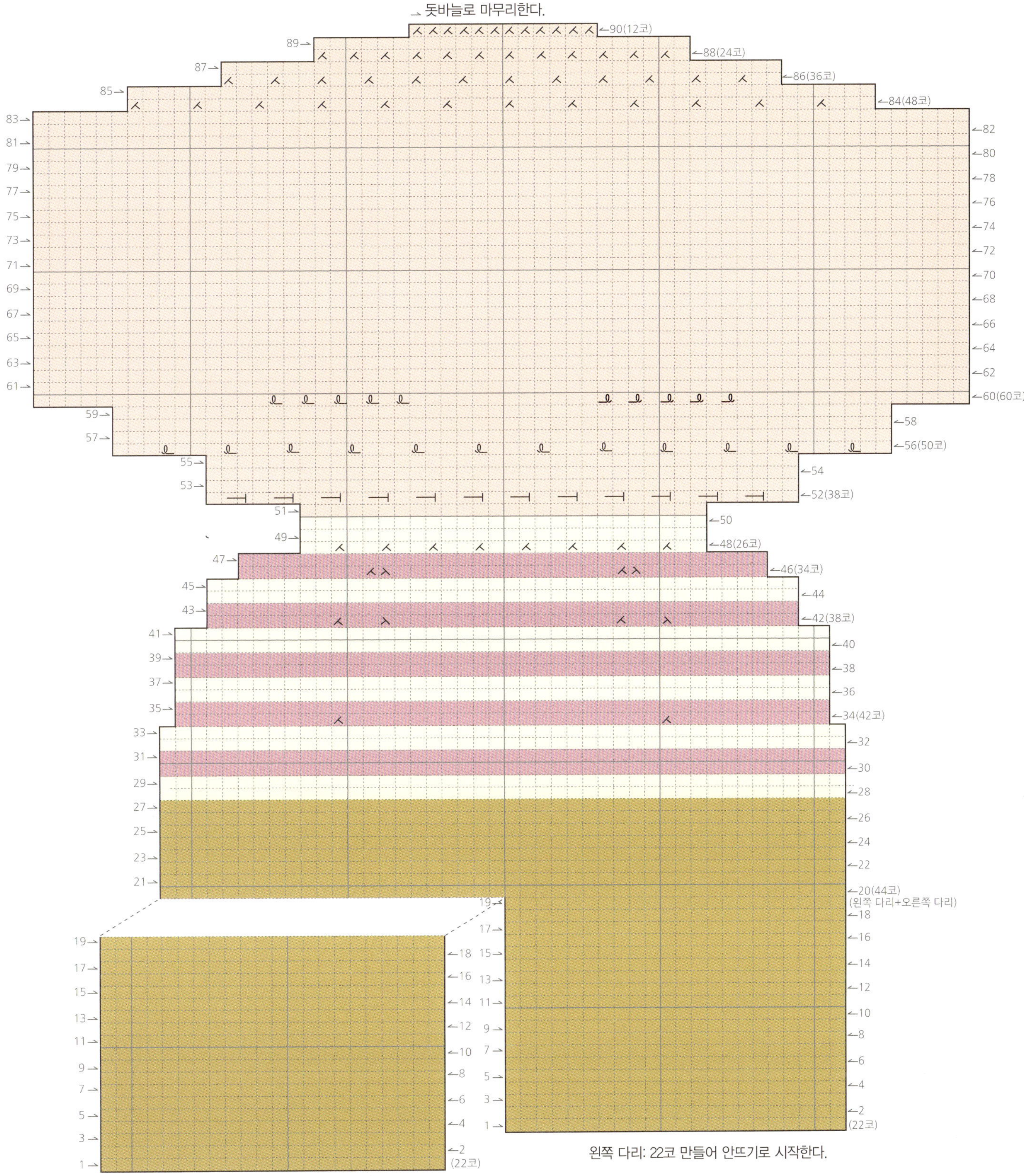

오른쪽 다리: 22코 만들어 안뜨기로 시작한다.

팔(2개)

돗바늘로 마무리한다.

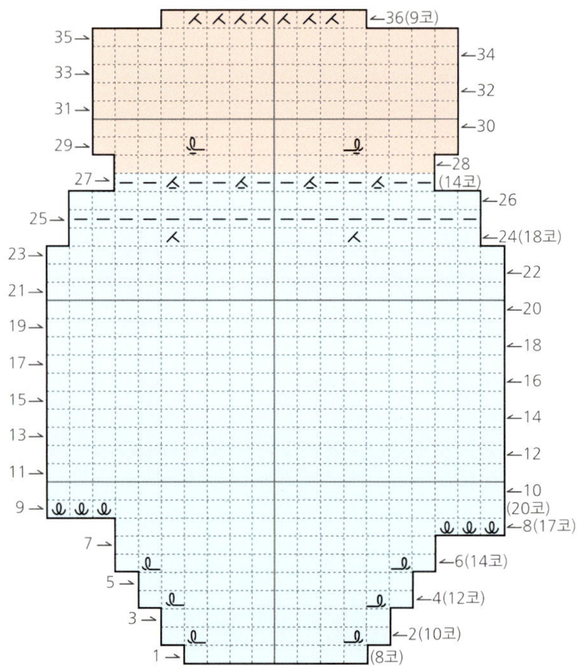

8코 만들어 안뜨기로 시작한다.

- | = □ 겉뜨기(K)
- 안뜨기(P)
- 겉뜨기로 늘리기(kfb)
- 안뜨기로 늘리기(pfb)
- 겉뜨기로 왼코 만들기(M1L)
- 안뜨기로 왼코 만들기(M1LP)
- 겉뜨기로 오른코 만들기(M1R)
- 안뜨기로 오른코 만들기(M1RP)
- 겉뜨기로 왼코 줄이기(k2tog)
- 안뜨기로 왼코 줄이기(p2tog)
- 겉뜨기로 오른코 줄이기(skpo)
- 3코 모아뜨기(k3tog)
- 감아코 만들기(backward loop cast on)

자켓

겉뜨기로 코막음한다.

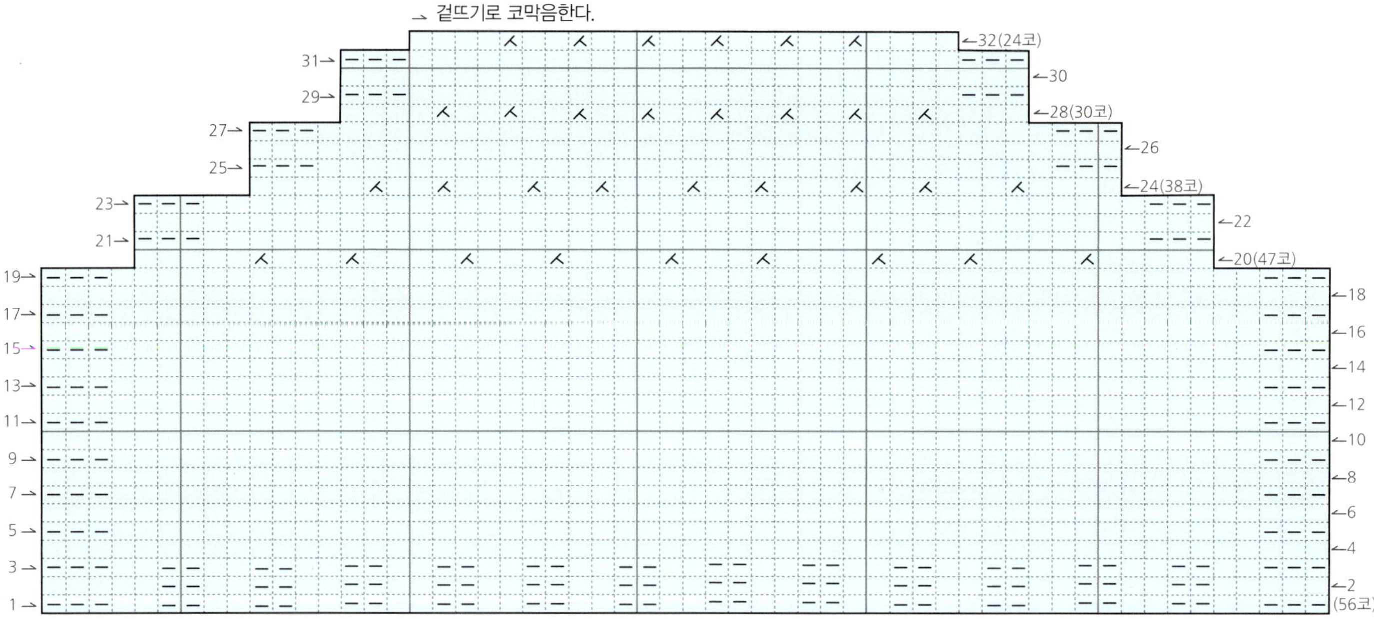

56코 만들어 안뜨기로 시작한다.

신발(2개)

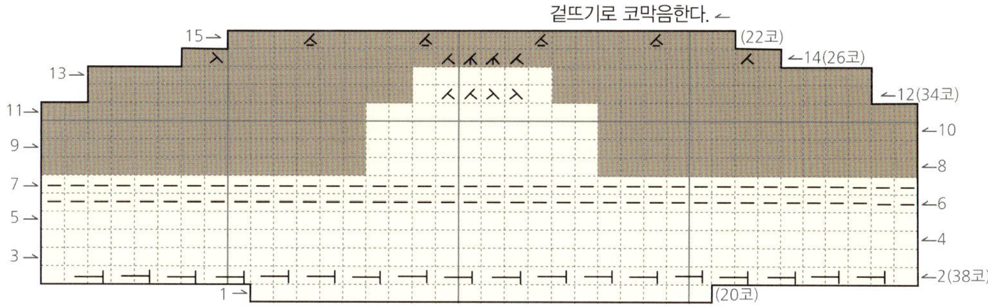

20코 만들어 안뜨기로 시작한다.

풍선(보라색, 민트색, 분홍색 1개씩)

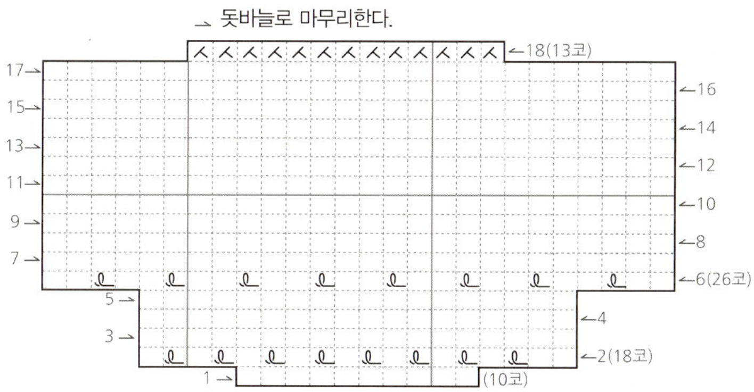

10코 만들어 안뜨기로 시작한다.

풍선 꼭지

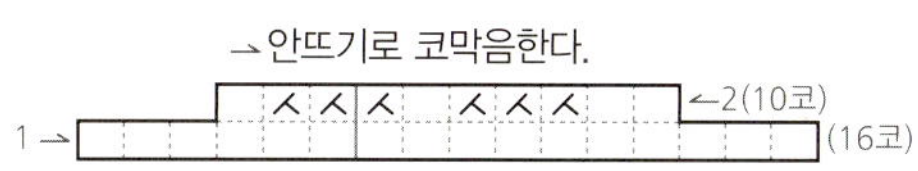

16코 만들어 안뜨기로 시작한다.

머플러

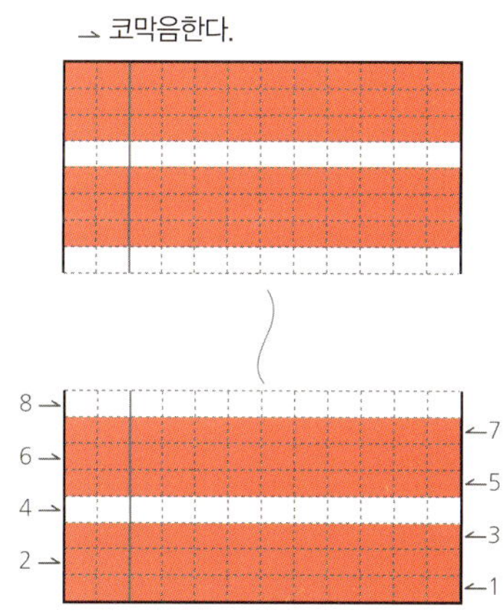

12코 만들어 겉뜨기로 시작한다.

*총 길이 30cm가 될때까지 배색하며 뜬다.

몸통 조립하기

1. 머리의 돗바늘 마무리 부분부터 시작하여, 얼굴이 시작되는 코늘림 단에서 1cm 정도 내려온 곳까지 메리야스 잇기로 꿰맨다.

2. 각각의 다리끼리 표시링으로 표시한 부분까지 메리야스 잇기로 잇는다.

3. 몸통을 메리야스 잇기로 잇는다.

4. 창구멍이 2~3cm 남을 때까지 잇는다. 솜을 넣은 후 창구멍을 마저 잇는다.

목과 얼굴 분리

5. 얼굴이 시작되는 단(50단, 얼굴색으로 바뀌기 전 마지막 아이보리색 단)을 반 코씩 홈질한다.

6. 최대한 잡아당겨 묶는다.

7. 매듭진 자리에 바늘을 넣어 다른 곳으로 바늘을 멀리 보내 빼낸 후, 실을 잡아 당겨 매듭을 인형 속으로 쏙 숨긴다.

얼굴 수놓기

8. 코는 66단의 표시링 단 곳에 그리고, 눈은 코에서 각각 4코씩 떨어진 곳에 단다. 눈썹은 눈에서 2~3단 위에 1코 반에 걸쳐, 입은 코에서 5~6단 아래에 6코에 걸쳐서 수성펜으로 그린다.

9. 코를 얼굴에 1코에 걸쳐 여러 번 수놓아 도톰하게 만든다.

신발 조립하기

10. 코의 중심에서 각각 4코 떨어진 위치에 눈을 단다. 눈과 눈 사이는 8코.

11. 눈썹은 눈에서 2~3단 위에 1코 반에 걸쳐 수놓고, 입은 코에서 5~6단 아래에 6코에 걸쳐서 수를 놓는다.

※머리카락은 105~106쪽 사자 라온의 머리카락 심기를 참조한다.

12. 코 막은 단에서 코 잡은 단까지 세로로 메리야스 잇기로 잇는다.

13. 코 잡은 단(신발 바닥)을 감침질하여 잇는다.

14. 딱딱한 심지를 바닥 모양으로 잘라 바닥에 넣고 솜을 채운다.

15. 신발의 중심과 표시링을 달아 준 다리의 중심을 맞추어 시침핀으로 고정한다.

자켓 바느질

16. 신발의 가장 위에 단에 바늘을 넣는다.

17. 다리의 가장 아랫단에 바늘을 넣고, 각각 한 코씩 차례대로 꿰매 붙인다.

18. 자켓의 코막음 단을 몸과 얼굴의 분리선에 바짝 꿰매 붙인다.

팔 조립하기

19. 돗바늘로 마무리한 곳부터 표시링을 단 곳까지 메리야스 잇기하여 솜을 넣는다.

20. 자켓의 끝단에 팔을 시침핀으로 고정한 후, 팔의 가장자리 단을 한 코씩 차례대로 몸에 꿰맨다.

풍선 조립하기

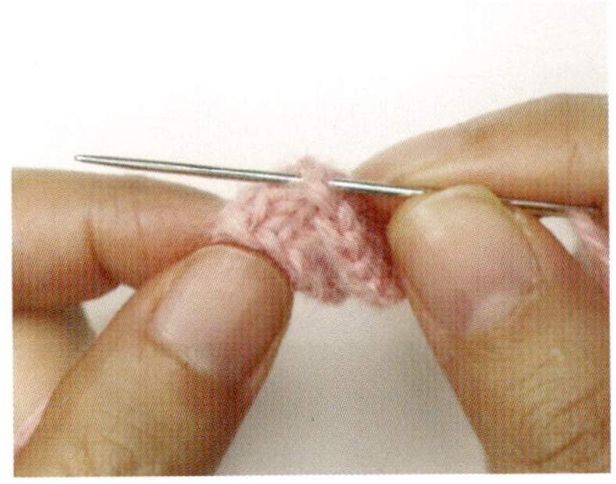

21. 풍선의 아래 꼭지를 코 잡은 단에서 코 막은 단까지 세로로 메리야스 잇기를 한다.

22. 풍선의 돗바늘 마무리 부분부터 시작하여, 시작단까지 세로로 메리야스 잇기를 한다. 겸자로 솜을 넣는다.

23. 풍선과 풍선의 아래 꼭지를 한 코씩 차례대로 메리야스 잇기를 한다.

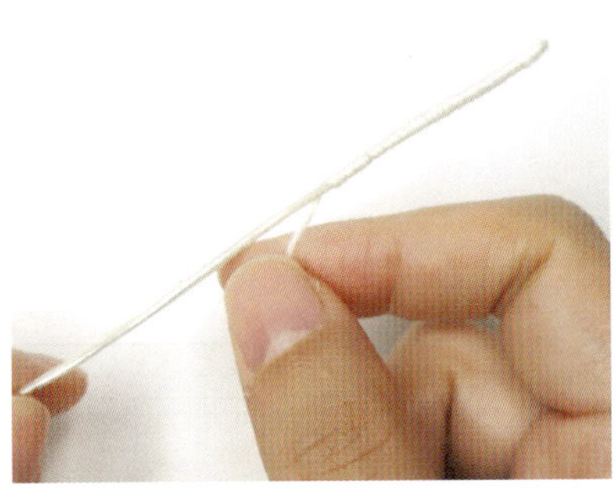

24. 공예용 와이어에 양면테이프를 붙이고, 그 위에 실을 감는다.

25. 와이어를 풍선에 끼워 고정한다.

PART 1

대바늘뜨기의 기초

1 도구와 재료

1. 실

같은 도안으로 인형을 만들어도 실의 종류와 굵기, 만드는 사람에 따라 크기와 모양이 다르게 나올 수 있어요. 원하는 느낌과 크기를 생각해서 실을 고르는 것이 중요해요. 여기서는 포근하고 따뜻한 느낌을 표현하기 위해 알파카, 울, 앙고라 소재의 실을 주로 사용했고, '11. 양'의 경우에는 양털의 곱슬곱슬한 느낌을 표현하기 위해 양모 실을 사용했어요.

2. 대바늘 또는 줄바늘

뜨개바늘은 종류도 소재도 무척 다양합니다. 사용하려는 실의 권장 바늘 굵기라면 어떤 바늘이든 사용할 수 있어요. 바늘은 실의 굵기를 보고 정하는데, 인형을 뜰 때는 솜을 넣은 후 편물이 벌어지므로 실의 라벨에 표시되어 있는 권장 호수 보다 1~2mm 가는 굵기의 바늘을 사용해 촘촘히 뜨는 것이 좋아요.

3. 장갑바늘

원형으로 뜨는 편물의 경우에는 장갑바늘 혹은 양쪽바늘이라는 부르는 4개 혹은 5개가 한 세트인 바늘을 사용합니다. 바늘의 길이는 15cm, 20cm 등 여러 가지가 있습니다.

4. 수실

인형의 얼굴 표정을 수놓을 때 사용합니다.

5. 가위

실을 자를 때 사용합니다.

6. 시침핀

편물과 편물을 연결하여 바느질할 때 편물을 고정하기 위해 사용합니다.

7. 폼폼 메이커
토끼 슈슈의 꼬리 같이 털실로 방울을 만들 때 사용합니다. 폼폼 메이커의 크기에 따라 방울 크기가 달라지므로 적절한 크기의 방울 메이커를 선택합니다.

8. 돗바늘
편물을 잇거나 꿰맬 때 쓰며 일반 바늘보다 굵기가 굵고 바늘귀가 큽니다.

9. 긴 돗바늘
단추 눈을 달 때 사용합니다. 단추 눈의 고리를 통과해야 하므로 바늘귀가 작은 것이 좋습니다.

10. 겸자
끝이 직선인 겸자와 끝이 곡선인 겸자가 있으며 인형에 솜을 넣을 때 사용합니다.

11. 표시링(마커)
단수와 콧수 혹은 편물의 중심, 특별히 체크해야 할 위치가 있을 때 표시링을 걸어 표시합니다.

12. 안전핀(어깨핀)
쉼코를 두고 다른 부분을 먼저 뜰 때, 쉼코를 안전핀에 옮겨 두면 코가 풀리지 않습니다.

13. 인형 눈
인형눈은 유리와 플라스틱 재질의 눈이 있습니다. 이 책에서는 대부분 플라스틱 눈 중에서도 단추 눈을 사용했고, 고양이만 유리 눈을 사용했습니다.

14. 우드락
가판대나 수레 같은 소품을 만들 때 사용합니다.

15. 게이지자
가로세로 10cm 안에 들어가는 단수와 콧수를 쉽게 잴 수 있는 도구입니다. 가운데가 뚫린 네모 모양도 있고, 긴 모양도 있는데 네모 모양이 사용하기에는 더 편리해요.

16. 수성펜 또는 기화펜
수놓을 위치를 표시하거나 바느질 선을 표시할 때 사용합니다. 모든 작업이 끝난 후에 면봉이나 티슈에 물을 적셔 지우면 사라져요.

17. 보빈
배색이 필요한 작업을 할 때 실을 감아 사용하면 편리합니다.

18. 목공풀
뜨개 편물에 심지를 붙일 때 사용합니다.

19. 패브릭 색연필 또는 패브릭 잉크
인형 얼굴에 볼터치할 때 사용합니다.

20. 송곳
인형 안에 와이어를 넣거나 공간을 만들기 위해, 솜을 정리하여 얼굴 모양을 잡을 때 씁니다.

21. 와이어
인형의 팔이나 꼬리를 움직일 수 있게 만들 때 사용합니다.

22. 양면테이프
소품 만들 때 양면을 고정하기 위해 사용합니다.

23. 심지
주로 가방 바닥을 사용합니다.

24. 솜
편물을 뜬 후, 솜을 채워 인형을 완성합니다. 주로 구름솜과 방울솜을 사용하는데, 방울솜은 편물 사이로 솜이 빠져나오는 경우가 있어 인형 만들 때는 구름솜을 추천합니다.

01 코 만들기 (Cast on)

1. 만들 너비의 3배 정도의 여유를 준 상태에서 실을 반으로 접어 고리를 만든다. 이때, 남은 실 자락으로 편물을 꿰맬 때는 여유분을 추가로 더 남긴다.

2. 왼손의 검지와 엄지를 고리에 수직으로 넣는다.

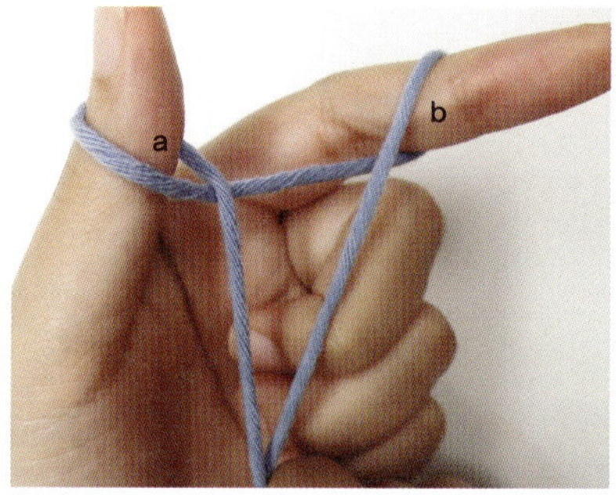

3. 손바닥을 하늘을 향해 뒤집는다.

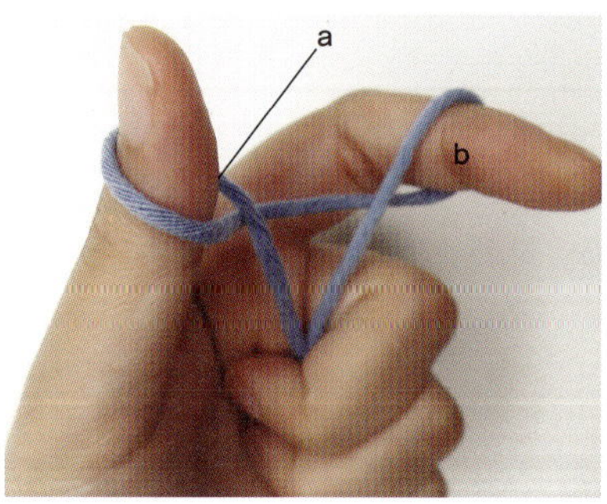

4. 왼손의 검지와 엄지를 제외한 손가락 세 개로 실을 꼭 잡는다.

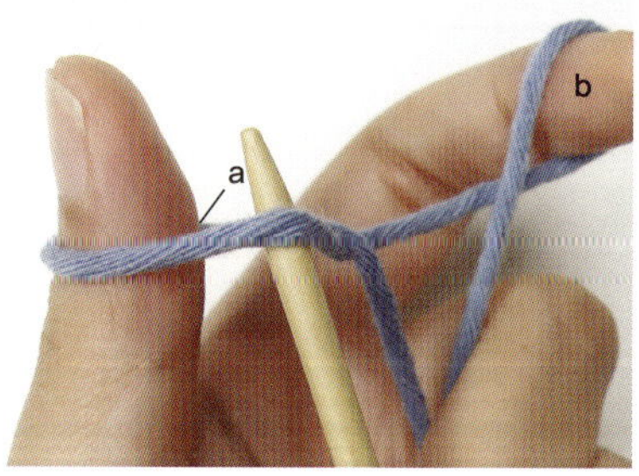

5. 오른손으로 바늘을 잡고 엄지 사이의 a로 바늘을 아래에서 위로 넣는다.

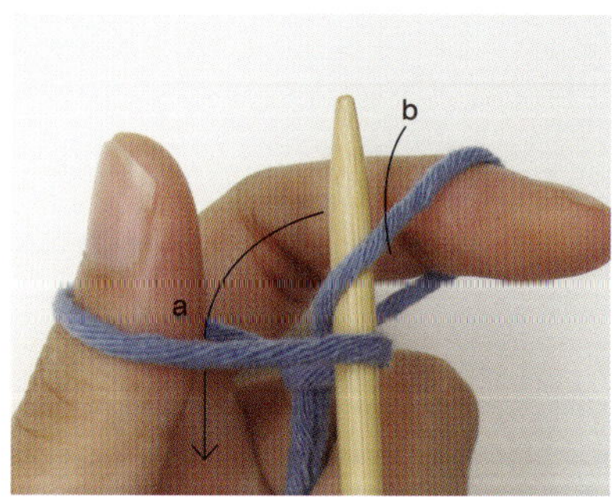

6. 검지 사이의 b로 바늘을 위에서 아래로 넣어서 a로 바늘을 빼낸다.

7. a로 바늘을 빼낸 모습.

8. 실을 잡아 당겨서 바늘에 코를 바짝 붙인다. 첫코 완성.

9. 왼손의 검지와 엄지를 실 사이에 넣는다.

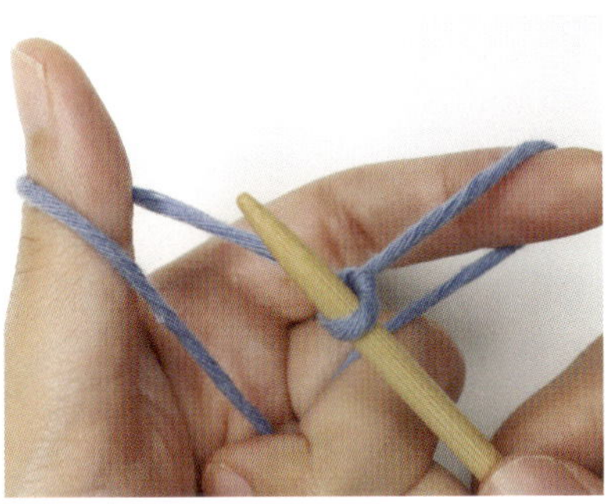

10. 손바닥을 하늘을 향해 뒤집는다.

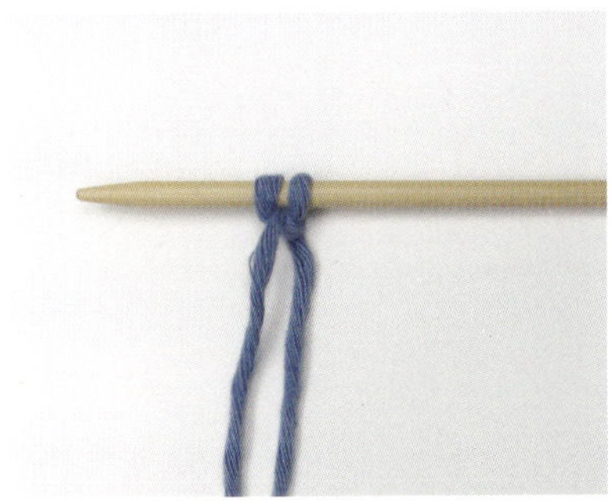

11. 과정 5~8을 반복하여 두 번째 코를 만든다.

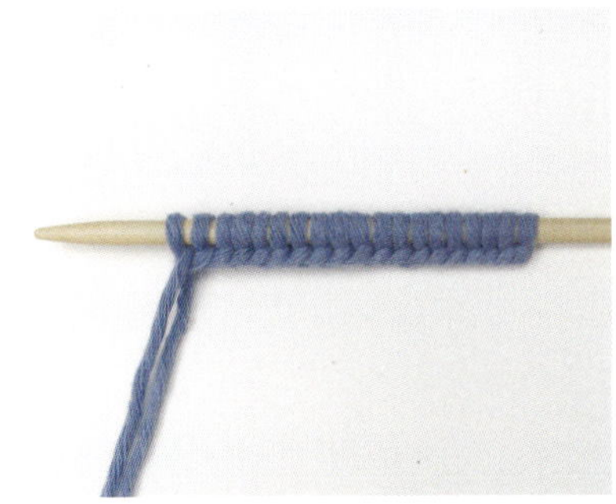

12. 과정 5~8을 반복하여 원하는 콧수만큼 만든다.

02
감아코 만들기 (backward loop cast on)

❶ 겉뜨기에서 감아코 만들기: 뜨고 있는 중에 단의 시작이나 끝에서 코를 만드는 법.

1. 오른손 검지에 실을 뒤에서 앞으로 건다. 실의 앞부분에 왼쪽 바늘을 넣고 손가락을 뺀다.

2. 실을 잡아 당겨서 바늘에 코를 바짝 붙인다.

❷ 안뜨기에서 감아코 만들기: 뜨고 있는 중에 단의 시작이나 끝에서 코를 만드는 법.

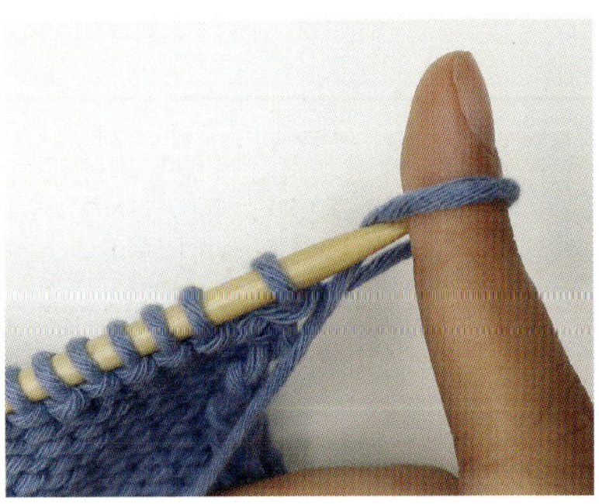

1. 오른손 검지에 실을 뒤에서 앞으로 건다. 실의 앞부분에 왼쪽 바늘을 넣고 손가락을 뺀다.

2. 원하는 콧수만큼 만든다.

03 겉뜨기(K) | (chart symbol)

1. 실은 바늘 뒤쪽에 둔다.

2. 코의 앞에서 뒤로 오른쪽 바늘을 넣는다.

3. 오른쪽 바늘에 실을 시계 반대 방향으로 감는다.

4. 오른쪽 바늘에 감은 실을 코의 바깥으로 빼낸다.

5. 왼쪽 바늘을 뺀다.

04 ××××× 안뜨기(P) ㅡ

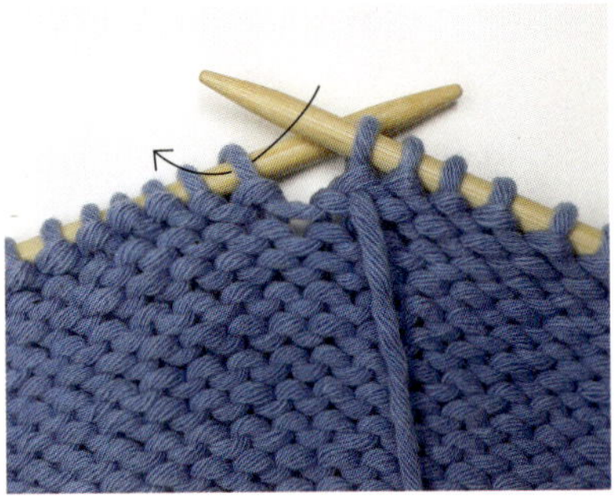

1. 실을 바늘 앞에 둔다.

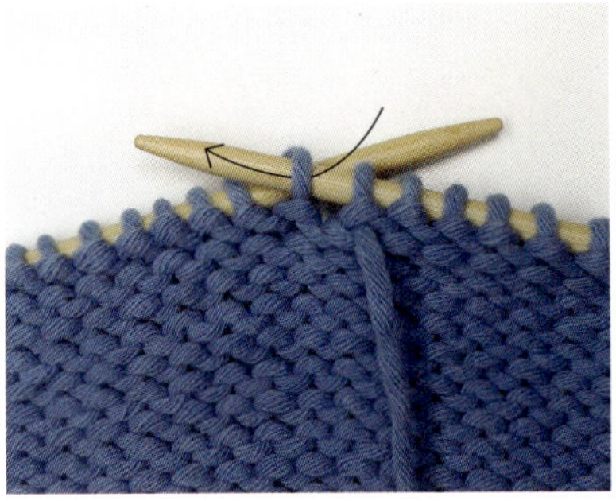

2. 코의 앞으로 오른쪽 바늘을 넣는다.

3. 오른쪽 바늘에 시계 반대 방향으로 실을 감는다.

4. 오른쪽 바늘로 감은 실을 코의 바깥으로 빼낸다.

5. 왼쪽 바늘을 뺀다.

05
늘리기

❶ 겉뜨기로 늘리기(kfb)

: 코의 앞쪽으로 겉뜨기를 하고, 왼쪽 바늘을 빼지 않은 채 오른쪽 바늘을 코의 뒤쪽에 넣어서 겉뜨기를 한 번 더 뜨는 방법이다.

1. 실은 바늘 뒤 쪽에 두고, 왼쪽 바늘에 있는 코의 앞에서 뒤로 오른쪽 바늘을 넣는다.

2. 오른쪽 바늘에 실을 시계 반대 방향으로 감는다.

3. 오른쪽 바늘에 감은 실을 코의 안쪽으로 빼낸다.

4. 왼쪽 바늘을 빼지 않고, 오른쪽 바늘을 코의 뒤쪽에 넣는다.

5. 오른쪽 바늘에 시계 반대 방향으로 실을 감는다.

6. 오른쪽 바늘에 감은 실을 코의 바깥으로 빼낸 후, 왼쪽 바늘을 뺀다. 안뜨기 코처럼 가로줄이 있는 코가 생긴다.

❷ 안뜨기로 늘리기(pfb)

: 코의 앞쪽으로 안뜨기를 하고, 왼쪽 바늘을 빼지 않은 채로 오른쪽 바늘을 코의 뒤쪽에 넣어서 안뜨기를 한 번 더 뜨는 방법이다.

1. 실을 바늘 앞에 두고, 왼쪽 바늘에 있는 코의 앞쪽으로 오른쪽 바늘을 찔러 넣는다.

2. 오른쪽 바늘에 시계 반대 방향으로 실을 감는다.

3. 오른쪽 바늘로 감은 실을 코의 바깥으로 빼낸다.

4. 왼쪽 바늘을 빼지 않고, 오른쪽 바늘을 코의 뒤쪽에서 안쪽으로 넣는다.

5. 오른쪽 바늘에 시계 반대 방향으로 실을 감는다.

6. 오른쪽 바늘에 감은 실을 코의 바깥으로 빼낸 후, 왼쪽 바늘을 뺀다.

06
왼코 만들기

❶ 겉뜨기로 왼코 만들기(M1L)

1. 코와 코 사이의 가로로 지나가는 실을 이용하여 코를 만드는 법이다.

2. 왼쪽 바늘로 코 사이의 실을 앞에서 뒤로 걸어 올린다.

3. 걸어 올린 실에 오른쪽 바늘을 넣어 겉뜨기와 같은 방법으로 뜬다.

4. 오른쪽 바늘에 시계 반대 방향으로 실을 감는다.

5. 오른쪽 바늘로 감은 실을 코의 바깥으로 빼낸다.

6. 왼쪽 바늘을 뺀다.

❷ 안뜨기로 왼코 만들기(M1LP)

1. 코와 코 사이의 가로로 지나가는 실을 이용하여 코를 만드는 법.

2. 왼쪽 바늘로 코 사이의 실을 앞에서 뒤로 걸어 올린다.

3. 걸어 올린 실에 오른쪽 바늘을 뒤에서 앞으로 넣어 안뜨기와 같은 방법으로 뜬다.

4. 오른쪽 바늘에 시계 반대 방향으로 실을 감는다

5. 오른쪽 바늘로 감은 실을 코의 바깥으로 빼낸다.

6. 왼쪽 바늘을 뺀다.

07

오른코 만들기

❶ 겉뜨기로 오른코 만들기(M1R)

1. 코와 코 사이의 가로로 지나가는 실을 이용하여 코를 만드는 법.

2. 왼쪽 바늘로 코 사이의 실을 뒤에서 앞으로 걸어 올린다.

3. 걸어 올린 실에 오른쪽 바늘을 앞에서 뒤로 넣어 겉뜨기와 같은 방법으로 뜬다.

4. 오른쪽 바늘에 시계 반대 방향으로 실을 감는다.

5. 오른쪽 바늘로 감은 실을 코의 바깥으로 빼내고, 왼쪽 바늘을 뺀다.

❷ 안뜨기로 오른코 만들기(M1RP)

1. 코와 코 사이의 가로로 지나가는 실을 이용하여 코를 만드는 법.

2. 왼쪽 바늘로 코 사이의 실을 뒤에서 앞으로 걸어 올린다.

3. 걸어 올린 실의 뒤에서 앞으로 오른쪽 바늘을 넣어 안뜨기와 같은 방법으로 뜬다. (4~6)

4. 오른쪽 바늘에 시계 반대 방향으로 실을 감는다.

5. 오른쪽 바늘로 감은 실을 코의 바깥으로 빼내고, 왼쪽 바늘을 뺀다.

08
×××××
왼코 줄이기

❶ 겉뜨기로 왼코 줄이기(=겉뜨기로 2코 모아뜨기, k2tog) [ㅅ]

1. 왼쪽 바늘의 두 코를 오른쪽 바늘로 코의 앞에서 뒤로 한꺼번에 넣는다.

2. 두 코를 오른쪽 바늘로 한꺼번에 찔러 넣은 모습.

3. 오른쪽 바늘에 실을 시계 반대 방향으로 감는다.

4. 오른쪽 바늘에 감은 실을 코의 바깥으로 빼낸다.

5. 왼쪽 바늘을 뺀다.

❷ 안뜨기로 왼코 줄이기(=안뜨기로 2코 모아뜨기, p2tog) ⩗

1. 오른쪽 바늘로 왼쪽 바늘의 두 코를 앞쪽에서 한꺼번에 찔러 넣는다.

2. 왼쪽 바늘의 두 코를 오른쪽 바늘로 한꺼번에 찔러 넣은 모습.

3. 오른쪽 바늘에 시계 반대 방향으로 실을 감는다.

4. 오른쪽 바늘로 감은 실을 코의 바깥으로 빼내고 왼쪽 바늘도 뺀다.

09
오른코 줄이기

❶ 겉뜨기로 오른코 줄이기(skpo) ㅅ

1. 오른쪽 바늘로 왼쪽 바늘 코에 앞에서 뒤로 넣는다.

2. 뜨지 않고 오른쪽 바늘로 옮긴다. (걸러뜨기)

3. 그 다음 코를 겉뜨기로 뜬다.

4. 뜨지 않고 옮겨 놓았던 2번 코의 앞으로 왼쪽 바늘을 넣는다.

5. 겉뜨기 뜬 코 위로 걸러뜬 코를 덮어씌운다.

6. 오른코 줄이기 한 모습.

❷ 안뜨기로 오른코 줄이기(ssp)

1. 왼쪽 바늘의 두 코를 오른쪽 바늘을 뒤쪽에서 한꺼번에 넣는다.

2. 오른쪽 바늘에 시계 반대 방향으로 실을 감는다.

3. 오른쪽 바늘로 감은 실을 코의 바깥으로 빼내고 왼쪽 바늘도 뺀다.

※ 3코 모아뜨기( )는 3코를 한꺼번에 겉뜨기하거나 안뜨기한다.

10 겉뜨기에서 바늘비우기 (Yo)

1. 실을 바늘 앞쪽에 둔다.

2. 그 다음 코를 겉뜨기한다.

3. 바늘비우기 완성. 한 코가 늘어나며 코에 구멍이 생긴다.

11 걸러뜨기 (slip) ∨

❶ 겉뜨기에서 걸러뜨기

1. 오른쪽 바늘을 왼쪽 바늘의 코에 앞에서 뒤로 넣는다.

2. 뜨지 않고 오른쪽 바늘로 옮긴다.

❷ 안뜨기에서 걸러뜨기

1. 오른쪽 바늘을 왼쪽 바늘의 코 앞으로 넣는다.

2. 뜨지 않고 오른쪽 바늘로 옮긴다.

12 코막음 (cast off, bind off)

❶ 겉뜨기에서 코막음

1. 겉뜨기 2코를 뜬다.

2. 겉뜨기 뜬 코 중 첫 번째 코에 왼쪽 바늘을 넣는다.

3. 첫 번째 코를 두 번째 코 위로 덮어씌운다.

4. 한 코 코막음한 모습.

5. 끝까지 코막음하고 바늘을 뺀 후, 코를 잡아당겨 길게 늘인다.

6. 실을 끊고 코 사이로 실 자락을 통과시켜 잡아당긴다.

❷ 안뜨기에서 코막음

1. 안뜨기 2코를 뜬다.

2. 안뜨기 뜬 2코 중 첫 번째 코에 왼쪽 바늘을 넣는다.

3. 첫 번째 코를 두 번째 코 위로 덮어씌운다.

4. 오른쪽 바늘에 한 코가 남을 때까지 모든 코를 막는다.

5. 바늘을 빼고 코를 잡아당겨 길게 늘린다.

6. 실을 끊고 코 사이로 실 자락을 통과시켜 잡아당긴다.

13 돗바늘 마무리 (B&T)

1. 실을 여유 있게 자르고 돗바늘에 꿴다.

2. 바늘에 걸려 있는 코에 돗바늘을 차례차례 통과시킨다.

3. 모든 코를 통과한 모습.

4. 한 번 더 반복하면 더 단단하게 마무리할 수 있다.

5. 마무리한 모습.

14 원형뜨기

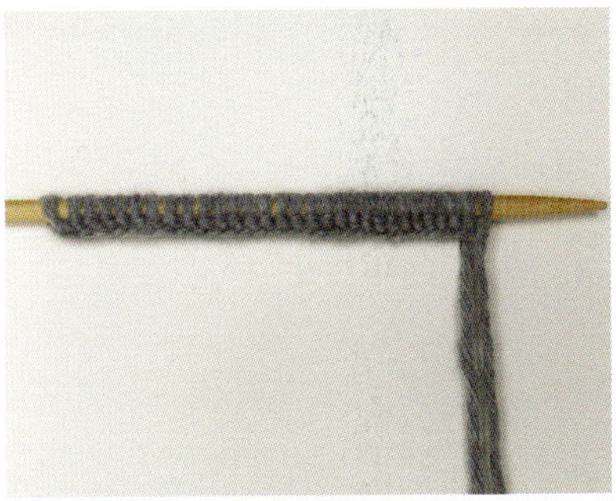

1. 코잡기

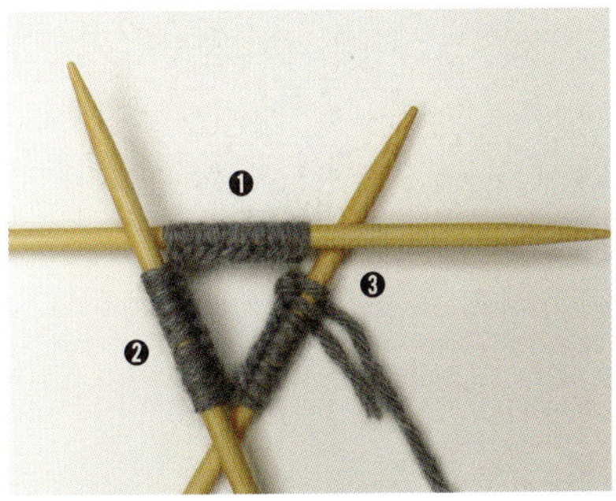

2. 코를 장갑바늘 3개에 고르게 나누어 삼각형 모양으로 만든다.

3. 4번째 바늘로 1번 바늘에 있는 코를 뜬다. 시작코에 표시링을 건다.

4. 1번 바늘의 코들을 다 뜨고 나서, 2번 바늘, 3번 바늘에 있는 코를 차례로 뜬다.

5. 여러 단을 원형뜨기한 모습.

※ 주의: 바늘이 바뀌는 부분의 코가 늘어질 수 있으므로 바늘이 바뀌는 부분에서는 실을 당겨서 뜨거나, 바늘이 바뀌는 부분을 한 코씩 옮기며 작업하면 고르게 뜰 수 있다.

15 편물의 조직

❶ **메리야스뜨기:** 대바늘 인형 뜨기의 가장 기본이 되는 조직으로 겉뜨기와 안뜨기를 한 단씩 번갈아 반복하여 뜨는 방법이다.

메리야스뜨기_겉면

메리야스뜨기_안쪽 면

❷ **가터뜨기:** 겉뜨기만 반복하여 뜨는 방법이다.

가터뜨기

16 단춧구멍 만들기 (케이프 만들기에서 사용)

1. 실을 바늘 앞쪽에 둔다.

2. 왼코 줄이기(겉뜨기로 2코 모아뜨기)를 한다.

3. 단춧구멍 완성.

17

배색하기

❶ **가로 배색하기:** 줄무늬의 간격이 좁은 경우 실을 잘라 내지 않고 느슨하게 당기면서 뜬다.

1. 단의 가장자리에서 배색실을 바탕실에 묶어서 연결한다.

2. 매듭을 코의 아래에 바짝 붙인다.

3. 다시 실을 바꿀 때는 기존 실을 바꾸려는 실의 앞에 두고 바꾼다.

❷ **세로 배색하기**

1. 사진의 배색을 위해서는 회색 2타래, 노란색 1타래가 필요하다. 실의 색이 바뀌는 경계에서는 기존 실과 바꾸려는 실을 교차한다. 뜨고 있던 회색 실이 아래, 바뀌게 되는 노란색이 위.

2. 실의 색이 바뀌는 경계에서는 기존 실과 바꾸려는 실을 교차한다. 뜨고 있던 노란색 실이 아래, 바뀌게 되는 회색 실이 위.

3. 겉뜨기 면과 안뜨기 면

18 자수 놓기

❶ 스트레이트 스티치

1. 원하는 위치로 바늘을 빼 올린다.

2. 원하는 길이만큼 가서, 바늘을 넣어 실을 잡아당긴다.

3. 스트레이트 스티치 완성.

❷ 메리야스 스티치(스위스다닝 스티치): 겉뜨기 모양과 같은 V모양으로 수놓는 방법

1. 원하는 위치에 코의 아래 꼭짓점으로 바늘을 빼내어 1단 위의 코를 오른쪽에서 왼쪽으로 가로지른다.

2. 처음 바늘을 빼낸 아래 꼭짓점으로 다시 바늘을 넣는다.

3. 원하는 위치에 1~2를 반복하여 수놓는다.

❸ **체인스티치:** 사슬 모양으로 수놓는 법.

1. 원하는 위치로 바늘을 빼 올린다.

2. 바늘이 나온 자리로 다시 바늘을 넣은 후, 바늘 아래 사진처럼 실을 놓는다. 적당한 길이만큼 가서 바늘을 빼 올린다.

3. 만들어진 사슬의 위로 실을 잡아당긴다.

4. 2와 3을 반복한다.

5. 여러 땀 반복하여 마무리한 모습.

❹ **플라이 스티치:** 이 책에서는 동물의 입을 표현할 때 사용한다.

1. 위에 있는 두개의 꼭짓점 중 한 꼭짓점으로 바늘을 빼 올린다.

2. 위의 꼭짓점 중 남아있는 꼭짓점으로 바늘을 넣고 중간 꼭짓점으로 바늘을 넣고 빼낸다. 이때 바늘 아래로 사진처럼 실을 놓는다.

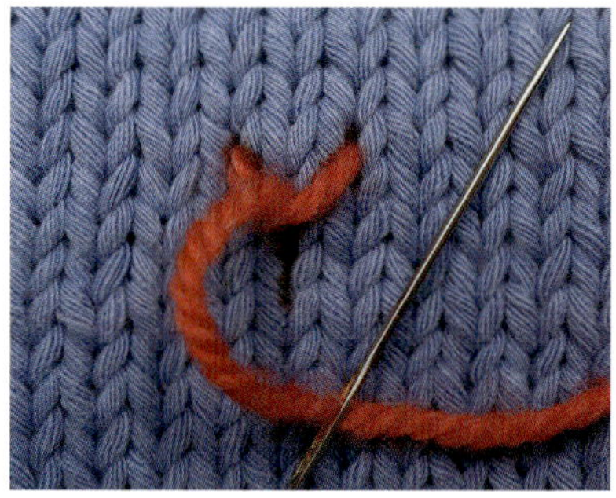

3. 만들어진 고리의 위로 실을 잡아당긴다.

4. 맨 아래에 있는 꼭짓점으로 수직으로 내려와 바늘을 넣어 잡아당긴다.

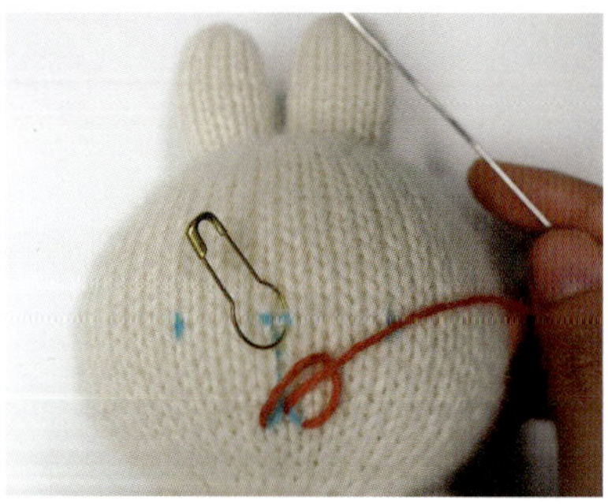

5. Y자의 모양이 거꾸로 되도록 수놓으려면 과정 2에서 가운데 꼭짓점으로 바늘을 넣고 가운데 실을 두고 빼낸다.

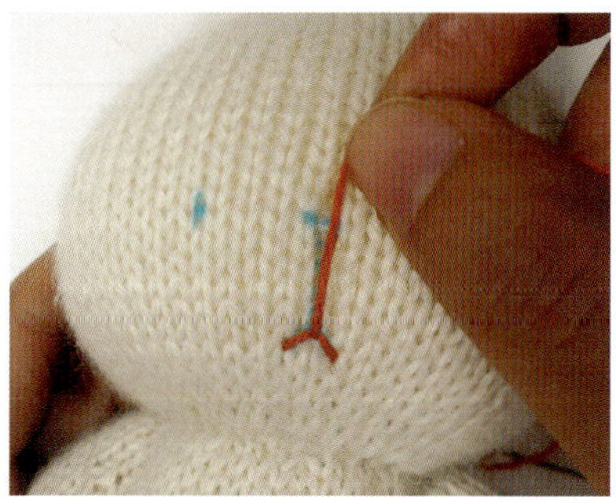

6. 인형 입을 수놓은 모습.

19
편물 잇기

❶ 가터 잇기

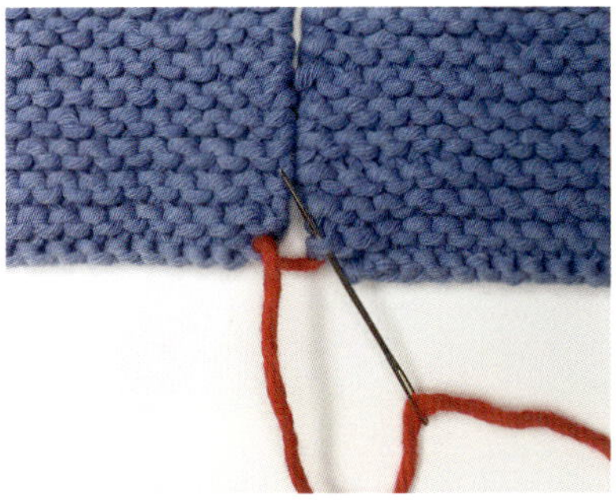

1. 겉면을 위로하여 편물을 나란히 놓는다.

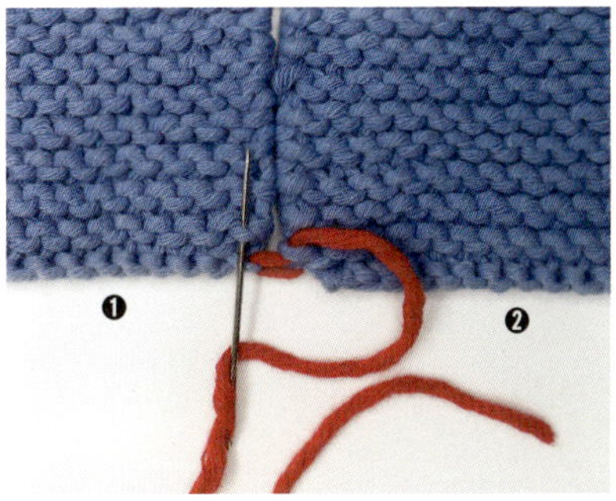

2. 1번 편물에서는 1코 안쪽의 아래로 향한 코를 뜬다.

3. 2번 편물에서는 반 코 안쪽의 위로 향한 코를 뜬다.

❷ 메리야스 잇기

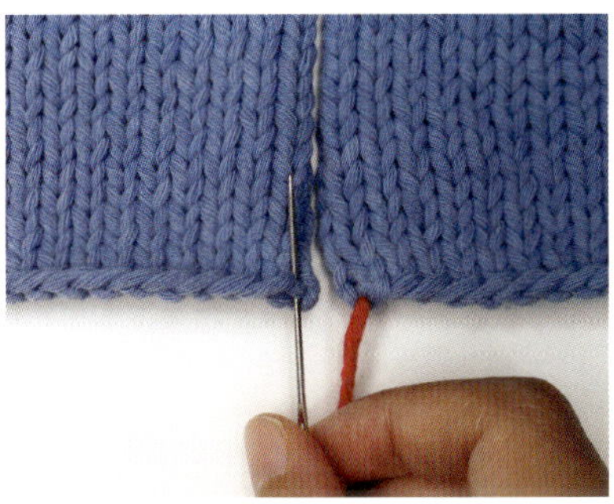

1. 겉면을 위로하여 편물을 나란히 놓는다.

2. 1코 안쪽의 코와 코 사이에 있는 실을 1단씩 교대로 꿰맨다.

3. 실을 잡아당기면서 꿰맨다.

❸ 메리야스 조직의 시작단이나 끝단의 바느질 방법

1. 위에 편물은 돗바늘로 V모양의 코를 잡는다.

2. 아래 편물은 코를 ∧모양으로 한 코씩 잡아서 꿰맨다.

※ 바느질로 만들어지는 코의 크기가 편물의 코의 크기와 비슷하게 만들어지도록 한다. 이때, 실을 너무 잡아당기지 않도록 주의한다.

20 게이지 측정법

이 책에 소개한 패턴은 사용해야 하는 실과 작품에 필요한 게이지를 모두 표기했다. 게이지는 사방 10cm 인에 들어간 콧수와 단수를 밀한다. 패딘에 설명된 게이지대로 뜨는 것이 중요한데, 그렇지 못할 경우 편물이 너무 헐렁하거나 단단해진다. 제시된 게이지와 다르게 나왔다면 바늘의 크기를 바꿔본다. 콧수와 단수가 너무 적다면 한 치수 작은 바늘로, 또 너무 많다면 한 치수 큰 바늘을 사용한다.